www.tredition.de

© 2016 Dorothea Eischet-Maldener

Verlag: tredition GmbH, Hamburg

ISBN
Paperback: 978-3-7345-4778-2
Hardcover: 978-3-7345-4779-9
e-Book: 978-3-7345-4780-5

Printed in Germany

Das Werk, einschließlich seiner Teile, ist urheberrechtlich geschützt. Jede Verwertung ist ohne Zustimmung des Verlages und des Autors unzulässig. Dies gilt insbesondere für die elektronische oder sonstige Vervielfältigung, Übersetzung, Verbreitung und öffentliche Zugänglichmachung.

Dorothea Eischet-Maldener

Die faule Sekretärin und der Zauberer

Mein Leben mit chronischen Schmerzen

Vorwort

Stellen Sie sich vor, Sie sind der Chef eines großen Unternehmens und für Sie arbeitet eine Sekretärin. Stellen Sie sich vor, sie ist eine faule Sekretärin mit einem unbefristeten Arbeitsvertrag. Ihr zu kündigen ist äußerst schwierig, also müssen Sie sich mit ihr arrangieren. Sie müssen damit leben, dass sie in Ihrem Vorzimmer sitzt und Sie müssen lernen mit ihr zu arbeiten, ob Sie wollen oder nicht. Denn würden Sie versuchen ihr das Leben schwer zu machen, dann hätte dies nur zur Folge, dass sie ihre Arbeit noch schlechter erledigt oder sie sich krank meldet und Sie dennoch ihren Lohn zahlen müssen. Oder aber Sie haben das ganz große Los gezogen und sie verklagt Sie wegen unzumutbarer Arbeitsbedingungen. Und das wiederum würde nur dazu führen, dass es Ihnen nicht gut geht und Sie immer unzufriedener werden. Stellen Sie sich es vor.

Was ich Ihnen erläutern will?

Stellen Sie sich vor, Sie sind der Chef. Ihr Unternehmen ist Ihr Körper. Und die Sekretärin ist ein chronischer Schmerz. Chronisch bedeutet, Sie werden ihn nicht mehr los. Er ist immer da und er verlässt Sie nur ungern. Vielleicht macht er ab und an einen Kurzurlaub. Aber das war's dann auch. Er ist da und Sie haben nur zwei Möglichkeiten Ihr Unternehmen weiter zu leiten: Entweder Sie verabreichen Ihrem Vorstand reichlich Drogen (und selbst das muss nicht immer funktionieren) oder aber Sie arrangieren sich mit Ihrer faulen Sekretärin. An dieser Stelle sollte gesagt sein, dass es sicher auch Ausnahmen gibt, doch jene, denen chronische Schmerzen bekannt sind, werden mir sicher zustimmen, dass es sich äußerst schwierig gestaltet, diese abzuschalten. Zudem möchte ich hier über eigene Erfahrungen und kann nicht für andere Unternehmenschefs sprechen.

Vielleicht wäre es an dieser Stelle auch angebracht zu erklären, wie Schmerzen überhaupt chronisch werden können. In der heutigen Zeit sollte man annehmen, dass niemand Schmerzen haben muss, denn die Medizin ist doch schon so weit entwickelt… Das ist leider nicht so. Ich weiß, Sie kennen jemanden, der an irgendeiner Krankheit verstorben ist. Bestimmt. Und so sehen Sie, die Medizin ist leider doch nicht soo weit entwickelt, wie wir alle glauben. Nun, zurück zu den Schmerzen die sich „chronisch gemacht" haben. Die Nervenzellen unseres Körpers sind, um es einfach mal auf den Tisch zu bringen, äußerst faule Burschen. Ja, sicher sind sie ständig fleißig im Einsatz. Vielleicht sollte man sie schlaue, faule Burschen nennen. Denn Nervenzellen, die über einen bestimmten Zeitraum ununterbrochen Schmerzsignale senden (müssen), gehen einfach dazu über diese Signale auch dann weiter zu senden, wenn kein Grund mehr dafür besteht. Die denken sich wahrscheinlich: „Ich habe noch jede Menge andere Signale weiterzuleiten. Und dieses eine hier habe ich jetzt so häufig gesendet, da drück ich doch mal den Automatikknopf. Spart Arbeit, Zeit und ich kann mich auf Wichtigeres konzentrieren." An sich ist das ja auch keine schlechte Idee. Das ist gutes Management. Das wirklich dumme daran ist, dass dieser Automatikknopf, ist er erst einmal eingeschaltet, nicht mehr abgeschaltet werden kann.

Sie sehen also das Dilemma: Sie werden die faule Sekretärin nicht los. Und wenn auf Ihrem Schreibtisch dutzende Bewerbungen von äußerst qualifizierten Kräften liegen, Sie können es nicht ändern. Arrangieren Sie sich mit dieser einen oder Ihr Unternehmen geht den Bach hinunter. Und wer will schon Insolvenz anmelden, wenn es um ein so wichtiges Unternehmen geht?

1 – Wie alles begann

Ich war elf oder zwölf, als meine „Karriere" als Schmerzpatient begann. Knieschmerzen, die ich (und sicher auch meine Familie) dem Sport zuschrieben, hielten sich länger, als sie es sollten. Ich dachte zunächst an Muskelkater, dann an ein Verdrehen. Ich war halt ein Tollpatsch. Eigentlich bin ich es immer noch. Und nach einer Woche des Umherhinkens fuhren meine Eltern mit mir zum Arzt. Er war erst seit kurzem der Hausarzt und auch schon nicht mehr der Jüngste. Ein „Onkel"-Doktor war eigentlich schon nicht mehr angebracht, ein „Opa"-Doktor schon eher. Aber in einem gewissen Alter vertraut man erstens noch den Entscheidungen der Eltern (wenigstens habe ich das getan) und zweitens macht so ein weißer Kittel und eine schicke Praxis ja auch etwas aus. Die Untersuchung war kurz und bündig. Erst mussten meine Eltern ein paar Fragen beantworten, dann drückte er an meinem Knie herum und ließ sich von mir sagen, wann es wehtat. Dann musste ich mich auf die Personenwaage stellen. Und direkt im Anschluss war die Diagnose auch schon gestellt: „Das Kind ist zu dick. Sie muss dringend abnehmen. Am besten isst sie nur noch Schwarzbrot mit Magerquark zum Frühstück und zum Abendessen, mittags ruhig normal. Für das Knie schreibe ich Ihnen noch eine Salbe auf und wenn sie erst einmal abgenommen hat, dann wird das schon wieder." Mit den Worten „Und auch schön an die

Diät halten!" und einem strengen Blick verabschiedete sich der Arzt von mir.

Ja, ich bin zu schwer, bin es heute noch. Doch als braves Mädchen fügte ich mich in das Schicksal einer eintönigen Diät, die mir schon sehr bald zum Hals heraushing. Quark und Schwarzbrot, Schwarzbrot und Quark. Tagein, tagaus. Das Knie einreiben und verbinden, tagein, tagaus. Und die Salbe roch auch noch auffällig. Und half bei all dem Geruch nur wenig. Zudem war der Verband ununterbrochen um mein Knie gewickelt. Ebenfalls unangenehm. Er zwickte ständig, aber der Arzt hatte ja gesagt es würde helfen. Die Diät wirkte auch nur mäßig. Zudem war mein jüngerer Bruder hocherfreut über die Entscheidung meiner Eltern, ihn an der Quark-Schwarzbrot-Diät teilhaben zu lassen, da auch er ein paar Kilos zu viel hatte.

Einige Wochen, einige Quarkbrote, einige Verbände später gingen meine Eltern erneut mit mir zum Arzt, da die Schmerzen sich nicht gebessert hatten. Er meinte, wir sollten abwarten, es könnte auch sein, dass die Schmerzen vom Wachstum kommen. Er verschrieb eine andere Salbe und entließ uns aus dem Sprechzimmer. Die neue Salbe roch noch schlimmer und half ebenso wenig. Ich beschloss nach einiger Zeit, den Verband nicht mehr anzulegen und nur noch die Salbe anzuwenden, wenn es arg wehtat. Die Schmerzen kamen ja vom Wachsen. Ich konnte ja nicht ahnen, dass ich bis zum heutigen Tage stattliche

158 cm messen sollte. Meine Eltern sahen ein, dass die verordnete Diät weder half, das Gewicht ihrer Kinder zu verringern, noch meine Schmerzen zu bessern und trafen die, wie ich fand, wirklich weise Entscheidung, sie abzubrechen.

Kurz darauf brach die Pubertät mit sich überstürzenden Ereignissen über mich herein und die Schmerzen traten in den Hintergrund, schienen mir unwichtig. Die Salbe war nach einiger Zeit verbraucht und ich ließ mir von meinen Eltern neue besorgen.

Kurz darauf wiederum traf ein Todesfall meine Familie sehr schwer, meine Mutter verstarb plötzlich. Und die Schmerzen gerieten mir in Vergessenheit, die Trauer überdeckte sie einfach. Hin und wieder tat mir das Knie, besonders im Sportunterricht derart weh, dass der Schmerz die Trauer überdeckte, doch meist war es umgekehrt. Die Salbe aus der Apotheke half in den schlimmsten Momenten. Die anderen Momente waren die Schmerzen einfach da. Ich störte mich nicht weiter an ihnen. Ich war im Wachstum. Das würde sich schon irgendwann legen. Heute bin ich um viele Jahre älter und spüre sie trotzdem manchmal noch. Als wäre es gestern gewesen, dass ich im Sportunterricht verzweifelt dem Lehrer zu erklären versuchte, dass ich kaum auftreten kann. Aber vielleicht wuchs ich ja noch. (Man soll die Hoffnung nie aufgeben!)

Einige Monate darauf entschied mein Vater, den Hausarzt zu wechseln. Dieser überwies mich ohne große Umschweife zur Kernspintomographie, um auszuschließen, dass etwas mit dem Kniegelenk nicht stimmte. Dieser Hausarzt hörte mir zu, schob meine Schmerzen weder auf mein Gewicht, noch auf mein (nicht vorhandenes) Wachstum. Er stellte mir spezifische Fragen zu den Schmerzen und zeigte Verständnis. Er stellte mir ein Attest aus, um mich vom Sportunterricht zu befreien und verschrieb mir eine Paste zum Auftragen. Diese war ausgesprochen widerlich. Sie stank nicht nur, sie trocknete nach einiger Zeit und bröckelte dann von der Haut. Also musste ich wieder einen Verband anlegen. Ich war in der Pubertät, man konnte und wollte sich keine Peinlichkeiten leisten.

Auf die Kernspintomographie musste ich einige Wochen warten. Das einzige Gerät im Umkreis von vierzig Kilometern war viel gefragt und nur in besonders dringenden Fällen konnte man schnell einen Termin bekommen. Also wartete ich, das tat ich ja ohnehin schon die ganze Zeit. Was sollten da ein paar Wochen ausmachen. Endlich war der Tag des großen Untersuchungstermins gekommen. Mein Vater begleitete mich. Zur Untersuchung musste ich alleine. Es war ungemütlich, der Raum war nicht gerade groß und in ihm stand dieser unheimlich anmutende Apparat. Eine Monstrosität in deren Mitte sich eine enge, längliche Öffnung befand. Da sollte ich doch hoffentlich nicht hinein. Die MTA (Medizinisch technische Assistentin) ließ eine Art Liege aus dem Tunnel fahren und wies mich an, mich darauf zu legen. Also doch da hinein. Ich versuchte mir klar zu machen, dass ich ja vielleicht so die Schmerzen loswerden würde und fügte mich. Mit den Füßen voraus fuhr ich auf der Trage langsam in den Tunnel. Kurz bevor ich ganz darin zu verschwinden drohte, machte die Fahrt halt. Mein Kopf blieb außerhalb. Eine kleine Erleichterung für diese mulmige Angelegenheit. „Ich gehe jetzt raus und wenn ich es sage, bitte nicht mehr bewegen!" erklärte mir die MTA. Gut, das sollte nicht allzu schwer werden. Das kannte ich schon von früheren Röntgenuntersuchungen. Das würde ich schon hinbekommen. Die MTA verließ den Raum und kurze Zeit später hörte ich ihre Stimme über einen Lautsprecher sagen, dass ich nun ganz still liegen bleiben müsse und dass es nun etwas laut werden könne. Ich blieb, wie befohlen still liegen. Doch was mir niemand gesagt hatte: Diese Untersuchung dauerte um einiges länger als eine Röntgenaufnahme. Es fühlte sich wie eine Ewigkeit an. Zudem schien meinem Knie das angestrengte Stillliegen nicht zu gefallen. Es begann zu schmerzen. So sehr, dass es zur Qual wurde, mich nicht zu bewegen. Auch die Geräusche der Maschine waren mir unheimlich. Als endlich das erlösende Geräusch der sich öffnenden Tür zu hören war, hatte ich im Knie so starke Schmerzen, als hätte ich stundenlang Sport gemacht. Humpelnd verließ ich den Untersuchungsraum.

Draußen warf ich einen Blick auf die Uhr meines Vaters: Ich war eine halbe Stunde dort drin gewesen. Hätte man mich gefragt, ich hätte auf mehrere Stunden getippt. Einige Minuten später kam der zuständige Arzt zu uns in den Flur und erklärte, dass er auf den Aufnahmen keine Ursache erkennen könne und dass alles völlig normal sei.

Einige Tage später saß ich wieder bei meinem Hausarzt. Er wiederholte den Satz des anderen Arztes und verordnete mir Krankengymnastik und eine neue Tube mit Paste. So verbrachte ich nach der Schule häufig die Zeit in der Praxis für Krankengymnastik. Die mich behandelnde Krankengymnastin war nett, sprach mir gut zu und gab sich viel Mühe. An mehreren Terminen wurden die Schmerzen durch die Übungen stärker. An anderen wurden sie durch andere Übungen weniger. Es war ein auf und ab. Als ich brav alle Termine absolviert hatte und die Schmerzen dennoch nur wenig besser schienen, suchte ich wieder meinen Hausarzt auf. Er verordnete noch mehr Krankengymnastik und parallel dazu eine Gleichstrombehandlung in seiner Praxis. Also hatte ich nun nach der Schule noch mehr Termine. Mal bei der Krankengymnastin und fast täglich in der Praxis des Arztes. Die Arzthelferinnen dort wussten inzwischen schon meinen Namen auswendig und ich kam mir seltsam vor, täglich zwischen all den, meist viel älteren, kranken Menschen, zu sitzen. Ich fühlte mich ja schließlich nicht krank. Abgesehen von den

Schmerzen ging es mir ja gut. Immerhin hatte ich während der Behandlungen mit dem Strom keine Schmerzen. Nur hatte ich leider keine permanente Strombehandlung parat und so waren die Schmerzen vor allem gegen Abend besonders stark. Während einer der Strombehandlungen kam mein Arzt nach mir schauen. Er fragte nach, wie es mir gehe und wie es sich mit den Schmerzen verhielte. Als ich ihm eine sehr ausführliche Antwort gegeben hatte, sagte er, ich solle nach der Behandlung noch kurz im Wartezimmer Platz nehmen, er würde mir dann noch eine Injektion geben. Ich hatte keine schlechten Erfahrungen mit Injektionen. Im Gegenteil, bei Blutentnahmen schaute ich immer gespannt zu. So nickte ich zustimmend.

Was mein Arzt mir zunächst verschwiegen hatte und mir erst erklärte, als ich im Behandlungszimmer saß, war die Tatsache, dass er die Injektion ins Kniegelenk setzen wollte. Das klang zwar erst mal schwierig vorstellbar, doch bereitwillig streifte ich meine Jeans herunter, in der Hoffnung, die Schmerzen würden nachlassen. Die Injektion war unangenehm, äußerst unangenehm. Ich biss die Zähne zusammen. Es würde helfen und das war einiges an Unannehmlichkeiten wert. Die Überraschung stellte sich schon auf dem Nachhauseweg ein. Ich saß im Bus und ich spürte, wie der Schmerz nachließ. Als ich den Bus verließ, war es zum ersten Mal seit geraumer Zeit nicht beschwerlich die etwa 500 Meter nach Hause zu spazieren. Ich hatte Ruhe. Ruhe vor diesem unnachgiebigen Gegner, der mein Knie besetzt hielt, wie ein machthungriger Diktator ein fremdes Land.

2 – Wie es weiter ging

Inzwischen war ich vierzehn. Die Pubertät hatte mich feste im Griff. Die Schmerzen im Knie tauchten hie und da auf, verdienten aber nur wenig meiner Aufmerksamkeit. Wurde es schlimmer, ging ich zum Arzt und ließ mir eine Injektion geben. Ich hatte einfach wichtigere Dinge im Kopf. Es galt sich zu verlieben, Freundschaften zu schmieden und verbotene Dinge zu tun.

Eines Morgens hatte ich direkt nach dem Aufstehen Schmerzen in den Fingern meiner linken Hand. Ich hatte Mühe die Zahnbürste zu halten. Und auch im Laufe des Tages wurde es nicht besser. Ich hatte keine Zeit zum Arzt zu gehen. Ich war mit Freunden verabredet. Ich schmierte mir die Paste, die eigentlich für das Knie gedacht war, auf die Hand, verband sie und ging zu meiner Verabredung.

Erst als nach einer Woche auch mein Unterarm zu schmerzen begann, machte ich einen Termin bei meinem Hausarzt. Die Diagnose war schnell gefunden: Eine Sehnenscheidenentzündung. Ich bekam einen Gipsverband angelegt. Der sollte für zwei Wochen dran bleiben. Das ganze verschaffte mir außerdem ein Attest, um dem, inzwischen verhassten, Sportunterricht fern zu bleiben. Meine Sportlehrerin erinnerte mich immer an einen dieser Drillmaster in Filmen, die die Neulinge im Militär durch die Gegend scheuchten. Nein, sie rief uns keine speziellen Kosenamen zu, aber sie hatte eine Trillerpfeife, die sie ununterbrochen zu nutzen schien. Außerdem war ich keine dieser besonders sportbegabten, denen sie eine gute Note geben konnte. Ich war die kleine, dicke, die sich zwar Mühe gab, aber einfach nicht gut genug war. Ich kann mich erinnern, dass sie einer meiner Mitschülerinnen, die auch wenig Interesse am Sport zeigte und öfters ein Attest brachte, einmal sagte, dass sie nur noch dann ein Attest von ihr akzeptieren würde, wenn sie einen Gips hätte. Nun, den hatte ich ja. Und so musste ich mir auch keine Sorge um spöttische Bemerkungen machen.

Durch den Gips musste ich alles mit der rechten Hand machen und so wunderte es mich auch nicht weiter, dass mir nach eineinhalb Wochen die rechte Hand und der Unterarm weh zu tun begannen. Ich schob es auf die ungewohnte Überbelastung und machte mir keine weiteren Gedanken. In ein paar Tagen würde ich den Gips loswerden und dann würde sich das schon wieder legen. Naja, erstens kommt es anders als man zweitens denkt. Der Gips war schon seit einer Woche ab und die rechte Hand schmerzte noch immer. Also ging ich wieder zum Arzt: Eine Sehnenscheidenentzündung. Na dann, auf ein Neues. Der rechte Arm in Gips und alles mit der linken Hand machen. Und wozu das wohl wieder führte? Genau. Nach einer Weile beschwerte sich der linke Arm ebenso, wie er es vor einigen Wochen getan hatte. Da musste doch eine Lösung zu finden sein. Ich sprach meinen Hausarzt darauf an. Der legte mir den linken Arm direkt nach dem Abnehmen des Gipses am rechten Arm, erneut in Gips. Damit der rechte Arm sich nicht wieder entzündete, bekam ich eine Salbe verschrieben und Injektionen. Ab und an ließ sich das Ganze dann auch schon wunderbar mit den Injektionen ins Knie verbinden. Es stellte sich dann jedoch heraus, dass mein linker Arm trotz Ruhigstellung immer wieder schmerzte. Der Schmerz breitete sich in den Oberarm und in die Schulter aus. Und auch im rechten Arm begann mir die obere Hälfte weh zu tun. Diese Symptome seien dann doch etwas untypisch für eine Sehnenscheidenentzündung, meinte mein Arzt. Außerdem sei meine Schultermuskulatur sehr verhärtet. Er verordnete mir Krankengymnastik und überwies mich zu einem Orthopäden. Auf einen Termin bei eben diesem musste ich einige Wochen warten. Sie kennen das ja sicher auch: Um schnell bei einem Facharzt einen Termin zu bekommen, müssen Sie schon halb tot sein. Ich machte also in der Zwischenzeit wieder Termine für die Krankengymnastik. Die altbekannte Krankengymnastin war inzwischen im Mutterschaftsurlaub, also wurde ich von einem ihrer Kollegen behandelt. Er betrat den Raum mit Handtuch und einer Schale, in der ein Eis am Stiel lag. Nein, keins von denen aus dem Supermarkt. Es war nur Eis aus klarem Wasser in Zylinderform. Ich schaute ihn wahrscheinlich derart fragend an, dass er mir erklärte, dass auf der Verordnung des Hausarztes eine Behandlung mit Eis stünde. Nun gut, dann eben so. Das Eis wurde immer wieder auf meiner Schulter hin und her gerollt, zwischendurch die Schulter abgetupft. Während der Behandlung fragte der Krankengymnast nach meinen Beschwerden, da auf der Verordnung „Schmerzen unklarer Genese" stand. Ich schilderte ihm alle Einzelheiten und so ließ er sich dazu verführen, seine Meinung und eine Diagnose zu erstellen: „Hat Dich mal jemand auf Rheumatismus untersucht?" Rheuma? Der hatte wohl nicht mehr alle Tassen im Schrank! Das kriegen nur alte Leute. Und außerdem, wo sollte ich das denn her haben? Dann vielen mir die häufigen Warnungen meiner Großmutter ein: Wenn Du immer auf dem kalten Boden herumsitzt, dann kriegst Du irgendwann Rheuma. Ob sie wohl Recht behalten sollte? Ich war halt eines dieser Mädels, die ständig und egal wo mit ihren Freunden auf dem Boden herum saß. Der Krankengymnast riss mich aus meinen Gedanken: „Vielleicht ist es aber auch etwas ganz anderes." Ich erklärte ihm, dass ich demnächst einen Termin beim Orthopäden hätte. Der würde sicher etwas feststellen können. Die Eisbehandlung tat gut. Die Schmerzen wurden weniger. Die kleine Massage im Anschluss war auch sehr angenehm. Doch kurz nachdem ich die Praxis verlassen hatte, kehrten die Schmerzen stärker als zuvor zurück. Dennoch wollte ich nicht schon direkt die Flinte ins Korn werfen und nahm jeden der „Eistermine" wahr.

Der lang erwartete Tag des orthopädischen Termins war gekommen. Auch hier saß das Wartezimmer voll mit älteren Menschen. Und ich mittendrin. Endlich wurde ich aufgerufen. Der Orthopäde ließ sich kurz erklären, wo ich Schmerzen hatte und bat mich dann, auf der Behandlungsliege Platz zu nehmen. Mit entkleidetem Oberkörper saß ich dann dort, während er mir am Arm herum drückte. „Und wo haben die Schmerzen angefangen?" „Zuerst hat mir die Hand wehgetan, dann der Unterarm und dann die Schulter auch noch." erläuterte ich wahrheitsgemäß. „Das kann nicht sein!" erwiderte der Arzt. „Das muss in der Schulter angefangen haben und dann in die Hand gezogen sein." Unfähig auch nur ein Wort zu seiner Aussage hervor zu bringen schaute ich ihn verdutzt an. Was glaubte er denn? Dass ich ihn anlog? Dass ich mir das ausgedacht hatte? Oder dass ich nicht in der Lage war, meinen Körper zu spüren? Genau, ich hatte die Schulter mit der Hand verwechselt. Das kann ja mal passieren. Ich war innerlich am Kochen. Und so brachte ich nur ein: „Das war aber so!" hervor. Würde ein Arzt das heute zu mir sagen, dann wäre das Behandlungszimmer zu klein. Ich würde ihm meine Meinung sagen. Würde ihn fragen, an welcher Universität man ihn gelehrt hatte, die Aussagen eines Patienten in Frage zu stellen und dies dem Patienten frech ins Gesicht zu sagen. Und was er sich vorstellt, warum ein Mensch einen Arzt aufsucht, wenn nicht wegen Beschwerden, unabhängig davon, ob die Symptome so im Lehrbuch stehen. Wie kann ein Arzt zu einem Patienten so etwas sagen? Selbst wenn ein Patient sich Beschwerden nur „einbildet", so sollte man den Patienten doch ernst nehmen. Denn was bringt es dem Patienten, wenn man ihm sagt, dass seine Beschwerden nicht so sein können, wie er sie beschreibt und empfindet? Für den Patienten sind die Beschwerden doch real. Glück für den Orthopäden, dass ich noch so jung und von einem weißen Kittel eingeschüchtert war. „Dann machen wir mal ein Röntgenbild von der Schulter. Geh nochmal ins Wartezimmer und dann wirst Du nochmal aufgerufen, danach sehen wir uns nochmal." sagte er kurz und nahm wieder an seinem Schreibtisch Platz. Ich tat wie mir geheißen. Nach der Röntgenaufnahme und weiterer Wartezeit wurde ich wieder ins Behandlungszimmer gebeten. Der Arzt stand vor der beleuchteten Aufnahme meiner Schulter und meiner Halswirbelsäule. „Hmm, tja. An der Schulter ist nichts zu sehen, aber einer Deiner Halswirbel ist etwas verschoben. Ich schreib Dir mal ein paar heiße Rollen auf, dann sollte das Problem sich beheben." „Und wohin muss ich mit der Verordnung gehen?" fragte ich. Was auch immer eine heiße Rolle war, irgendwoher musste ich sie ja bekommen, doch woher wusste ich einfach nicht. „Zu einer Praxis für Krankengymnastik." erklärte er. Na, da wusste ich ja, wo ich demnächst wieder die Zeit nach der Schule verbringen konnte. Ich ging direkt nach Verlassen der Praxis zu den Krankengymnasten, wo man mich inzwischen auch schon mit Namen kannte. Ich erhielt neue Termine. Einen direkt am nächsten Tag. Ich war gespannt, was eine heiße Rolle war. Das musste etwas Tolles sein, denn schließlich sollte sich daraufhin mein verschobener Halswirbel wieder einrenken und damit die Schmerzen in meiner Schulter und den Armen wieder besser werden. Warum darauf bloß mein Hausarzt nicht gekommen war?

Die tolle Rolle erwies sich als etwas äußerst angenehmes. Ich durfte mich hinlegen und über meine Schultern und den Nacken wurde mit einem heißen, feuchten, gerollten Handtuch immer wieder auf und ab gefahren. Das war sehr entspannend. Und in meinen Schultern verging der Schmerz für eine kleine Weile. Auf die anschließenden Behandlungen freute ich mich schon jedes Mal. Wenn das wohltuende Gefühl der Entspannung und das Verschwinden der Schmerzen auch nicht dauerhaft waren, so war es doch wenigstens für den Augenblick vorhanden.

Die Zeit verflog. Die Behandlungen waren schneller vorüber, als ich es dachte und mein Leben schien immer schneller voran zu treiben. Alte Freundschaften brachen, neue wurden geschlossen. Alte Liebe verfloss und neue Liebe spross schneller, als die alte verblüht war. Ich war ein typischer Teenie. Mein Kleidungsstil wechselte ebenso häufig wie meine Haarfarbe. Alkohol und Zigaretten hatten auch ihren Platz in meiner Abenteuerlust gefunden und mein sechzehnter Geburtstag war gerade vorüber. Die

Schmerzen in den Armen und den Schultern waren fester Bestandteil meines Daseins. Neben all dem Neuen, dass es zu entdecken gab, rückten sie in den Hintergrund, wurden unwichtig. Einige Dinge hatte ich jedoch schon über die Schmerzen gelernt: trank ich Alkohol, dann waren sie am nächsten Tag schlimmer und präsenter als an Tagen ohne vorherigen Alkoholgenuss. Doch hinderte mich das nicht daran, ihn bei jeder Party zu konsumieren. Manchmal half gegen die Schmerzen auch eine sehr heiße, lange Dusche. Hier musste ich nur auf der Hut sein, dass mein Vater nicht im Haus war, wenn ich das tat. Er sah es gar nicht gerne, wenn ich dreißig Minuten oder mehr unter der Dusche verbrachte. Er mahnte mich häufig, daran zu denken, dass warmes Wasser teuer sei. Mein Stolz war zu groß, um ihm zu sagen, dass ich dadurch meine Schmerzen linderte. Das wollte ich vor ihm nicht eingestehen. Ich wollte keine Schwäche zeigen. Umso mehr ärgerte es mich, wenn mein Vater (der es sicherlich nur gut meinte) mich schonen wollte, wenn es darum ging zum Beispiel die Einkäufe aus dem Auto zu tragen. „Lass doch die schwere Sprudelkiste und nimm etwas leichteres, wegen Deiner Arme." sagte er mehr als einmal zu mir. Nun, dies hatte immer zur Folge, dass sich meine Laune verschlechterte und ich trotzig, unvermögend meine Schwäche zuzugeben, extra nach der Kiste mit den schweren Glasflaschen griff. „Mir geht es gut." antwortete ich dann nur mürrisch und fügte dann noch ein „Ich weiß schon, was ich tue!" hinzu.

Verständlich, dass mein Vater nach solchen Ereignissen, die mehr als nur häufig vorkamen, nicht begriff, wenn ich ihm an besonders schlechten Tagen glaubhaft zu machen versuchte, dass ich wegen meiner Arme eben ausgerechnet an diesem Tag nicht das Haus putzen konnte. Und nahm er dies nicht als eine Entschuldigung an, wurde ich wütend. Laute Wortwechsel endeten oft in Beschimpfungen meinerseits, was er für ein uneinsichtiger A**** war. Heute weiß ich, wie schlecht und unbegreiflich ich mich ihm gegenüber verhalten habe und möchte mich an dieser Stelle aus tiefstem Herzen dafür entschuldigen.

An anderen Tagen machten mich die Schmerzen furchtbar aggressiv. Ich regte mich über jede noch so winzige Kleinigkeit auf und verhielt mich schlichtweg wie eine Zicke. Ich eckte bei Freunden an, stritt mich mit meinen Geschwistern, kollidierte mit Lehrern. Doch meine beste Freundin zeigte sich stets verständnisvoll und einfühlsam. Sie hörte meinen Monologen aufmerksam zu und suchte gemeinsam mit mir nach Lösungen. So war eine unserer Ideen, dass wenn eine heiße Dusche mir half, überhaupt Wärme zu helfen schien. So kam es auch an manchen Tagen im Hochsommer vor, dass ich im Wollpullover aus dem Haus ging.

Nachdem diese kleinen Lösungen auch nur kleine Erfolge brachten, besuchte ich einmal mehr den Orthopäden. Er war zwar auch häufig ratlos, schien aber immer noch eine weitere Diagnose in der Hinterhand zu haben. Denn als er feststellen musste, dass mein Halswirbel sich wieder an der richtigen Stelle eingefunden hatte, die Schmerzen aber um keinen Deut besser geworden waren, murmelte er etwas von „vielleicht ist es doch Rheuma". So wurde ich erneut geröntgt, um eventuelle Veränderungen an meinen Gelenken festzustellen. Außerdem sollte eine Blutuntersuchung Klarheit bringen, denn im Blut könne man unter Umständen Rheuma-Marker finden. Des Weiteren sollte ich zur Besserungen der Schmerzen sogenannte Stangerbäder machen. Auch hier fehlte seinerseits wieder einmal jegliche Erklärung, was diese Bäder sind. So machte ich wieder mehrere Termine für etwas aus, von dem ich nicht einmal wusste, was es war. Doch ich wusste ja inzwischen, dass ich es bald erfahren würde. Zudem brannte wieder ein kleiner Funke Hoffnung auf, dass die neue Behandlung helfen könnte.

Ich saß im Wartezimmer der Praxis, wo ich meinen ersten Termin für ein Stangerbad hatte. Auf einem kleinen Tisch neben mir lagen jede Menge Broschüren. Sie wissen schon, solche kleinen, gefalteten Informationsblätter, wie sie in jeder Praxis, oft stapelweise, herumliegen. Eine sprach mich deutlich und vor allen anderen hervorstechend an: Leben mit RHEUMA. Aufmerksam sog ich jede Zeile in mich hinein und hoffte kurz darauf nur noch, dass die Blutuntersuchung diese Diagnose nicht bestätigen mochte. Die Broschüre sprach von sich verändernden Gelenken, von Schmerzen, die nur schwierig mit Schmerzmitteln einzudämmen waren. Und die Bilder von deformierten Fingergelenken machten mir Angst. Kaum hatte ich die Broschüre ausgelesen wurde ich in den Behandlungsraum gerufen. Dort hieß mich ein junger, netter Mann, meine Kleidung abzulegen und ließ Wasser in eine ziemlich große Badewanne. Er schaffte es sogar mich aufzumuntern indem er fragte, ob ich irgendwo an meinem Körper Metall hätte, versteckte Granatsplitter oder ähnliches. Lachend verneinte ich. Er erklärte mir, dass er gleich Strom durch das Wasser laufen lassen würde. Ich solle mir keine Gedanken machen, das wäre nicht wie in schlechten Krimis mit der Wanne und dem Fön. Es würde kribbeln und ich sollte ihm sofort sagen, wenn es unangenehm werden würde, denn das sei nicht Ziel der Behandlung. Das Kribbeln war ähnlich dem der Strombehandlung an meinem Knie vor einigen Jahren gewesen. Es war angenehm und kribbelte am ganzen Körper. Und die Schmerzen? Sie ließen nach. Erstaunlich schnell spürte ich sie nur noch dumpf pochend. Es war als hätte ich Watte in den Ohren und die Schmerzen würden aus weiter Ferne rufen. Herrlich. Und während des einen oder anderen Bades entspannte ich mich derart, dass ich fast einschlief.

Auf einer Shoppingtour mit meiner besten Freundin entdeckte ich in einem Buchladen einen interessanten Titel: Entspannung durch Meditation. Was wenn ich es schaffen konnte mich durch Meditation in einen ähnlich entspannten Zustand zu versetzen, wie bei den Bädern.

Kurz darauf meditierte ich fast täglich. Leider schaffte es die Meditation nicht, meine Schmerzen zu lindern, doch immerhin fühlte ich mich danach frisch und entspannt. Es war ein verregneter Tag, als ich aus meiner Meditation von der Stimmer meines Vaters gerissen wurde: Am Telefon war die orthopädische Praxis. „Die Blutergebnisse sind da. Der Arzt würde gerne mit Ihnen darüber sprechen." klang es aus dem Telefonhörer. Ich bekam einen Termin für den nächsten Tag. Der Termin fiel zwar genau in die Schulzeit, doch inzwischen war es die Schule bereits gewöhnt, dass mein Vater sie über einen Arzttermin seiner Tochter während der Unterrichtszeit informierte. Mein Vater war der Meinung, dass die Gesundheit vorgehe und ich in ein bis zwei Stunden nicht viel versäumen könnte. So machte ich mich zu Beginn der Pause auf den Weg zum Arzt. Ich war innerlich aufgewühlt. Was hatte die Blutuntersuchung wohl für ein Ergebnis? Und was wäre wenn es wirklich Rheuma ist? Und was kommt als nächstes, wenn wieder keine Diagnose zu finden ist? Zitternd und bangend saß ich im Wartezimmer. Ich hatte den Eindruck, als würden die Arzthelferinnen mich mitleidig anschauen. Als wüssten sie von etwas, wodurch ich mir Mitleid verdiente. Doch das war nur Einbildung, versuchte ich mir zu sagen. Nach einer endlos erscheinenden Wartezeit wurde ich aufgerufen. Die Arzthelferinnen wussten meinen Namen inzwischen ebenso auswendig, wie jene in der Hausarztpraxis. Im Arztzimmer setzte ich mich sofort hin, ich hatte den Eindruck, dass ich sonst vor Anspannung umfallen würde. „Ach ja, die Blutuntersuchung." sagte der Arzt von der Akte aufblickend. „Wir konnten keine Rheumamarker finden." Ich atmete auf. Kein Rheuma, keine deformierten Finger. Mir wurde es gleich etwas besser und Farbe kehrte in mein Gesicht zurück. „Aber, ich vermute sie haben Weichteilrheuma. Dazu würden die Symptome passen." Die Farbe wich wieder aus meinem Gesicht und ich fühlte mich, als würde ich jeden Augenblick das Bewusstsein verlieren. Meine Finger begannen zu zittern und die Schmerzen in Schultern und Armen wurden plötzlich stärker, als müssten sie die Vermutung des Arztes unterstreichen. „Und jetzt?" brachte ich hervor. „Ich empfehle Dir eine Magnetfeldtherapie. Sie hilft vielen Patienten mit Schmerzen. Das kannst Du hier in der Praxis machen. Nimm Dir doch gleich vorne einen Termin." Damit war dann auch das Gespräch beendet. Er schüttelte mir die Hand und brachte mich zur Tür. Ich bekam an der Rezeption einen Termin für die Magnetfeldtherapie und machte mich dann wieder auf den Weg zurück zur Schule. Unterwegs unterdrückte ich immer wieder meine Tränen. Ich fühlte mich allein, allein gelassen. Und ich wusste nicht, was ich tun sollte. Die stärker werdenden Schmerzen machten es mir nicht leichter. Ich hatte das Gefühl, als würde ich gegen den Wind einen steilen Berg hinauf wandern. Jeder Schritt war beschwerlich. Endlich auf dem Schulhof kam eine Freundin auf mich zu. Sie wusste um meine Befürchtungen und meine Erkrankung. „Was hat der Arzt gesagt? Wie ist es gelaufen?" fragte sie besorgt. Nun konnte ich nicht mehr. In meinem Hals war ein riesiger Kloß und ich brachte kein Wort, nur noch Tränen hervor. Sie nahm mich in den Arm und schluchzend stammelte ich die Diagnose vor mich hin. Die Freundin schaffte es, mich zu beruhigen und meine Tränen waren nach einigen Minuten vergangen. In meinem Kopf breitete sich ein düsteres Band aus. Meine Zukunft sah ich in dunklen Schatten liegen. Was nur sollte ich tun? Wohin würde das alles noch führen? Mit versteinerter Mimik und gedankenverloren saß ich die nächsten Tage im Unterricht. Zuhause versuchte ich durch Meditation Licht in meine dunklen Gedanken zu bringen und das belastende Gefühl, dass sich wie eine große Haube über mich gelegt hatte, los zu werden. Es sollte mir nicht gelingen. Sehr beiläufig informierte ich meinen Vater über die Diagnose und als er fragte, wie es mir gehe, packte mich mein Stolz beim Kragen und ich log ihm ins Gesicht, dass es mir gut gehe. So begann meine Schauspielkarriere. Niemand sollte sehen, dass es mir nicht gut ging. Nur ich selbst sollte dies wissen. Und meine beste Freundin. Für alle anderen war ich ab diesem Zeitpunkt nur noch mit Maske zu sehen. Ich beherrschte dieses Spiel so gut, dass ich es an manchen Tagen sogar selbst glaubte. Doch kaum war ich in meinem Zimmer alleine, stürzten die Schatten wieder über mich herein. An manchen Tagen betrank ich mich einfach. An anderen versuchte ich mich mit Spaziergängen abzulenken. Das Meditieren half mir an dem einen oder anderen Tag, aus der Finsternis hinaus. Die Termine in der Arztpraxis wurden zur gewohnten Routine. Doch das Gute an der Magnetfeldtherapie war, dass ich mich dort entspannen konnte. Einige Male schlief ich ein. Und ich fand den Weg zurück zu mir selbst. Das Düstere in mir verschwand beinahe. Innerlich ging es mir nach einiger Zeit besser. Den Schmerzen nicht. So behielt ich das Spiel mit dem Schauspiel bei, wenn es mir wegen der Schmerzen nicht gut ging. Und ich entdeckte etwas, das mir half dunkle Gedanken zu vertreiben: Ich schrieb Gedichte. Keine lyrischen Meisterwerke, doch es waren Gedichte.

Meine beste Freundin brachte mir eines Tages Schmerztabletten mit. Ihr Vater nahm sie immer, wenn ihm sein Bandscheibenvorfall Schwierigkeiten machte. Diclofenac 50mg. Sie sagte, ich solle sie doch mal ausprobieren, vielleicht würden sie ja helfen. Ihrem Vater halfen sie immerhin. Heute finde ich es erschreckend, dass nicht einer der Ärzte, die mich bis dahin behandelt hatten auf die Idee gekommen waren, mir ein Schmerzmittel zu verschreiben. Nicht einer. Ich nahm die Hilfe meiner Freundin gerne an. Und siehe da: Für mehrere Stunden hatte ich keine

Schmerzen. Am nächsten Tag erzählte ich meiner Freundin davon. Sie sprach mit ihrem Vater und der ließ mir einige seiner „Wunderpillen" zukommen. Als diese nach nur kurzer Zeit aufgebraucht waren, nahm ich einen Termin bei dem Orthopäden. Er wollte ohnehin wissen, wie sich die Schmerzen unter der neuen Therapie verhielten und nachdem ich ihm dies erklärt hatte, bat ich ihn um ein Rezept über Diclofenac 50mg. Ich schilderte ihm, dass ich diese Tabletten ausprobiert hätte und dass sie helfen würden. Ohne eine weitere Frage stellte er mir ein Rezept aus. Er gab mir auch keine Anweisung, wie viele ich am Tag einnehmen sollte oder durfte. Wahrscheinlich war er der Meinung, dass ich durchaus in der Lage sein sollte einen Beipackzettel lesen zu können. Gut, das tat ich auch, doch wie alle anderen Jugendlichen tat auch ich mich mit Regeln schwer. So kam es vor, dass ich einfach mal eine Tablette mehr nahm, als der Beipackzettel empfahl. Was brachte es mir auch, mich an eine Anweisung zu halten, die mir nicht das Geringste einbrachte. Waren die Schmerzen so stark, dass sie selbst nach der Höchstdosis nicht besser waren, nahm ich einfach mehr.

Meine Leistungen in der Schule wurden schwächer. Dies lag neben einer gehörigen Portion Faulheit auch sicherlich daran, dass die Schmerzen ihren Tribut forderten. Ich war häufig erschöpft, schlief nachts nicht richtig. Ich wachte oft durch die

Schmerzen auf. Und morgens, gerade zur Unterrichtszeit war ich meist nicht richtig wach.

Immerhin waren die Schmerzen durch die Tabletten einigermaßen gedämpft, so dass ich ein neues Hobby fand. Ich spielte Darts. Kurze Zeit später sogar in einer Mannschaft. Neben den Schmerzen schlich sich ab und an erneut eine Sehnenscheidenentzündung, meist im linken Arm, ein. Diesen Schmerz konnte ich inzwischen von den anderen Schmerzen unterscheiden. So ging ich, falls es wieder einmal so weit war, zu meinem Hausarzt, der mir den Arm dann mittels Gips ruhig stellte. Das kannte ich ja schon zu genüge. An manchen Tagen fiel mir das Dartspiel sehr schwer, trotz Tabletteneinnahme. Ich biss die Zähne zusammen, verriet niemandem mein Geheimnis. Niemand sollte meine Schwäche kennen. Und es ging schließlich nicht nur um den Spaß. Die Mannschaft, der ich nun schon einige Monate angehörte, spielte in einer Liga und es ging darum zu gewinnen. Den heiß begehrten Pokal und auch den Aufstieg in die nächsthöhere Liga. Wir waren ein gutes Team. Zwar gewannen wir den Pokal nicht, doch fanden wir uns eine Saison später in der nächsthöheren Liga. Plötzlich war ich ein Teil von etwas. Das Einnehmen der Schmerztabletten vor einem Turnier wurde zum Ritual. Das Geld für die Spiele verdiente ich mir mit der Reinigung des Hauses bei meinem Vater. Ich diskutierte nicht mit ihm, dass ich das Putzen wegen der Schmerzen nicht könne, ich biss die Zähne zusammen. Es ging um etwas Wichtigeres als die Schmerzen. Ich schaffte es manchmal sogar die Schmerzen auszublenden.

3 – Neue Bekanntschaften

In der nächsten Saison stiegen wir wieder ab. Das tat unserem Teamgeist jedoch nur wenig ab. Ich fühlte mich in der Mannschaft wie in einer zweiten Familie zuhause. Es waren Freundschaften entstanden und wir hatte jede Menge Spaß miteinander. Dennoch schienen die Schmerzen meine Freude nicht im Geringsten teilen zu wollen. Sie blieben und weigerten sich immer mehr durch die Tabletten zu verschwinden. Das Darten viel immer schwerer. Ich traf oft die Scheibe nicht mehr korrekt, weil die Schmerzen mir die Konzentration und die Kraft raubten. Über jedes verlorene Spiel wurde ich verbitterter. Ich wurde wütend. Wütend auf mich selbst, unfähig mein sonst recht gutes Spiel durchzuziehen. Und auch in der Schule hatte ich oft Schwierigkeiten. Manches Mal wurde es zu einem Kampf, den Stift zu halten. Nach mehreren Zeilen verkrampfte sich meine Hand zu einem einzigen Schmerzpool und mein Schriftbild hatte Ähnlichkeit mit dem eines Arztes.

So beschloss ich schweren Herzens, das Team zu verlassen. Ich legte mir die Sätze zurecht, wie ich meinen Kollegen meine Entscheidung beibringen wollte. Schweren Schrittes betrat ich unsere Stammkneipe, wo wir zum Training verabredet waren. Alle machten betroffene Gesichter. Dabei hatte ich doch noch gar nichts gesagt. Ich fragte unseren Captain, was denn los sei. „Unser Team wird aufgelöst. Jim muss die Kneipe aufgeben." erklärte er mir kurz. Auf der einen Seite war ich froh, dass ich nichts von meinem Vorhaben preisgeben musste, auf der anderen Seite schmerzte der Gedanke, dass unsere gemeinsame Zeit sich nun dem Ende zuneigte. „Bis zum Ende der Saison könnt ihr noch spielen, danach ist es leider rum." erklärte Jim. So war das Dartspiel nach einigen Wochen aus meinem Leben verschwunden. Keine Spiele, keine Turniere. Keine Wut auf mich selbst.

Im Sportunterricht der Schule bot sich eine neue Unterrichtseinheit, die mir die einzige gute Note in Sport einbringen sollte, die ich in all den Schuljahren bekam: Auf dem Lehrplan stand Badminton. Ich mochte das Spiel sehr. Es machte Spaß über den Platz zu jagen, sich auszupowern und zu gewinnen. Mein Sportlehrer war erstaunt, dass in mir scheinbar mehr Sportlichkeit steckte, als er vermutet hatte. Selten hatte ich mich auf den Sportunterricht derart gefreut, wie in diesem Halbjahr. Doch nach den Stunden kam auch immer die Ernüchterung: Mir brannten die Arme und die Schultern. Und auch der Nacken pulsierte im Rhythmus der Schmerzen. Hinzu gesellten sich Kopfschmerzen. So nahm ich vor dem Unterricht einfach Schmerztabletten ein. Ich wollte mir nicht schon wieder etwas nehmen lassen, was mir Spaß machte und worin ich einigermaßen gut war. Nicht schon wieder. Verbissen kämpfte ich um jeden Ball und konnte mit den Besten mithalten. Leider war das Schulhalbjahr, was den Sportunterricht anging, viel zu schnell um.

Abends saß ich oft in meinem Zimmer und versuchte mich nicht auf die Schmerzen zu konzentrieren, versuchte mich abzulenken. Doch die Kopfschmerzen kamen öfter, manchmal derart heftig, dass ich mich kaum rühren konnte. Mehr als nur einmal trieben sie mir ungewollt Tränen in die Augen. Ich ging deshalb zu meinem Hausarzt, erzählte ihm von den Kopfschmerzen. Um sicher zu gehen, dass nichts Neues aufgetreten war, überwies er mich in die Radiologie des Krankenhauses, um eine Computertomographie (CT) machen zu lassen. Auch hier musste ich wochenlang auf einen Termin warten, ähnlich wie damals zur Kernspintomographie. Und die Erinnerung an jene Untersuchung wühlte Angst aus der Tiefe hervor. Wieder eine kleine Ewigkeit in so einer Röhre liegen. Sich nicht bewegen dürfen und dann diese unheimliche Atmosphäre. Doch es kam anders.

Eine freundliche MTA brachte mich in den Untersuchungsraum und erklärte mir, dass ich mich nur hinzulegen brauchte und für etwa zehn Minuten meinen Kopf nicht bewegen durfte. Damit das nicht so anstrengend sein würde, wäre mein Kopf durch ein Schaumstoffkissen gestützt. So lag ich dann nun auf dieser Liege, vor einem „Tunnelstück" und wartete ab. Ein Arzt kam herein, erklärte kurz, dass er mir nun Kontrastmittel spritzen würde und dass sich dadurch ein Wärmegefühl ausbreiten könne, das sei aber normal. Ein Wärmegefühl? Kaum war das Mittel injiziert, hatte ich den Eindruck, dass ich die Kontrolle über meine Blase verloren hatte und ich gerade in die Hose machte. So sah dieses Wärmegefühl aus. Schnell tastete ich nach. Meine Hose war trocken und ich war erleichtert. Nun wurde die Liege unter das Tunnelstück geschoben und die Maschine begann ihre Arbeit. Es dauerte nicht lange und die Untersuchung war vorbei. Ich durfte mich wieder ins „Wartezimmer" im Flur begeben. Wieder einige Minuten später kam der Arzt zu mir und sagte, dass er nichts Auffälliges finden könne. Keine Tumoren, keine Blutungen, alles sei in bester Ordnung.

Mein Arzt verschrieb mir wegen der Kopfschmerzen ein Schmerzmittel, das ich bei Bedarf einnehmen sollte. Ich hielt mich an seinen Ratschlag.

Meinen achtzehnten Geburtstag feierte ich derart ausgiebig, dass ich noch zwei Tage später die Nachwirkungen spürte. Irgendwann in dieser Zeit beschloss ich, die Schule abzubrechen und mit einer Ausbildung zu beginnen. Ich teilte dies meinem Vater mit, er war, wie Sie sich vorstellen können über alle Maßen hocherfreut. Doch mein Entschluss stand fest. Ich schrieb unzählige Bewerbungen, für alles, was mich interessierte. Dank meines nur mittelmäßigen Zeugnisses erhielt ich einige Absagen. Doch ich bekam auch ein paar Einladungen zu Vorstellungsgesprächen. Keines verlief erfolgreich. Für die Schule tat ich nichts mehr, ich wollte ja ohnehin abgehen. Ich gab leere Arbeiten ab. Besser nichts schreiben, als etwas Falsches. Und dann bekam ich eine Einladung zu einem Einstellungstest. In einer etwa vierzig Kilometer entfernten Stadt. Hier hatte ich mich um eine Ausbildungsstelle zur Krankenschwester beworben. Und siehe da, zwei Wochen später bekam ich eine Zusage. Ich war voller Hoffnung. Ein Neuanfang in einer anderen Stadt. Dort kannte mich niemand. Und so wusste auch niemand um meine Schmerzen. Die Schulzeit war auch fast vorüber. Endlich hieß es: Sommerferien. Es sollten meine letzten sein. Denn von da an würde es für mich nur noch Urlaub geben, keine Ferien mehr. Ich war stolz und mein Vater zeigte seine Zufriedenheit über die gefundene Lehrstelle. Auf mich wartete eine neue Welt. Ich sah eine rosige Zukunft vor mir liegen. Es waren noch acht Wochen, bis die Ausbildung beginnen sollte. Ich suchte mir einen Job, wollte die Zeit nicht sinnlos vergeuden. So arbeitete ich in einem Biergarten. Ich zapfte Bier in Humpen, spülte Humpen und schleppte Kisten. Und meine Schmerzen hielten sich bedeckt. Und dann lernte ich dort jemanden kennen. Es hatte mich erwischt, ich war verliebt und nach kurzer Zeit hatte ich meine erste ernsthafte Beziehung. Hormone überschwemmten mich und der Sommer verschwand hinter einer rosa Brille. Meine Freizeit war gefüllt von gemeinsamen Unternehmungen, romantischen Abenden und langen Nächten. Die Zeit verging wie im Flug und meine Schmerzen waren zwar ab und an da, jedoch vollkommen im hintersten Abteil meines Lebens verschwunden. Bis zu diesem einen Morgen. Als hätten sie in einer dunklen Ecke darauf gelauert, dass ich unbeschwert an ihnen vorbei gehen würde, sprangen sie mich an. Da waren sie in ihrer vollen Stärke, meine Arme brannten unter jeder Bewegung, meine Schultern schmerzten wellenähnlich und mein Kopf pochte, als stieße mir jemand immer wieder ein Messer in den Nacken. Mir ging es mies. Mir war einfach nur nach verkriechen. Ich schluckte einige Schmerztabletten, doch diese zeigten keine Wirkung, nur auf meinen Magen. Der bedankte sich bei mir mit starkem Sodbrennen und Übelkeit. Ich war nicht Zuhause, denn die Nächte verbrachte ich meist in den Armen meiner „großen" Liebe. Ich hatte meine Schmerzen ein oder zweimal kurz erwähnt, doch da sie schon seit Wochen nicht mehr so heftig waren, stieß meine schlechte Laune bei meinem Partner auf Unverständnis. Wie sollte man es auch verstehen, wenn wochenlang nichts Derartiges passiert war? Immerhin gestattete Tim mir meinen Wunsch, den Tag alleine zu verbringen. Doch es sollte nicht einfacher zwischen uns werden. Die Schmerzen suchten sich wieder einen festen Platz im Vordergrund meines Lebens. An den meisten Tagen war an Sex nicht zu denken. Und das in einer doch recht frischen Beziehung.

Die Ausbildung begann spannend und ereignisreich, denn ich hatte im Schwesternwohnheim ein Zimmer gemietet. Also stand zu all dem Neuen auch ein Umzug an. Zum ersten Mal wohnte ich nicht mehr Zuhause, war Herr meiner eigenen vier Wände, auch wenn es nur zwanzig Quadratmeter waren. Das spielte keine Rolle. Ich wohnte im dritten Stockwerk, doch zum Glück gab es einen Lastenaufzug. Der Morgen blieb mir und meinen zukünftigen Klassenkameraden zum Einzug, am späten Vormittag begann dann die Schule. Erst lernte man sich mal untereinander kennen. Bis auf wenige Ausnahmen waren alle jünger als ich. Und bis auf zwei Ausnahmen waren wir alle weiblich. Ein kleiner Hühnerhaufen. Schnell hatte man erste Sympathien und natürlich auch Antipathien gefunden. Da der nächste Tag ein Feiertag war, planten die ersten schon für den Abend eine Party im Wohnheim. Ich wurde von Tim abgeholt, um den Rest des Tages in trauter Zweisamkeit zu verbringen. Doch auch dieser Abend entsprach nicht den Vorstellungen meines Partners. Ich war am späten Abend müde und erschöpft. Diesmal lag es nicht an den Schmerzen, der Tag war einfach mit all dem Neuen anstrengend gewesen. Wir stritten uns und so setzte Tim mich am nächsten Tag vor dem Wohnheim ab, ohne dass wir uns ausgesprochen hatten. Natürlich hatte ich auch meinen Beitrag zu diesem Streit geleistet. Mein Stolz stand mir wieder im Weg. Ich hätte versuchen können, zu erklären, warum unser Sexleben in der letzten Zeit quasi nicht vorhanden war. Doch dazu hätte ich zugeben müssen, dass ich krank war. Und das war mir einfach zuwider. Ich wollte stark sein und nicht bemitleidet werden. Und ich wollte auch nicht in den Arm genommen werden und gesagt bekommen, dass das alles nicht so schlimm ist. Schon gar nicht von jemandem, der einige Jahre älter war. Ja, mein Stolz. Ich gestand mir immerhin selbst ein, dass ich an diesem Streit allein die Schuld trug. So entschuldigte ich mich tags darauf bei Tim. Und damit schien wieder alles in Ordnung zu sein.

Die ersten drei Monate der Ausbildung bestanden aus Unterricht und dazu gehörenden praktischen Übungen. Ich hatte mir fest vorgenommen fleißig zu lernen und gute Noten zu schreiben. Das gelang mir sogar und ich glaubte, meine Faulheit, die sich zuvor in der Schule durchgesetzt hatte, im Griff zu haben. Um den Schmerzen mehr Beachtung zu schenken, als ab und zu eine Tablette zu nehmen, blieb mir keine Zeit. Wollte ich auch keine Zeit opfern. Mein erster praktischer Einsatz auf einer Station stand bevor. In den ersten Wochen machte mir das sehr frühe Aufstehen zu schaffen. Um 6:00 Uhr begann der Dienst. Die ganze Woche lang und auch am Wochenende. Mittags war ich häufig geplättet und erschöpft. Nachts schlief ich schlecht. Das war ich zwar gewohnt, doch in den letzten Monaten hatte ich dann auch nicht schon um 6:00 Uhr konzentriert und wach auf der Station zu stehen. Die Stationsleitung sprach mich nach etwa vier Wochen darauf an, dass ich meist einen müden und schlappen Eindruck auf sie machte. „Vielleicht gehst Du mal früher ins Bett, statt mit Deinen Freunden zu feiern." bekam ich zu hören. „Aber ich feiere abends nicht. Ich gehe immer früh ins Bett. Ich weiß auch nicht woran es liegt." entgegnete ich. Sie schien mit meiner Antwort nicht zufrieden, doch was sollte sie weiteres machen.

Da ich im ersten Ausbildungsjahr war und dazu noch in meinem ersten Einsatz, durfte ich viele Dinge noch nicht tun. So verbrachte ich in den ersten Wochen viel Zeit mit dem Reinigen von Schränken nach Entlassung der Patienten oder der Stationszimmereinrichtung. Botengänge waren auch eine der Hauptaufgaben. Froh war ich immer, wenn ich bei der Körperpflege mithelfen konnte (was auf dieser Station einfach aus Mangel an entsprechendem Klientel seltener war). Nach einigen Malen durfte ich zusammen mit einer Mitschülerin meinen ersten Patienten ohne direkte Aufsicht pflegen. Die Stationsleitung kam nur nach getaner Arbeit nachschauen, ob alles richtig gemacht worden war. Und so begann mir die Arbeit Spaß zu machen. Immer wieder gab es etwas Neues zu lernen, neue Aufgaben, neue Herausforderungen. Einige Dinge, die wir im Unterricht noch nicht durchgenommen hatten, wurden mir in der Praxis erklärt und beigebracht. Nach den Diensten hatte ich öfter Schmerzen, als ich es mir anfangs zugestehen wollte. Meine Knieschmerzen meldeten sich auch nach langem nochmal lauthals. Damit ich sie auch nicht vergessen sollte. Und ehe ich mich versah war der erste Einsatz im Stationsalltag vorüber. Der Blockunterricht begann wieder und sollte uns in den kommenden Wochen auf die anstehende Probezeitprüfung vorbereiten. Neue Lehrfächer kamen hinzu. Der Lehrstoff wurde anspruchsvoller, als noch im ersten Unterrichtsblock.

Meine Liebesbeziehung beschränkte sich fast ausschließlich auf meine freien Wochenenden oder freie Tage, die ich im Einsatz zwischendurch hatte. Wir sahen uns also nicht mehr so oft und so nutzten wir die gemeinsame Zeit für Wichtigeres als Streit. Es lief wieder harmonischer zwischen uns. Die Probezeitprüfung stand bevor. Ich verbrachte viel Zeit mit Lernen. Inzwischen hatte ich ein Hilfsmittel gegen die ständige Müdigkeit entdeckt: Kaffee. Sehr viel Kaffee. Und half auch der nicht, dann nahm ich Koffeintabletten. Mein Magen freute sich zwar über diese Gesellen nicht sonderlich, aber ich wollte um jeden Preis die Probezeit bestehen. Ich wollte Krankenschwester werden. Etwas anderes konnte ich mir nicht mehr vorstellen.

Zitternd und bangend saßen wir alle gemeinsam im Aufenthaltsbereich vor dem Klassenzimmer, in dem die Prüfung stattfand. Wir waren in der kurzen Zeit eine eingeschworene Gemeinschaft geworden und feste Freundschaften waren geknüpft. Ich erinnere mich noch heute sehr gut daran, wie meine

Handflächen am Schwitzen waren, vor lauter Aufregung. Und erst am nächsten Tag sollten wir die Ergebnisse erfahren. Die Prüfung fand mit drei Lehrerinnen mündlich statt. Man sah mir meine Aufregung wohl deutlich an, denn zunächst sagte Frau Keller, eine meiner Klassenlehrerinnen, dass ich keine Angst zu haben brauchte, ich hätte doch bisher gute Noten geschrieben. Nach zwanzig Minuten war die Prüfung vorüber. Als alle ihre Prüfung abgelegt hatten, gab man uns den Rest des Nachmittags frei. Die Stimmung war erleichtert, doch auch gedrückt. Niemand wusste, wie er sich geschlagen hatte und die Unterhaltung über gestellte Fragen und deren korrekte Antworten riefen oft genug Panik hervor. Wir verbrachten den Abend gemeinsam bei ein paar Bieren. Tim rief mich abends noch an, um zu fragen, wie es gelaufen war. Nachdem ich alles haarklein erzählt hatte und das Gespräch sich dem Ende neigte, verabschiedete ich mich mit einem „Ich liebe Dich!", doch es wurde nicht erwidert. Mir fiel es zwar unangenehm auf, doch ich machte mir keine tieferen Sorgen darum. So etwas kam vor. War es zwar bisher nicht, doch einmal ist immer das erste Mal, sagte ich mir.

Am nächsten Morgen wachte ich schon früh auf. Ich war so aufgeregt, wie als kleines Kind am Morgen des Heiligabends. Nur war es weniger freudige sondern mehr ängstliche Aufregung. Was sollte ich bloß tun, wenn ich diese Lehrstelle nicht behalten konnte. In meinem Kopf kreisten die Gedanken. Mehr als

Kaffee und Zigaretten waren zum Frühstück nicht drin, mir fehlte der Appetit. Den anderen ging es ähnlich. Wieder versammelte sich die Klasse und bangte, während jeder einzeln herein gerufen wurde. Eine meiner engsten Freundinnen verließ das Zimmer der Lehrerin kreidebleich. „Ich hab's nicht geschafft." brach sie in Tränen aus. Dem gesamten Kurs standen die Tränen in den Augen. Nach und nach wurden wir aufgerufen. Einige hatten bereits die erlösende Nachricht erhalten, dass sie bestanden hatten. Dann kam Nadja, eine andere enge Freundin aus dem Zimmer. Sie hatte sich die Sonnenbrille aufgesetzt und sagte nur nüchtern: „Ich bin raus!" Wieder eine weniger. Wenn sie schon nicht bestanden hatte, was sollte dann bloß mit mir sein? Angst machte sich in mir breit. Ich sah mich schon mit gepackten Taschen vor der Haustür meines enttäuschten Vaters stehen. Danach kamen einige mit freudestrahlenden Gesichtern aus dem Zimmer. Sie hatten bestanden, doch sie waren auch ausgesprochen gute Schüler. Es war also nicht weiter verwunderlich. Dann wurde ich gerufen. Ich hatte den berühmten Pudding in den Knien und war hochgradig angespannt. Die Schultern schmerzten sehr, als drückten hunderte Kilos darauf. Im Zimmer von Frau Mühl, der zweiten Klassenlehrerin, nahm ich das Angebot Platz zu nehmen gerne an. Ich hatte nicht den Eindruck, dass ich noch lange hätte stehen können. Mir war übel und mein Magen beschwerte sich über das ausgebliebene Frühstück. „Warum sind sie so nervös?" fragte

Frau Keller. Es platzte so aus mir heraus: „Ich habe Angst, dass ich nicht bestanden habe. Und da schon meine zwei Freundinnen gehen mussten, glaube ich nun die nächste zu sein." Nun war es raus. Gleich fühlte ich mich, wenn auch nur um ein bisschen, besser. „Aber ihre Noten sind doch viel besser als die ihrer Freundinnen. Und bei der Prüfung haben sie auch nur kleinere Fehler gemacht." „Ich weiß nichts über die Noten meiner Freundinnen. Ich weiß aber, dass sie auf Station oft besser und schneller waren als ich." erwiderte ich. „Nun, das praktische Arbeiten allein reicht nicht, um diese Ausbildung zu machen. Und dann wollen wir sie mal erlösen: Sie haben bestanden. Machen Sie so weiter." erklärte Frau Keller. Der Pudding in den Knien war noch immer nicht verschwunden. Erleichterung bahnte sich ihren Weg. Ich verließ den Raum. Draußen warteten einige aus der Klasse schon auf mich. Ich stand im Flur und wusste nicht, was ich sagen sollte. Die anderen kamen zu mir: „Und? Was haben sie gesagt? Bist Du weiter?" Der Pudding schien sich in Luft zu verwandeln und ich sank weinend auf die Knie. Unter all den Tränen stammelte ich ein „Ich bin weiter!" hervor. Schlagartig wurde mir wieder bewusst, dass es zwei meiner Freunde nicht geschafft hatten und so weinte ich noch mehr. Insgesamt verließen vier der Mitschülerinnen noch an diesem Tag das Wohnheim.

Abends sollte gefeiert werden, ganz ungeachtet der Tatsache, dass am nächsten Morgen wieder Unterricht auf dem Plan stand. Es wurde Alkohol gekauft und Pizza bestellt. Und in all dem Getümmel, das an diesem Abend herrschte, klingelte das Telefon im Flur (wir hatten nur eines für alle gemeinsam). Es war für mich. „Und? Hast Du bestanden?" hörte ich Tim fragen. Mir kamen wieder die Tränen: „Ja, habe ich! Magst Du mit uns feiern?" Das darauffolgende „Nein" war deutlich. Die Worte, die danach folgten, stachen tief und taten weh. Schon länger mache er sich Gedanken um die Beziehung und sei zu dem Schluss gekommen, dass es nicht mehr dasselbe sei, wie zu Beginn. Die Gefühle seien nicht mehr vorhanden. Man könne ja befreundet bleiben. Ich sagte dazu nicht sehr viel. Ab und zu ein bestätigendes „O.K.". Nach wenigen Minuten war das Telefonat beendet, ebenso meine Beziehung und ich am Boden zerstört. Die Freude über den ersten Etappensieg der Ausbildung wisch und die Trauer über die verlorenen Freundinnen mischte sich mit der Trauer um die eben verlorene Beziehung zu einer dunklen Wolke in Herz und Kopf. Düstere Gedanken wirbelten in mir umher und ich wollte nur noch eines, sie betäuben. Meine Freunde bemerkten, dass etwas mit mir nicht stimmte und nachdem ich erklärt hatte, was passiert war, nahmen sie sich meiner an. Sie trösteten mich und gemeinsam tranken wir auf uns. Ich trank sehr viel an diesem Abend. Den einen Schmerz konnte ich so ein wenig betäuben, der andere tobte in mir. Der Alkohol tat auch seins dazu, dass ich in Selbstmitleid versank. In einigen Monaten sollte ich zwanzig werden und war so krank, rheumakrank, wie eine alte Schachtel. Und Tim hatte mich verlassen. Daran traf mich sicher auch eine Teilschuld. Ich war ein schwieriger Mensch. Aber hatte ich es nicht auch verdient, dass man mich liebte? Weinend schlief ich am frühen Morgen ein.

Der Wecker holte mich aus wilden Träumen und warf mich in die schmerzvolle Realität. Mein Kopf hämmerte, ich hatte einen heftigen Kater. Und meine Schultern und Arme taten besonders weh. So nahm ich erst einmal, noch vor dem Aufstehen, eine Schmerztablette und eine Kopfschmerztablette ein. Eine lange heiße Dusche hätte mir jetzt sicher gut getan, doch das war hier nur in den Abendstunden möglich. Wir teilten uns in einem Stockwerk mit etwa zwanzig Mädels zwei Duschen. Es wäre ein Leichtes gewesen, mir den Zorn der ganzen Etage aufzuladen, (hätte ich dies denn gewollt) und wäre lange duschen gegangen. Denn noch war der Blockunterricht nicht vorbei und wir mussten alle zur selben Zeit im Klassenzimmer sein. So musste eine kurze Dusche ausreichen. Ich würde mich am Abend in der Dusche austoben.

Ich fühlte mich halbtot und starrte die Tafel an. Als stünde ich neben mir, konnte ich mich beobachten, dass ich wie eine Maschine funktionierte. Wenn etwas mitgeschrieben werden musste, dann tat ich das, war dies nicht der Fall, dann starrte ich gedankenversunken in die Gegend. Man sah mir wohl an, dass ich mich nicht sonderlich gut fühlte, denn keiner der Lehrer und Dozenten ermahnte mich, dem Unterricht zu folgen. Kurz vor der Mittagspause kehrte immerhin mein Hunger wieder zurück und erst da fiel mir auf, dass ich am Morgen nicht einmal eine Tasse Kaffee zu mir genommen hatte. Meine Traurigkeit fiel einer meiner Kollegen, Tanja, wohl besonders auf. Sie hinterließ mir auf meinem Tisch eine kleine Nachricht. Wenn ich reden wolle, dann solle ich mich einfach melden, sie sei für mich da. Ich diskutierte mit mir selbst, ob ich reden wollte oder nicht. Sollte ich diesmal nicht einmal alleine meine Probleme regeln? Zudem würde sie die Hälfte meines Geplappers nicht nachvollziehen können, denn sie wusste, wie alle anderen auch, nichts von meinem Rheuma. Andererseits würde es meinem Gemüt sicher gut tun, sich zu entladen und einfach mal alles heraus zu lassen, was mir im Kopf umher schwirrte. Und so beschloss ich am Abend mit Tanja zu reden. Es war ein schöner Abend. Sie zeigte viel Verständnis und erzählte auch von ihren Problemen und ihrem Erlebten. Auch sie war vor nicht allzu langer Zeit verlassen worden. Bis in den späten Abend hinein plauderten wir munter.

Eine Woche später begann der ersehnte Urlaub. Ich fuhr nach Hause. Doch dort sollte nicht nur Erholung auf mich warten. Dort fehlten mir die neuen Freundschaften aus dem Wohnheim und vorhanden waren nur die Freunde um meine ehemalige Beziehung. Doch dahin wollte ich nicht. So kam es, dass ich mit meinem Bruder ausging. Seine Freunde kannte ich fast alle, unter ihnen auch ein ehemaliger Schulkollege von mir, Manuel. Aus der Grundschule kannten wir uns und hatten uns damals gut verstanden. Schon im ersten Gespräch war man sich wieder sympathisch. Wir unterhielten uns eine kleine Ewigkeit. Jeder von uns hatte in den letzten Jahren viel erlebt. Und nie waren wir uns über den Weg gelaufen. Wir sahen uns in meinem Urlaub öfter. Es war unglaublich, doch nach einer kurzen Neu-Kennenlernphase war es, als hätte man sich nie aus den Augen verloren. Unsere Gespräche kannten keine Tabuthemen und es entwickelte sich eine innige Bindung. Als der Urlaub vorbei war stellte ich fest, dass ich mich in der ganzen Zeit bei niemandem aus der Klasse gemeldet hatte, auch nicht bei Tanja, die mir so uneigennützig ihre Hilfe angeboten hatte. Und ich hatte nicht einmal eine Telefonnummer von ihr. Das war mir peinlich. Gleich am letzten Urlaubstag, als wir alle wieder im Wohnheim Einzug hielten, entschuldigte ich mich bei ihr. Wir tauschten Nummern aus. Vorsichtshalber. Abends war es im Wohnheim üblich, dass wir im Gemeinschaftsraum rumsaßen, uns unterhielten und häufig auch etwas tranken. So tauschten wir Urlaubserlebnisse aus und hatten jede Menge Spaß. Wir zogen uns alle früh zurück. Am nächsten Tag würde der Stationseinsatz auf einer fremden Station beginnen. Ich hatte mehr Glück, als viele andere. Ich durfte an meinem ersten Tag einen

Spätdienst machen, so konnte ich etwas länger schlafen. Die neue Station war so ganz anders. Ebenso das Personal. Mein mir zugewiesener Mentor zeigte mir die Station und wies mich in die ersten Arbeiten ein, die ich mit meinem Ausbildungsstand problemlos erledigen konnte. Es gab unheimlich viel zu sehen. Und mein Mentor erklärte mir nicht nur alles Mögliche, nein, er vergewisserte sich auch, dass ich etwas lernte. Immer wieder stellte er mir Fragen zu dem, was er mir einige Stunden zuvor erklärt hatte. Das machte eine Menge Spaß. Als der erste Dienst vorüber war, befand ich mich in einem Zustand, den ich fortan nur noch „tot aber glücklich" nannte. Völlig k.o. kam ich im Wohnheim an, doch ich war richtig glücklich. Irgendwie zufrieden. Und so freute ich mich bereits auf den nächsten Dienst. Nach den ersten Wochen erhielt mein Mentor von mir einen neuen Namen: Er war fortan der Maestro. Auch mit seinen Kollegen kam ich gut aus. Und so beruhigte es mich auch, dass ich wohl doch nicht so unkonzentriert und unausgeschlafen daherkam, wie man es mich noch in meinem ersten Einsatz glauben machen wollte. Hier konnte ich auch zum ersten Mal einen Operationssaal von innen betrachten und mir eine Operation anschauen. Es war sehr faszinierend, was alles möglich war. Sechs Stunden stand ich fast regungslos (als Zuschauer darf man in einem OP nicht willkürlich herumlaufen) und konnte dem Operateur über die Schulter schauen. Wieder im Wohnheim brannten meine Füße vom ständigen Stillstehen in den unbequemen OP-Schuhen. So fiel ich früh am Abend ins Bett.

Privat ging es auch wieder aufwärts: Manuel und ich waren uns näher gekommen und seit kurzer Zeit ein Paar. An den freien Wochenenden blieb ich im Wohnheim, damit wir uns ohne Zaungäste sehen konnten, denn Manuel wohnte noch bei seinen Eltern und ich ja bei meinem Vater. Wieder gab es eine hormonüberflutete Zeit der Zweisamkeit. Doch dieses Mal sollte die rosarote Brille nicht so lange auf meiner Nase sitzen bleiben. Immer wiederkehrende Streitigkeiten und Diskussionen bahnten sich ihren Weg.

4 – Neue Diagnosen

Einige Wochen waren vergangen. Den Stationsablauf kannte ich in- und auswendig und die Arbeit machte einfach unglaublich Spaß. Auch wenn es oft schwierig war die Angehörigen schwer kranker zu sehen, die einfach hilflos da saßen. Dem entgegen standen die Patienten, die gesund nach Hause gehen konnten.

Ich hatte vierzehn Dienste an einem Stück. Kein Tag dazwischen frei und die Dienste wechselten zwischen Früh- und Spätschicht. Ab dem sechsten Tag wurde die Arbeit beschwerlich, ich fühlte mich gar nicht gut. Da half auch das Zufriedenheitsgefühl nicht weiter. Am achten Tag hatte ich so starke Schmerzen in der linken Hand, dass ich in einem Sanitätshaus eine unterstützende Bandage einkaufte, um mir das Handgelenk ein wenig zu entlasten. Wieder im Dienst, mit Bandage, erklärte ich auf Nachfrage, dass ich eine beginnende Sehnenscheidenentzündung hätte. Unmöglich erschien mir der Gedanke jemandem die Wahrheit zu sagen. Noch wollte ich darum bitten, meine Dienste zu kürzen, denn ich brauchte die Einsatzstunden. In den Nächten kam ich nur selten zu wirklich erholsamem Schlaf. Immer wieder wurde ich wach, weil mir die Arme, die Schultern oder die Beine schmerzten. So mussten wieder einmal die Koffeintabletten her halten. Die Schmerztabletten gingen zur Neige und ich wollte nicht nach

Hause fahren, nur um einen Arzttermin zu machen. Einige meiner Mitschülerinnen hatten bereits einen Arzt in der Stadt, den sie mir empfahlen. Er hatte seine Praxis nur etwa fünfhundert Meter vom Wohnheim entfernt. Und man brauchte keinen Termin. So ging ich an einem freien Nachmittag dorthin. Immer wieder überlegte ich mir, was ich dem Arzt sagen sollte, welche Diagnose ich hatte, ich wollte nur ein Rezept. Der Arzt war recht jung, nahm sich Zeit, verordnete mir die Schmerztabletten und empfahl mir ein Mittel zum Einreiben. Beides kaufte ich in der Apotheke ein. Das Mittel, war es erst einmal eingerieben, sorgte für eine stärkere Durchblutung in der entsprechenden Region, so dass diese sich sehr warm anfühlte. Das sollte die Muskeln entspannen. Es half auch recht gut, jedoch stank es ganz furchtbar. Mit eingeriebenem Mittel roch man mich Meilen gegen den Wind. So war auch die Zweisamkeit dadurch beeinträchtigt. Doch an manchen Tagen war mir das schlichtweg egal. Am Morgen des zwölften Dienstes begann in meiner Schulter ein starker Schmerz. Ein Stechen und Ziehen. Ich hatte Mühe meinen Arm zu heben. Das allmorgendliche Bettenbeziehen auf Station wurde zur Qual. Immer wieder sagte ich mir, dass es nur noch zwei Tage bis zum ersehnten, freien Tag waren. Ich schimpfte mit mir selbst: „Stell' Dich nicht so an. Andere schaffen das auch." Und in mir erhob sich Aggression gegen den Schmerz. Wut gesellte sich dazu. Und ich wusste nicht wohin damit. So schaukelte sich mein Gemüt bei kleinen Reibereien in der Beziehung besonders schnell hoch. Nachher tat es mir immer leid. Doch mehr als entschuldigen konnte ich mich nicht. Und wie schwierig musste es für Manuel sein. Natürlich war ich wieder nicht in der Lage zuzugeben, wie schlecht es mir ging. Ich spielte wieder meine Rolle, die ich schon früher so gut beherrscht hatte. Als ich den vierzehnten Dienst hinter mich gebracht hatte, betäubte ich meine Gedanken mit Alkohol. Schon am Nachmittag war ich betrunken.

Der nächste Morgen begann trotz dienstfrei sehr früh. Um 5:00 Uhr wurde ich wach, mein Kopf schien den Restalkohol aus mir heraus hämmern zu wollen, die linke Schulter schmerzte schlimmer als die letzten Tage und meine Hand wollte nicht einmal die Zigarette halten. Ich nahm gleich zwei Schmerztabletten ein, doch nach einer Stunde waren die Schmerzen noch immer nicht besser. In der Zwischenzeit war ich duschen gewesen und hatte mich entschlossen, zum Arzt zu gehen, sobald die Praxis öffnen würde. Um mich von den Schmerzen abzulenken, setzte ich mich an eines der Lehrbücher. Es schien, dass alles was ich las nicht in meinem Kopf bleiben wollte. Immer wieder musste ich zum vorangegangen Absatz zurückkehren, um nochmals die eine oder andere Erklärung für ein Fachwort zu lesen. Die Zeit schlich. Ich fühlte mich, als säße ich in einer Zeitblase gefangen, alles wirkte langsam. Selbst der Sonnenaufgang. Die Buchseiten wollten sich auch nur widerwillig umblättern lassen. Es waren lange dreieinhalb Stunden gewesen, als ich endlich durch den eben geöffneten Praxiseingang schritt. „Guten Morgen! Was kann ich für Sie tun?" lächelte mich die Arzthelferin freundlich an. Was an diesem Morgen so gut sein sollte, wusste ich auch nicht. Doch die Arzthelferin konnte das ja nicht wissen. „Ich habe Schmerzen." sagte ich trocken. „Haben Sie das Kärtchen dabei?" fragte sie. Ich öffnete mein Portemonnaie. Es war mir furchtbar peinlich, wie lange ich doch brauchte, bis ich das Krankenkassenkärtchen aus seinem Einschubfach geholt hatte, um es mit zitternder Hand der Arzthelferin zu reichen. „Dankeschön! Nehmen Sie doch schon Platz. Der Doktor ist noch nicht da, kommt aber gleich. Ich bringe Ihnen ihr Kärtchen ins Wartezimmer." Ich schlurfte ins leere Wartezimmer. Nach einigen Minuten sinnlosen vor mich Hinstarrens griff ich zu einer Zeitschrift. Es war schwierig sie trotz der Schmerzen festzuhalten, doch ich wollte auch nicht einschlafen. Ich war müde. Nach fünfzehn weiteren Minuten kam der Arzt. „Na, dann kommen Sie doch gleich mit durch." sagte er und ging zügig voran. Im Sprechzimmer angekommen bat er mich, Platz zu nehmen und setzte sich hinter seinen Schreibtisch. „Was kann ich für Sie tun?" Ich schilderte ihm meine Verfassung und dass ich bereits zwei Schmerztabletten eingenommen hatte. Er überlegte einen Augenblick. „Sind Sie schon mal gequaddelt worden?" fragte er plötzlich. Ich schaute ihn fragend an. „Bin ich schon mal was?" „Ich würde Ihnen an die Schulter und in den Unterarm ein leichtes Betäubungsmittel unter die Haut spritzen. Das ist zunächst etwas unangenehm, aber es hilft recht gut." Ich musste meinen Oberkörper frei machen und er spritzte mir etwa sieben Mal um die Schulter herum kleine Mengen des Mittels. Es tat weh. Aber es sollte ja helfen. Dann setzte er noch in den Unterarm um das Ellenbogengelenk einige Injektionen. „Diese Papeln sind normal. Die Wirkung sollte bald eintreten." erklärte er zu den kleinen Hügeln auf meinem Arm. „Brauchen Sie eine Krankmeldung?" fragte er nach. „Ich muss erst übermorgen wieder arbeiten." antwortete ich. „Wenn es bis dahin nicht besser geworden ist, dann kommen Sie nochmals rein." sagte er, schüttelte mir die Hand und verabschiedete sich mit einem „Gute Besserung.". Ich fühlte mich erledigt, schlapp, müde. Im Wohnheim machte ich es mir auf dem Bett bequem und schaute fern. Die Schmerzen wurden langsam aber stetig besser. Meine Kopfschmerzen ließen ebenfalls nach. Wenig später schlief ich ein. Es war schon früher Nachmittag, als das Klopfen an meiner Zimmertür mich weckte. Es war Hannah, eine Mitschülerin. „Wie siehst Du denn aus?" fragte sie, als sie das Zimmer betrat. „Ach, mir ist heute nicht so sonderlich. War schon beim Arzt und habe Spritzen bekommen. Mir tut die Schulter und der Arm weh." Mehr wollte ich nicht erzählen. Gemeinsam sahen wir fern und plauderten über die Arbeit. Als es dämmerte, waren die Schmerzen sehr viel besser, als noch am Morgen. „Komm' wir kochen was zusammen." schlug Hannah vor. So kochten wir an diesem Abend gemeinsam und der Tag nahm ein schönes Ende.

„Tut mir leid. Das wollte ich nicht." versuchte ich mich zu erklären. Die Stimmung war dahin. Noch fünf Minuten zuvor waren wir beide erregt und die Luft hatte geknistert. Dann hatte ich mich abstützen wollen und es war passiert. Ein lautes „Aua! Verdammter Mist!" meinerseits hatte die sich steigernde Erregung jäh unterbrochen. Ich hielt mir schnell die Schulter fest. Dieses Stechen trieb mir Tränen in die Augen und drängte die letzten Minuten weit in den Hintergrund. „Was ist denn? Die Schulter wieder?" fragte Manuel. „Ja. Aber so hat sich das noch nie angefühlt. Das ist echt fies." erklärte ich und setzte mich an die Bettkante. „Kann ich was tun?" „Nein, lass mich einfach!" erwiderte ich und stand auf, um im Regal nach den Schmerztabletten zu greifen. Wie sollte ich das nur erklären. Die ganze Situation war einfach zerstört. Ich wollte alleine sein. Aber jetzt so etwas zu sagen wie „Könntest Du vielleicht einfach gehen?!" wäre verletzend gewesen. Ich entschuldigte mich für mein Verhalten und versuchte irgendwie in Worte zu fassen, warum ich so unangebracht reagierte. Als ich meinen Monolog beendet hatte, herrschte Stille. Unangenehme Stille. Ich starrte den Boden an und fühlte dieses Stechen, dass eine Schmerzwelle nach der anderen in meine Hand trieb. Verflucht. Du gehst mir auf den Geist. Du konntest Dir keinen passenderen Augenblick aussuchen, was? Ich schimpfte innerlich auf meine Schulter, auf den Schmerz und einfach auf die Gesamte Situation. Lass mich doch einfach in Frieden. Tränen stiegen in mir hoch und bahnten sich ihren Weg. Weinend verbarg ich mein Gesicht und lehnte mich an Manuel. Was musste er nur von mir denken? Er hatte sich eine kranke Freundin mit Stimmungsschwankungen ausgesucht. Und wie musste er sich nun fühlen? Aus der wundervoll erregten Stimmung war eine gedrückte, traurige Stimmung geworden. Und das, obwohl wir uns erst vor einem Tag nach einem heftigen Streit wieder versöhnt hatten. „Es tut mir leid!" weinte ich. „Ist schon o.k. Ich hab' Dich lieb." sagte er.

Gleich nach dem Frühdienst war ich zu meinem neuen Hausarzt gegangen. Die Schulter schmerzte noch immer und jetzt nach dem Dienst tat auch meine Hand schrecklich weh. Das Wartezimmer war voll. Zu meinem Glück wurde gerade jemand hereingerufen, so dass ich mich setzen konnte. Meine Füße brannten. Der Dienst war stressig gewesen und ich war viel gelaufen. Aus Angst mich zu blamieren, weil mir die Zeitschrift aus den Händen gleiten könnte, nahm ich erst gar keine in die Hand. So las ich gelangweilt die Poster an den Wänden. Grippeschutzimpfung hier, Akkupunkturangebote dort. Und die Menschen um mich herum, alle älter als ich, waren in ihre Zeitschriften vertieft. Erst nach eineinhalb Stunden waren alle Patienten, die vor mir gekommen waren aus dem Wartezimmer verschwunden. Ich wollte nur ein paar Injektionen gesetzt bekommen und dann wieder gehen. Doch der Arzt beschloss mich krank zu schreiben. Den Rest der Woche. Ich widersprach ihm nicht. Vielleicht würde eine etwas längere Pause helfen. In der Schule, dort musste ich mich krank melden, erklärte ich, dass ich eine Sehnenscheidenentzündung hätte. Ich nutzte die „freien" Tage, um mich zu erholen. Ich hatte auch wieder einige Ideen für Geschichten und so verbrachte ich, sobald der Schmerz in der Hand etwas nachließ die Zeit am Schreibtisch und tippte munter. Montags begann die letzte Woche meines Stationseinsatzes. Die wollte ich durchhalten. Danach stand wieder Blockunterricht auf dem Plan und der war auch eine Art Erholung. Jedenfalls im Vergleich zu der Arbeit auf Station.

Endlich sahen wir uns alle wieder. Nicht alle Mitschüler wohnten im Wohnheim und so war der erste Schultag auch immer ein willkommener Anlass für ein Wiedersehen und munteres Plaudern. Jeder hatte so seine eigene, kleine Geschichte über seinen Stationseinsatz zu erzählen. Da das die Lehrer wussten, wurde auch deshalb in der ersten Stunde des Blocks immer eine Reflexionsstunde abgehalten. Meine Schmerzen erwähnte ich natürlich nicht, es gab auch genug andere spannende Dinge zu berichten. Besonders die Operation, die ich sehen durfte, faszinierte mich noch immer. In der ersten Pause kam Frau Keller auf mich zu. „Wie geht es Ihrer Sehnenscheidenentzündung?" fragte sie. Ich musste kurz nachdenken. „Oh, ja, das ist wieder besser." antwortete ich kurz. „Das freut mich. Dann bis später." sagte sie und ging in ihr Büro. Ich hätte wissen müssen, dass die Schulsekretärin diese Information weitergeben würde. Aber ich hatte nicht mehr daran gedacht. Einen Tag später holte uns alle der Schulalltag schnell wieder ein. Und dennoch herrschte im Wohnheim eine ganz andere Atmosphäre, als während der Stationseinsätze. Denn jetzt waren alle quasi zur gleichen Zeit dort. Und so standen auch die ersten gemeinsamen Abende im Aufenthaltsraum wieder auf dem Programm.

In der zweiten Woche des Blockunterrichts wachte ich morgens auf und neben dem schon bekannten Schulter-Arm-Schmerz fühlten sich meine Finger irgendwie taub an. Etwas pelzig, nicht direkt taub, so als seien sie eingeschlafen. Das war mir unheimlich. So wanderte ich nach dem Unterricht ohne Umwege in die Arztpraxis. „Was machen die Beschwerden?" fragte der Arzt. „Heute geht es, aber meine Finger…" sagte ich und erklärte ihm das seltsame Gefühl vom Morgen. „Ich überweise Sie mal zu einem Neurologen. Vielleicht haben Sie ein Karpaltunnelsyndrom." sagte er und überreichte mir gleich darauf die Überweisung. Nun versuchen Sie mal bei einem Neurologen schnell einen Termin zu bekommen. Das ist fast unmöglich. Ich telefonierte mit fünf Praxen, bis mir eine in der Woche darauf einen Termin anbot. In der Zwischenzeit informierte ich mich dank der vorhandenen Fachliteratur schnell über die neue Diagnose.

Pünktlich stand ich vor der Praxis des Neurologen. Ich gab an der Rezeption die Überweisung ab und wunderte mich darüber, dass ich die einzige Patientin im Wartezimmer war. Als ich ins Behandlungszimmer gerufen wurde, erklärte mir ein älterer Doktor, dass er das Gerät für die auf der Überweisung stehende Untersuchung nicht in seiner Praxis habe. Dafür müsse ich zu einem Kollegen. Er gab mir den Namen des Kollegen und fragte dann nach meinen Beschwerden. Er schien Zeit zu haben und so schilderte ich ihm meine Schmerzen und das taube Gefühl in den Fingern. Nachdem ich geendet hatte, bat er mich auf der Untersuchungsliege Platz zu nehmen. Er nahm meinen Arm und bewegte ihn in alle möglichen Richtungen und ließ sich von mir sagen, wenn es wehtat. Als er fertig war, fragte er mich, ob ich Tennis spielen würde. Ich verneinte. „Ich glaube Sie haben einen Tennisarm. Der muss nicht unbedingt durch Tennisspielen entstehen, aber wenn Sie mich fragen, dann sollten Sie sich darauf mal genauer untersuchen lassen." Ich nickte und verließ kurz darauf die Praxis wieder. Ich organisierte mir eine neue Überweisung bei meinem Hausarzt und rief in der von dem Neurologen genannten Praxis an. Dieses Mal erwähnte ich auch gleich, dass ich eine „Nervenleitgeschwindigkeitsmessung" gemacht bekommen sollte. Drei Wochen später hatte ich einen Termin.

Mein Liebesleben verlief ruhig und ohne Streit. Wir unternahmen häufig etwas. Und wir hatten Sex ohne Zwischenfälle. Wir schmiedeten Pläne für den kommenden Urlaub. Wir wollten in die Niederlande fahren. Ans Meer. Das würde mein erster Urlaub ohne Eltern sein. Darauf freute ich mich schon. Nach langen Überlegungen beschlossen wir mit dem Auto dorthin zu fahren. Auf einer Landkarte suchten wir uns eine Region aus. Dorthin sollte es gehen. Die Zeit bis dahin würden wir für genauere Planungen und ähnliches nutzen. Es waren immerhin noch fünf Wochen.

Es war 11:00 Uhr und ich stand an der Rezeption der neurologischen Arztpraxis. Der nächsten. Es hatte sich herausgestellt, dass diese unweit des Wohnheims war. Nach einer kurzen Wartezeit rief mich die Arzthelferin und begleitete mich in den Behandlungsraum. Dort sollte ich Platz nehmen. Sie erklärte mir den Vorgang der Untersuchung grob: „Ich schließe Ihnen mehrere Kabel an der Hand an und dann werde ich stufenweise Strom hineinleiten. Das Gerät misst dann, wie schnell die Nerven den Strom weiterleiten. In der Hand gibt es dann ein leichtes Kribbeln und bei den letzten Messungen zuckt die Hand etwas, aber das ist normal. Und es tut auch nicht weh." Ich nickte. Die Untersuchung war schnell vorüber. Immer wieder klickte die Arzthelferin mit einer Maus auf dem Bildschirm herum. Dann stand sie auf „Der Doktor kommt gleich, um das Ergebnis anzuschauen und wird dann mit Ihnen sprechen." und verließ den Raum. Es dauerte einige Minuten und der Arzt trat ein. Er stellte sich vor und schaute sich dann die Ergebnisse der Messung an. „Setzen Sie sich mal hierher." deutete er auf die Behandlungsliege. Dort nahm er meine Hände, legte sie auf die Oberschenkel und drehte sie mit dem Handrücken nach unten. Er zog ein nadelähnliches Metallstück aus seinem Kittel. „Keine Angst, ist stumpf. Machen Sie mal die Augen zu und dann sagen Sie mir, wenn sie etwas in den Fingern spüren." erklärte er. Nachdem er damit fertig war meinte er, dass ich ein leichtes Karpaltunnelsyndrom hätte. Dafür würde er mir eine Schiene verschreiben, die ich dann nachts und, falls möglich, auch tagsüber tragen sollte. „Und was ist mit meiner Schulter? Warum schmerzt die ständig?" fragte ich ihn. Vielleicht würde er zu derselben Diagnose kommen, wie der letzte Neurologe. Auch er bewegte meinen Arm und die Schulter in alle möglichen Richtungen und ließ sich sagen, wann die Schulter schmerzte. „Das sieht nach einer Entzündung im Schultergelenk aus. Ich gebe Ihnen da mal eine Spritze hinein. Dann wird die Entzündung bald abheilen." erklärte er. Die Injektion war äußerst unangenehm, direkt an das Gelenk. Doch nach einer Stunde zeigte es Wirkung. Die Schulter tat kaum noch weh. Vielleicht hatte ich doch kein Rheuma. Vielleicht hatte sich der Orthopäde damals geirrt, begann ich Hoffnung zu schöpfen. Vielleicht war bald alles vorbei. Eine Zeitlang eine Schiene tragen und dann noch warten, bis die Entzündung verheilt war. Das klang wie Musik in meinen Ohren. Bis die Schiene vermessen, fertig gestellt und geliefert war, dauerte es zwei Wochen. Brav trug ich sie jede Nacht (es sei denn ich schlief nicht alleine) und auch tagsüber sooft es mir möglich war. Am PC konnte ich sie nicht tragen, sie schränkte die Finger und das Handgelenk zu sehr ein, ansonsten war sie ein neuer, stetiger Begleiter. Die Schmerzen in der Schulter waren deutlich weniger geworden, wenn gleich sie auch nicht ganz verschwunden waren. Vielleicht brauchte etwas, was solange entzündet war einfach länger zum Heilen. Frau Keller war trotz Pullovers nicht entgangen, dass ich eine Schiene trug. „Haben Sie Probleme mit dem Arm?" fragte sie fürsorglich. „Ich habe ein leichtes Karpaltunnelsyndrom." erklärte ich ihr. „Es wird schon besser." setzte ich hinzu. „Das wünsche ich Ihnen. Und wenn etwas ist, Sie wissen, wo mein Büro ist." sagte sie. Sie machte auf mich nicht den Eindruck, dass sie aus purer Neugierde fragte. Nein, sie schien sich Gedanken um mich gemacht zu haben und klang eher besorgt. Sie hatte auch nicht diesen Unterton, den meine ehemalige Sportlehrerin so gut beherrschte. Dieser Ton, der einem klar zu verstehen gab, dass sie glaubte, man wolle sich nur vor dem Unterricht oder einer Klassenarbeit drücken.

Im Unterricht kam neben den Fächern Krankenpflege und Anatomie nun auch Krankheitslehre hinzu. Wir besprachen einige neurologische Erkrankungen und meine Aufmerksamkeit war noch mehr geweckt, als in den Tagen zuvor. In jedem neuen Krankheitsbild suchte ich nach Parallelen zum Verhalten meiner Schmerzen. Doch ich fand keine. Aber ich wollte die Hoffnung nicht aufgeben, vielleicht nach all den Ärzten selbst eine Diagnose zu finden. Nach den neurologischen Erkrankungen kamen die rheumatologischen dran. Hier fand ich nur wenige Übereinstimmungen mit meinen Symptomen. Immerhin war ich mir nun fast sicher, dass ich doch kein Rheuma hatte. Doch was war es dann? Es musste doch eine Diagnose auffindbar sein. Nur welche?

Die scheinbare Schulterentzündung war womöglich abgeheilt, doch die Schmerzen waren nicht besser. Sie kamen in ihrer alten Stärke wieder. Das morgendliche Taubheitsgefühl war verschwunden und da die Schiene keine andere sinnvolle Wirkung auf meine Hand hatte, zog ich sie nur noch selten an. Sie war sowieso nicht bequem gewesen und sie vor zwischenmenschlichen Aktivitäten auszuziehen hatte auch nicht sonderlich zur Stimmung beigetragen. Abgesehen von kleineren Streitigkeiten, lief es in der Beziehung gut. Wir hatten uns einige Male intensiv unterhalten. Immerhin hatte ich es über mich gebracht zu sagen, dass die Schmerzen in der letzten Zeit stärker wurden und dass dies auf meine Stimmungslage drückte. Und Manuel zeigte sich verständnisvoll. Der Urlaub stand kurz bevor. Nur noch wenige Tage und ich würde das Meer wieder sehen. Darauf freute ich mich. Den Sonnenuntergang, am Strand sitzend, beobachten. Das war eins meiner Ziele für den Urlaub. Das klingt jetzt furchtbar nach Klischee, doch wer in aller Ruhe mal einen Sonnenuntergang am Meer genießen durfte, der weiß was ich meine. Und Sie? Falls Sie sich ihn noch nicht angeschaut haben, dann sollten Sie das für Ihren nächsten Urlaub einplanen. Es muss ja nicht gleich die Karibik sein.

Als wir am Markermeer ankamen, hatten wir einige Stunden im Auto verbracht. Ich fühlte mich nicht so gut. Alles tat weh, selbst mein Knie. Doch ich wollte Manuel nicht schon am ersten Tag die Laune vermiesen. Wir fanden ein kleines gemütliches Zimmer auf einem Hausboot bei einer alten Dame. Es war urgemütlich und wenn man das Zimmerfenster öffnete, plätscherte etwa einen Meter darunter das Wasser. Manuel und ich würden uns zum ersten Mal eine Woche lang ein Zimmer teilen. Bisher war entweder ich in seiner Wohnung oder er in meinem Wohnheimzimmer geblieben, aber so richtig zählte das nicht. Am Abend erkundeten wir die kleine, alte Hafenstadt. An anderen Tagen unternahmen wir kleine Tagesreisen. Und ein Abend stand ganz im Zeichen des Sonnenuntergangs. In der Nähe der Stadt war ein schöner Park entlang des Strandes angelegt. Dort suchten wir uns einen gemütlichen Platz, breiteten unsere Wolldecke aus und schauten aufs Meer. Ich fand das Geräusch der immer wiederkehrenden Wellen sehr entspannend. Schweigend aneinander gekuschelt saßen wir da und ich genoss es einfach. Die Schmerzen pochten, doch sie konnten mir an diesem Abend nichts anhaben. Zu schön war es dort und in mir wurde es still. Eine angenehme Stille, die mir ein Gefühl von Zufriedenheit gab. Ich sann darüber nach, wann ich das letzte Mal derart zufrieden war. Die Einsicht, dass ich in all dem (selbst produzierten)Trubel um meine Schmerzen, mir selbst schon lange keine Meditation mehr gegönnt hatte, reifte in mir. Das würde ich gleich machen, wenn ich Zuhause einige ruhige Stunden finden würde. Ich ließ meine Gedanken einfach ankommen und weiterziehen. Ich wollte meinem Kopf eine Auszeit von den vielen trübsinnigen Gedanken geben. Als die Dunkelheit hereinbrach, machten wir uns auf den Rückweg zum Boot.

Der Tag der Abreise war schneller gekommen, als es uns lieb war, doch mit dem Gehalt einer Auszubildenden waren keine weiten Sprünge zu machen. Und im Laufe der langen Heimfahrt freute ich mich wieder auf Zuhause. Ich hatte noch eine weitere Woche Urlaub. Auch diese eine Woche war schnell vorüber. Ich hatte mich mit Freunden getroffen, hatte bis in die frühen Morgenstunden auf Partys gesessen und schlief an allen Tagen aus. An den meisten Tagen schaffte ich es nicht vor 13:00 Uhr aus dem Bett. Als der Urlaub vorüber war und ich wieder in meinem Zimmer im Wohnheim stand, fiel mir auf, dass ich den Vorsatz zu meditieren, ganz vergessen hatte. So nahm ich mir vor, gleich am nächsten Tag, nach dem ersten Dienst, dies zu tun. Der neue Einsatz brachte mich in die Zentrale Patientenaufnahme. Hier hatte man keine festen Patienten, wie es auf der normalen Station üblich war, hier kamen alle Patienten zwangsläufig vorbei, die auf die Stationen kamen. Ich wurde zunächst im EKG-Zimmer eingesetzt. Meine Mentorin dort erklärte mir alles haargenau und ließ mich am ersten Tag erst einmal zuschauen und die Botengänge erledigen. So war der Dienst nicht allzu anstrengend. Nach einigen Tagen durfte ich ein EKG eigenständig anlegen. Es herrschte eine hohe Fluktuation in diesem Raum. Jeder, der operiert werden sollte, bekam ein EKG geschrieben. Ebenso jeder Patient, der zu einer Chemotherapie ins Haus kam. Sie können sich vorstellen, das waren eine Menge Patienten am Tag. Zwischendurch kamen noch Patienten um ein Langzeit-EKG oder Langzeitblutdruckgerät angeschlossen zu bekommen. Und ich durfte nach einiger Zeit im Haus bei Patienten ein EKG schreiben, die nicht zu uns kommen konnten. War im EKG-Zimmer wenig Betrieb durfte ich in der Notfallambulanz helfen. Es war spannend und ich konnte viel sehen und lernen. Außerdem hatte ich keinen Frühdienst, denn der Dienst begann um 8:00 Uhr, ich hatte eine Mittagspause und um 16:00 Uhr war der Dienst vorbei. Obwohl ich nicht in aller Frühe aufstehen musste, waren die Schmerzen immer präsent. Besonders in der Nacht wachte ich durch sie immer wieder auf und morgens waren sie oft so stark, dass ich mir überlegte nicht zur Arbeit zu gehen. Doch es lagen noch mehr als eineinhalb Jahre Ausbildung vor mir, ich war gerade erst im Mittelkurs, und die erlaubte Fehlstundenzahl war begrenzt. Überschritt man sie, wurde man nicht zum Examen zugelassen. So ging ich also trotz meines schlechten Befindens zur Arbeit. An so manchem Morgen waren selbst die zehn Minuten Fußweg zum Krankenhaus eine Anstrengung für mich. Oft genug trieben mir die Schmerzen Schweiß auf die Stirn. Immer öfter stand ich nach dem Dienst in der Hausarztpraxis, um mich spritzen zu lassen.

An einem Morgen hatte ich bereits vor Dienstbeginn eine Schmerztablette eingenommen und als sich die Schmerzen in der Mittagspause kaum gebessert hatten, nahm ich gleich zwei ein. Am Nachmittag ging ich ohne Umweg direkt zum Arzt. Die Schmerzen waren nicht besser geworden und die hinzugekommenen Kopfschmerzen raubten mir jeden klaren Gedanken. Ich war innerlich angespannt. Es hatte mich viel Kraft gekostet, mir den ganzen Dienst nichts anmerken zu lassen und lächelnd meine Arbeit zu erledigen. Ich war kurz davor zu weinen, als ich endlich im Wartezimmer Platz nahm. Doch solche Blöße wollte ich mir nicht geben. Es wäre mir zu peinlich gewesen. Versteinert saß ich etwas später im

Arztzimmer. Ich schilderte dem Arzt die vergangenen Wochen und erzählte ihm von der nachlassenden Wirkung der Schmerztabletten. Zunächst setzte er mir wieder Quaddeln. Entlang der Schulterpartien und auch auf dem Kopf. Es tat weh. Jede einzelne Injektion. Danach setzte sich der Arzt wieder hinter seinen Schreibtisch und schaute mich an: „Im Moment geht's nicht so gut, oder? Ich überlege Sie mal zu einem Rheumatologen zu überweisen, damit er Sie sich mal ansieht. Und ich schreibe Ihnen ein anderes Schmerzmittel auf. Das aber bitte nicht mit dem anderen zusammen nehmen! Und ich bin der Meinung, Sie sollten mal ein paar Tage zuhause bleiben. Glauben Sie, Sie schaffen es sich in sechs Tagen wieder aufzurappeln?" Ich war inzwischen derart geschafft, dass mir alles recht war, Hauptsache es würde mir besser gehen: „Ja, das bekomme ich schon hin. Was den Rheumatologen angeht, wo ist denn hier in der Stadt einer?" „Na, hier im Ärztehaus gegenüber ist zum Beispiel einer." antwortete er. „Gut, dann hoffe ich mal, dass ich da nicht auch zwei Wochen auf einen Termin warten muss." sagte ich. „Ich rufe gleich bei ihm an und sage, dass es dringend ist, ja? Sie sollen ja schnell wieder auf die Beine kommen. Rufen Sie dann nur nachher noch in seiner Praxis an. Und jetzt gehen Sie mal nach Hause und gönnen sich Ruhe." sagte er und geleitete mich noch in den Flur. „Gute Besserung." Ich murmelte ein „Dankeschön!" und verließ dann die Praxis. Im Wohnheim angekommen, setzte ich mich auf mein Bett, starrte die

Wand an und mir begannen die Tränen zu laufen. Sie ließen sich nicht zurückhalten und das musste ich ja nun auch nicht mehr. Gott, ich bin so fertig, am Ende. Wie soll das nur weitergehen? Meine Gedanken kreisten, während ich weiter weinte. Ich wartete, bis ich mich etwas beruhigt hatte und rief dann in der rheumatologischen Praxis an. Schon am übernächsten Tag hatte ich einen Termin, gleich morgens. Dann rief ich in der Schule an. Diesmal lautete die Diagnose für die Schule „Schulterentzündung". Die Krankmeldung gab ich Tanja mit. Sie hatte am nächsten Tag Frühdienst und war so lieb dann nach dem Dienst in der Schule vorbei zu gehen. Die Verabredung für den Abend mit Manuel sagte ich ab. So wollte ich nicht gesehen werden. Drei meiner Freundinnen, Hannah, Tanja und Johanna, gesellten sich am späten Nachmittag zu mir. Wir schauten einen Film an und plauderten bis in den späten Abend. Auch ihnen tischte ich die Lüge von der Schulterentzündung auf. Es sollte niemanden etwas angehen, was wirklich mit mir war. Naja, was hätte ich ihnen auch sagen sollen, ich wusste es ja selbst nicht. Den nächsten Tag verbrachte ich ins Bett gekuschelt vor dem Fernseher. Die neuen Tabletten hatte ich nach dem Frühstück genommen. Auf das Einsetzen der Wirkung wartete ich vergebens. Die Schmerzen gingen kaum merklich zurück. Nachdem das Wohnheim fast leer war, gönnte ich mir eine ausgiebige, heiße Dusche. Ich blieb unter dem heißen Strahl stehen, bis mir durch die aufgeheizte Luft in dem kleinen Raum schwindelig wurde. Dann legte ich mich wieder ins Bett. Das hatte gut getan, wenngleich es auch nicht auf Dauer helfen würde, das wusste ich ja schon. Immer wieder schlief ich ein. Als ich erneut aufwachte, klopfte es an der Tür. Die Freundinnen waren inzwischen von der Frühschicht zurück und wollten mir Gesellschaft leisten. Wir kochten zusammen und fanden uns dann in meinem Zimmer ein. Es war trotz der Schmerzen ein lustiger Abend. Als die anderen sich in ihre Zimmer verabschiedeten, war ich noch nicht müde. Ich saß bis tief in die Nacht am PC. Ich schrieb alle meine Gedanken auf und mehrere Gedichte. Hier eins davon:

Erinnerung

Zitternd stehe ich in dunkler Nacht,
in der meine Ängste soeben erwacht.
Kein Licht tanzt mehr in meinen Sinnen,
Schwärze schleicht heimlich in mir drinnen.

Wo ist der Held, der mir einst versprochen,
mein Wille würde nie wieder von Angst gebrochen?
Wo ist der Vater, der mir einst gelobt,
dass nie wieder Dunkelheit in mir tobt?

Ich schreie und rufe, doch sie hören mich nicht,

von ihnen blieb nur ein verblasstes Gesicht.

Nun stehe ich wieder alleine im Sturm,

doch Mut beseelt mich, ist mir ein Abwehrturm.

Ich fühle, wie Ruhe meine Gedanken beschwichtigt,

wie Stärke sich Stein um Stein aufschichtet,

wie Kraft meine müden Glieder belebt

und die Sonne am Horizont wieder aufgeht.

Am nächsten Morgen wurde ich durch den Wecker wach. Im ersten Moment war mir nicht ganz klar, warum er klingelte. Doch dann fiel mir der Termin beim Rheumatologen ein. Ich machte mir schnell einen Kaffee und ging duschen. Seltsamerweise waren die Schmerzen an diesem Morgen nicht so stark wie sonst. Ich glaubte, dass dies an dem „Zahnarztphänomen" lag. Ich hatte das als Kind oft: So sehr ich auch Zahnschmerzen hatte, kaum war ich in der Zahnarztpraxis, ging es mir besser. Nur dass ich vor dem Zahnarzt immer Angst hatte, vor dem Rheumatologen nicht. Obwohl ich mir eingestehen musste, dass mir die Möglichkeit einer neuen Diagnose schon ein wenig Angst machte. Was, wenn ich etwas Schlimmes hatte? Eine Krankheit die nicht heilbar war? Andererseits war da die Hoffnung, dass dieser Arzt eine Diagnose fand, die mich endlich von den Schmerzen befreien würde. Und die Hoffnung war deutlich größer als die Angst in mir. Bis zu der Praxis war es nicht weit. Sie war im gleichen Haus, wie die Praxis des Neurologen. Bis in den dritten Stock nahm ich den Aufzug, sonderlich fit fühlte ich mich nicht. Ich ging zur Anmeldung und nannte meinen Namen und meinen Termin. „Nehmen Sie noch kurz im Wartezimmer Platz. Ich rufe Sie gleich herein." sagte die Arzthelferin. Das Wartezimmer war groß und schön eingerichtet. Schöner als all die anderen, die ich bisher gesehen hatte. Doch ich hatte nicht lange Gelegenheit mich umzuschauen. Ich hatte den Eindruck, dass ich mich gerade erst hingesetzt hatte, als die Arzthelferin mich bat, ihr zu folgen. „Setzen Sie sich schon mal, der Doktor kommt gleich zu Ihnen." sagte sie und wies auf den Stuhl vor dem Schreibtisch. Der Tisch war beladen mit Büchern und Akten. Ich folgte ihren Anweisungen und setzte mich. Nur wenig später kam der Arzt herein. Er gab mir die Hand und drückte feste zu. Ich verzog das Gesicht. Das war nicht angenehm gewesen. Während der Arzt auf seinem Schreibtisch etwas Ordnung mit dem Satz „Einen Augenblick noch, bitte." schuf, rieb ich mir die Hand. Nach ein paar Minuten klappte er eine der Akten zu, nahm eine andere (das war wohl meine) und schaute auf: „Wo drückt denn der Schuh, junge Frau?" Er fingerte in seiner Brusttasche nach einem Kugelschreiber und setzte ihn auf dem Papier an. „Ich habe Schmerzen. In den Händen, den Armen, den Schultern und manchmal in den Beinen. Und Kopfschmerzen habe ich auch immer wieder mal." Kaum zu lesendes Gekritzel schrieb er auf das leere Blatt meiner Akte. Tja, nun war ich wohl kein unbeschriebenes Blatt mehr, dachte ich und musste innerlich kichern. „Und wie sind die Schmerzen so?" fragte er. Ich war etwas verdutzt. Was meinte er denn damit? Ich schien wohl einen sehr fragenden Gesichtsausdruck zu machen, denn er fügte hinzu: „Ich meine, wie fühlen sie sich an. Eher ein Stechen oder ein Brennen? Oder vielleicht ein Reißen oder Ziehen? Kommen sie in Wellen oder pochen sie? Oder sind sie die ganze Zeit gleich?" Für einen Moment war ich sprachlos. Das hatte mich noch nie ein Arzt gefragt. „Nun, das ist ganz unterschiedlich. Manchmal sind sie stundenlang gleich, dann sind sie wieder weg. In den Schultern ist es meist ein reißendes Gefühl, manchmal aber auch stechend. Und in den Händen fühlt es sich mehr nervös und unruhig an. Ich weiß nicht, wie ich es anders nennen soll." antwortete ich und war nicht sicher, ob ihm das als Antwort genügte. „Und wann sind sie stärker? Morgens, mittags, abends?" fragte er weiter und kritzelte meine Antwort nieder. „Morgens ist es meistens am schlimmsten. Manchmal auch nachts. Aber eher morgens. Und nach der Arbeit." sagte ich. „Was Arbeiten Sie denn?" fragte er direkt. „Ich bin Auszubildende in der Krankenpflege." schoss es aus mir heraus. Immer mehr war ich erstaunt darüber, wie detailliert er nachfragte. Dadurch weckte er Vertrauen in mir. Und ich saß erst wenige Minuten vor ihm. Als er zu Ende geschrieben hatte, legte er den Kugelschreiber beiseite und schaute mich aufmerksam an: „Sind Ihre Blutwerte schon einmal gecheckt worden? Schon mal ein Ultraschall der Schilddrüse gemacht worden?" Ich erzählte ihm von der Blutuntersuchung des Orthopäden und verneinte die Frage nach dem Ultraschall. „Nehmen Sie Medikamente ein? Die Pille?" fragte er weiter. „Nur die Ibuprofen 600 und die erst seit kurzer Zeit. Vorher Diclofenac, die schon einige Jahre. Aber die wirkten nicht mehr gut." „Und das Ibuprofen hilft?" hakte er nach. „Naja, es wirkt besser als das Diclofenac, aber die Schmerzen gehen nur wenig zurück." sagte ich. Er nickte und notierte sich wieder etwas Unleserliches. „Gut soweit. Dann kommen Sie mal mit, ich schalle Ihnen mal die Schilddrüse." sagte er und stand auf. Ich folgte ihm. Ich musste mich auf eine Untersuchungsliege legen und er trug etwas Gel auf meinem Hals auf. Dann setzte er den Schallkopf auf und bewegte ihn immer wieder hin und her. An der einen oder anderen Stelle drückte er ihn etwas fester nach unten. Gleichzeitig bediente er die Tasten und Knöpfe unterhalb des Bildschirms. War das ein komisches Gefühl. Ich hatte schon bei einigen Ultraschalluntersuchungen zusehen können, aber selbst unter dem Schallkopf zu liegen war doch etwas anderes. Das Gel war klebrig und kühl. Und auf dem Bildschirm konnte ich nichts erkennen. Aber das war ich ja schon gewohnt. Ich musste an die Erklärungen des einen Arztes während eines Ultraschalls bei einem Patienten denken und daran, dass ich auf dem Bildschirm eigentlich nichts deuten konnte. So ging es mir jetzt auch. „Also Ihrer Schilddrüse geht es gut. Sie ist nicht angeschwollen und ich kann auch keine Veränderungen sehen." riss der Arzt mich aus meinen Gedanken. „O.K." sagte ich kurz und wischte mir das Gel vom Hals. „Und jetzt?" fügte ich hinzu. „Wir machen noch ein großes Blutbild und überprüfen dazu noch die Werte der Schilddrüse." sagte er und schickte mich zur Anmeldung. Die Arzthelferin nahm mir im Raum nebenan Blut ab. „Sollen wir dann einen Termin für übermorgen machen? Dann sind die Ergebnisse da und der Doktor will Sie dann nochmals sprechen." Ich nickte. Da ich krankgeschrieben war, hatte ich ohnehin nichts anderes vor. Wieder im Wohnheim dachte ich über die Fragen des Arztes nach. Warum er wohl so genaue Angaben haben wollte? Aber egal. In zwei Tagen würde ich mehr erfahren.

Das gemeinsame Treffen mit Hannah, Tanja und Johanna am Nachmittag und Abend in meinem Zimmer wurde zu einem kleinen Ritual. Manchmal kam sogar noch Judith dazu. Es war auch nicht sonderlich verwunderlich. Bei mir durfte man rauchen, ich hatte einen Videorekorder und jede Menge Filme. Und einen PC. Alles an einem Platz und meine Freundinnen rauchten alle. Den Arzttermin hatte ich einfach verschwiegen. Ich wollte das mit mir alleine ausmachen. Auch Manuel hatte ich nichts erzählt.

Wir hatten uns am Telefon ohnehin gestritten und es herrschte „Funkstille". Ich wusste, das dauerte wieder einige Tage an und dann würden wir uns wieder vertragen. Im Moment war mir anderes wichtiger. Als die anderen gegangen waren verfiel ich in Nachdenklichkeit und eine seltsame Traurigkeit beschlich mich. Ich beschloss, das Wohnheim zu verlassen und in der Stadt spazieren zu gehen. Um diese Uhrzeit würde mich schon niemand aus dem Krankenhaus sehen. Leise schlich ich aus dem Flur, um niemanden auf mich aufmerksam zu machen. Es war ruhig in den Straßen. Und es war kalt, ich konnte meinen Atem vor mir im Dunst sehen. Nachdem ich den Straßenblock umrundet hatte, setzte ich mich auf die Stufen vor dem Eingang zum Wohnheim. Ich fühlte mich plötzlich so einsam. Doch war ich das? Ich hätte bloß mit jemandem reden müssen. Aber mit wem? Mit Manuel wollte ich darüber nicht sprechen. Dafür war ich zu stolz. Und mit meinen Freundinnen aus der Klasse? Nein, zu groß war die Gefahr, dass etwas zu den Lehrern „durchsickern" könnte. Nachher würde man mir noch untersagen die Ausbildung zu beenden. Und ich liebte meine Arbeit. Ich wollte nichts anderes tun. Ich musste alleine damit zurechtkommen. Ich überlegte kurz, einen Psychologen zu Rate zu ziehen, wie damals, als die Trauer über den Tod meiner Mutter so groß gewesen war. Doch ich verwarf diesen Gedanken schnell wieder. Zum ersten Mal kam mir der Gedanke, dass ich vielleicht einfach psychisch krank war und ich mir das alles nur einbildete. Dann schimpfte ich mit mir selbst. Du bist nicht verrückt. Du bist nicht verrückt! Ich ging wieder hinauf in mein Zimmer und verbrachte den Abend damit, meine Gedanken aufzuschreiben. Erst um 4:00 Uhr fand ich genug Ruhe in mir, um zu schlafen. Am nächsten Morgen nahm ich mir endlich Zeit, um zu meditieren. Ich hatte eine Schmerztablette eingenommen, damit mich die Schmerzen nicht so sehr ablenkten. Ich hatte Kerzen und Räucherwerk angezündet und schaltete den CD-Player mit Meditationsmusik ein. Die Zimmertür schloss ich ab, das Handy stellte ich auf stumm, damit nichts und niemand mich stören konnten. Dann machte ich es mir auf einem großen Kissen mitten im Zimmer bequem. Es war unglaublich schwierig zur Ruhe zu kommen. Immer wieder drängten sich die Schmerzen in den Vordergrund. Ich versuchte sie auszublenden, zu ignorieren, doch je mehr ich das versuchte, desto stärker wurden sie. Mein Kopf war voller unruhiger Gedanken und nach dreißig Minuten gab ich es auf. So konnte das nicht funktionieren. Ich regte mich auf: Ging denn im Moment alles schief? Konnte ich nicht einmal einen Moment Ruhe vor ihnen haben? Was geschah mit mir? War ich doch psychisch krank? In wurde wütend. Mit einem Faustschlag auf den Schalter stellte ich den CD-Player ab. Beruhig' Dich doch wieder, versuchte ich mit mir selbst zu reden. Das bringt doch nichts. Warte Morgen ab. Hab' Geduld. Und jetzt rauch' zur Beruhigung mal in Ruhe eine und dann spring' unter die Dusche. Als ich dann unter der Dusche stand, brach ich in Tränen aus, ich wusste nicht genau warum. Wieder in meinem Zimmer, nahm ich eine weitere Schmerztablette und versuchte mich durch fernsehen abzulenken. Stundenlang starrte ich auf den Bildschirm. Da auch das nicht helfen wollte, setzte ich mich an den Schreibtisch und nahm eins der Schulbücher hervor. Ich las und las. Plötzlich klopfte es an der Tür. Hannah war früher nach Hause geschickt worden, weil es weniger zu tun gab, als sonst, erklärte sie mir. „Hast Du Lust, mit mir den Film hier zu gucken? Habe ihn eben ausgeliehen." sagte sie und hielt ihn hoch. „Warum nicht, mir ist sowieso langweilig." sagte ich und deutete ihr, herein zu kommen. „Hab' uns auch was vom Bäcker mitgebracht." hielt sie nun in der anderen Hand eine Papiertüte hoch. Was sie besonders gut konnte, war einen aufzuheitern, ohne dass man es direkt merkte. Sie erzählte einfach von der Arbeit und von einem Telefonat mit ihrem Bruder. Dann fielen ihr zu dem ein oder anderen wieder Geschichten ein. Und mir fielen dazu dann kleine Anekdoten und selbsterlebtes ein. Die Unterhaltung hatte etwas Beruhigendes und Ermunterndes. Als die anderen vom Frühdienst zurückkamen, lag der Film noch unangetastet auf dem Tisch. Wir hatten ihn durch unser Gespräch glatt vergessen. Die anderen gesellten sich dazu und den halben Nachmittag verbrachten wir in einer fröhlichen Stimmung. Und ich hatte für mehrere Stunden die Schmerzen nicht im Sinn.

Ich wachte trotz des späten zu Bett Gehens noch vor dem Klingeln des Weckers auf. Ich war aufgeregt und nervös. Was würde der Arzt wohl festgestellt haben? Oder war auch die Blutuntersuchung wieder nur eine weitere Sackgasse? Da ich so früh wach war, blieb ich noch im Bett liegen. Ich starrte die Decke an. Ich horchte in mich hinein und versuchte zu fühlen, wo der Schmerz sich an diesem Morgen festgebissen hatte. Aha, die linke Schulter mal wieder. Ein stechender Schmerz pochte dort in kurzen Abständen. Ein leichtes Ziehen ging in Richtung Nacken. Um den linken Ellenbogen herum trommelte der Schmerz pausenlos. Die Hand fühlte sich irgendwie nervös an, fast ein bisschen hektisch. Im Rücken tat mir der Lendenwirbelbereich weh. Ein dumpfer Schmerz, als würde er versuchen wollen sich zu verstecken. Vom rechten Oberarm zog eine langsam pulsierende Schmerzwelle in den Unterarm. Immer wieder. Das rechte Handgelenk schmerzte besonders stark. Als würde immer wieder jemand mit einem großen Messer darauf einstechen und es wieder herausziehen. Selbstironie überkam mich. Und das ist schon alles? Mehr hast Du nicht zu bieten? Da bin ich aber überrascht! Kurz musste ich über diesen Gedankengang grinsen. Ich stand auf und machte erst einmal Kaffee. Die Sonne war eben erst aufgegangen und der Himmel hatte sich in den verschiedensten Rottönen gefärbt. Das erinnerte mich an meine Eltern, die mir im Winter bei rotem Himmel immer erzählt hatten, dass die Engel Plätzchen backen. Ich riss das Fenster auf, kletterte auf den Schreibtisch und setzte mich mit meinem Kaffee und einer Zigarette auf die Fensterbank. Es war noch so still in der Stadt. Nur das gleichmäßige Rauschen der Autos war zu hören. Und gegenüber im Häuserblock ging hier und da ein Licht in einer Wohnung an. Die Schmerzen in der rechten Hand machten es mir unmöglich, die Kaffeetasse zu halten. Ich holte mir aus meinem Nachttisch eine Tablette und nahm sie ein. Fast eine Stunde saß ich am Fenster und stierte in die Gegend. „Ich glaube es wird Zeit duschen zu gehen." sagte ich zu mir selbst.

In der Praxis des Rheumatologen war ich eine viertel Stunde zu früh. Ich hatte es im Wohnheim nicht mehr ausgehalten, war nervös geworden, wozu die Schmerzen der linken Hand ihren Teil beigetragen hatten. Nun saß ich Wartezimmer und stierte die Wand an. Morgen hatte ich noch „frei". Dann würde ich wieder in der Ambulanz arbeiten gehen. Ich sah vor meinem geistigen Auge, wie ich eine Elektrode nach der anderen den Patienten aufklebte und eine fröhliche Auszubildende mimte. Dann kam mir in den Sinn, doch am Abend etwas zu trinken und mich einfach ein wenig mit dem Schreiben zu befassen. Gute Idee. Guter Plan. Alkohol stand noch von der letzten Party genug im Schrank. Vielleicht fand sich ja jemand, der mittrank. „Kommen Sie bitte mit." unterbrach die Arzthelferin meine Gedanken. Ich schaute sie an, nickte und ging ihr hinterher. Ihre

Kollegin vom letzten Termin war wohl nicht da. Diese hier war kaum älter als ich. Was sie wohl denken musste? Eine Patientin in einer rheumatologischen Praxis, die fast so alt war, wie sie selbst. Ich nahm diesmal unaufgefordert auf dem schon bekannten Stuhl Platz. Diesmal war der Arzt direkt da. „Guten Morgen!" begrüßte er mich und setzte sich an den Schreibtisch. Ich erwiderte den Gruß. Ich wollte ja nicht unhöflich sein und „wenn Sie meinen" sagen. Er schlug meine Akte auf und begann zu lesen. Das waren die Blutuntersuchungsergebnisse. Ich erkannte das Logo des Labors. Das kannte ich aus dem Krankenhaus. Was dauert denn da so lange? Kann er nicht schneller lesen? Oder laut vorlesen? Ein klein wenig Ahnung habe ich doch inzwischen auch. Nach kurzer Zeit, die sich wie eine Stunde anfühlte, blickte er auf und sagte: „Die Werte sind alle in Ordnung. Also die Schilddrüse ist es schon mal nicht. Würden sie den Oberkörper bitte frei machen und sich hinstellen? Und bitte auch die Hose ausziehen." Ich zog meinen Pullover und die Jeans aus und stellte mich hin. „Drehen Sie sich mal bitte mit dem Rücken zu mir. Ich gehe jetzt mal die Tender Points ab." „Das heißt was?" fragte ich ihn. „Ich drücke an bestimmten Stellen auf dem Körper und Sie sagen mir, wenn es weh tut." Er drückte an verschiedenen Stellen. Und bis auf vier Ausnahmen tat es jedes Mal weh. Als er fertig war, zog ich mich wieder an und setzte mich wieder. Inzwischen saß er wieder auf seinem Schreibtischstuhl und kritzelte in meine Akte. Als er wieder aufschaute blickte er mich ernst an: „Ich befürchte Sie haben Fibromyalgie." Mein Gehirn versuchte sämtliche Diagnosen, die ich bisher gehört oder gelesen hatte abzurufen, doch diese war einfach nicht dabei zu finden. „Und was kann man dagegen machen?" fragte ich. „Leider nichts. Das ist eine chronische Erkrankung, die nicht heilbar ist." In mir brach mehr als nur eine Welt zusammen, in meinem Hals bildete sich ein dicker Kloß. Chronisch, nicht heilbar. Diese Worte hallten in meinem Kopf. Chronisch, nicht heilbar. Ich brachte keinen Satz mehr heraus. Ich stand auf, bedankte (warum weiß ich bis heute nicht) und verabschiedete mich und verließ die Praxis.

5 – Damit muss man leben

Gedankentaumelnd kam ich im Wohnheim an. Wie in Trance schloss ich die Zimmertür auf und hinter mir wieder zu. Ich streifte meine Jacke ab und ließ sie auf den Boden fallen. Dann setzte ich mich auf die Bettkante und starrte zu Boden. Chronisch. Nicht heilbar. Wie ein Echo klangen die Worte des Arztes in meinem Kopf. Der Kloß in meinem Hals löste sich nur langsam und Tränen bahnten sich ihren Weg. Ich weinte leise vor mich hin. Die Schmerzen wurden schlimmer. Was hatte ich nur verbrochen? Was hatte ich getan, dass das Schicksal mich bestrafte? Was hatte ich falsch gemacht in meinem Leben? Warum? Warum ich? Ich suchte nach einer Antwort, doch ich fand keine. Nach einer Weile stand ich auf, nahm aus dem Nachttisch eine Schmerztablette und ging zum Kühlschrank. Ich musste etwas zur Beruhigung tun. Ich griff nach der Flasche Absinth, die noch von der letzten Party übrig und halb voll war. Ich goss mir ein Glas ein und spülte damit die Tablette runter. Das Zeug schmeckte pur recht ekelerregend, doch ich setzte das Glas erst wieder ab, als es leer war. Direkt füllte ich es wieder. Zucker? Nein, ich hatte keinen mehr. Dann musste es eben Cola tun. Ich mischte mir einen halbwegs schmeckenden Cocktail zusammen und gönnte mir eine Zigarette. Was für ein beschissener Tag. Und es war erst 11:00 Uhr. Nachdem ich das dritte Glas geleert hatte, meldete sich mein

Magen. Ihm schien das Gebräu nicht zu schmecken. Ich bekam Sodbrennen und eine dumpfe Übelkeit mischte sich mit einem flauen Gefühl. Mir fiel auf, dass ich noch nichts gegessen hatte. Entgegen meinem Hungergefühl würgte ich eine trockene Scheibe Brot hinunter. Dann füllte ich das Glas erneut. Ich wollte nicht mehr nachdenken können und so schien mir die einzig logische Schlussfolgerung das Trinken zu sein. Zudem war es mir im Zimmer zu still. Denn ich konnte noch immer meine Gedanken kreisen hören. So begab ich mich schwankend zum CD-Player. Ich legte eine CD ein und drehte die Lautstärke höher als gewöhnlich. Ein weiteres Glas später legte ich mich aufs Bett und schaute die Decke an. Alles drehte sich. Ich lachte. Dann standen mir wieder die Tränen in den Augen. Schau Dich an! Wie armselig. Du solltest Dich schämen, um diese Uhrzeit schon betrunken herum zu lungern. Was bist Du nur für ein Wrack? Mein Verstand schimpfte mit mir und machte sich über mich lustig. Damit muss man halt leben. Es gibt schlimmeres. Du weißt das, Du siehst es immer wieder bei der Arbeit. Stell' Dich doch nicht so an. Wenn ich könnte, dann würde ich Dir eine Ohrfeige verpassen. Vielleicht würdest Du dann wieder auf den Teppich kommen. Ich flüsterte vor mich hin: „Ach, halt doch die Klappe!" Ich weinte und vergrub mein Gesicht in der Bettdecke.

Als ich aufwachte, war mir im ersten Moment nicht klar, wo ich war. Ich schaute mich um, sah die leere Absinthflasche und plötzlich fiel mir wieder ein, was der Arzt gesagt hatte. Es war also alles doch kein böser Traum gewesen. Sofort hatte mich die traurige Stimmung des Morgens wieder umklammert. Ich warf einen Blick auf die Uhr: 12:30 Uhr. Ich hatte also etwa eine Stunde geschlafen. Es war still. Auch in meinem Kopf hatten sich die Wogen geglättet. Gedankenfrei fixierte mein Blick den Wecker und schaute dem Sekundenzeiger dabei zu, wie er unbeirrt vorwärts wanderte. Dazu das leise Ticken. Ich schreckte plötzlich hoch, als die Türklinke heruntergedrückt wurde und das Schloss den Weg knackend versperrte. Ich erhob mich und fühlte mehr Schmerz, als noch vor einigen Stunden. Er schien überall zu sein. „Moment!" rief ich Richtung Tür. „Alles in Ordnung bei Dir?" hörte ich Manuels Stimme hinter der Tür. „Ja. Warte, ich komme." entgegnete ich und öffnete die Tür. „Entschuldige, ich war eingeschlafen." ließ ich ihn herein. „Ich hab schon ein paar Mal geklopft, da habe ich mir das schon gedacht." sagte er. Das hatte ich nicht gehört. Ich war doch wach gewesen. Oder nicht? „Habt ihr gestern Abend gefeiert?" fragte er mit dem Blick auf die Absinthflasche. „Nein." antwortete ich knapp. „Ich bin eigentlich hier, weil ich Dich wieder mal sehen wollte. Die letzten Tage habe ich ja kaum was von Dir gehört. Geht es Dir gut? Was machen die Schmerzen?" fragte er und gab mir einen flüchtigen Kuss. „Naja, heute ist ein bescheidener Tag. Ich war beim Arzt." Ich versuchte gefasst zu bleiben. Ich wollte ihm nicht zeigen, wie sehr mich der Besuch dort entmutigt hatte. Ja, ich fühlte mich kraftlos. „Und was hat der gesagt? Kann er Dir helfen?" „Setz' Dich doch erst mal. Willst Du was trinken?" versuchte ich auszuweichen. Wie sollte ich ihm die Diagnose erklären, wo ich doch selbst nichts Genaueres wusste? Erst jetzt fiel mir auf, dass ich den Arzt nicht gefragt hatte, was genau das denn nun war, was ich da hatte. Und der war wohl aufgrund meiner Ausbildung davon ausgegangen, dass ich es wusste. Und wie sollte ich Manuel es so beibringen, dass er sich keine Sorgen machte? Ich nahm zwei Gläser aus dem Regal und eine Flasche Wasser aus der Kiste. Dann setzte ich mich zu ihm hin. „Er hat eine Diagnose für mich. Aber die Nachricht war leider nicht ganz so gut. Es ist eine chronische Erkrankung, gegen die man nichts tun kann. Aber es ist nichts Schlimmes. Ich werde nicht daran sterben. Damit muss man leben." frotzelte ich und kuschelte mich scheinbar unbeschwert an ihn. Er schwieg. Meine Güte, was bin ich für eine hinterhältige Lügnerin, kam es mir in den Sinn. „Du sagst gar nichts." stupste ich ihn. „Na, was soll ich sagen? Wie geht es Dir denn jetzt?" „Es geht schon. Ich hatte mir sowas schon fast gedacht. Ich war im ersten Moment geschockt, aber inzwischen ist es wieder besser. Und jetzt mach' nicht so ein besorgtes Gesicht. Das wird schon wieder. Übermorgen gehe ich wieder arbeiten. Das renkt sich alles wieder ein." sagte ich und stieß ihn um, damit ich mich in seinen Arm kuscheln konnte. „Genug von mir. Wie geht es

Dir denn? Was hast Du so die letzten Tage gemacht, außer gearbeitet?" fragte ich. Er begann zu erzählen. Mit halbem Ohr hörte ich zu, während ich mich fragte, wie es wirklich weiter gehen sollte. Wenigstens hatte er es gut aufgefasst. Plötzlich verstummte seine Stimme. Er schaute mir tief in die Augen. Ich erwiderte seinen Blick und er gab mir einen innigen Kuss. Die Stimmung heizte sich schlagartig auf, es knisterte wieder zwischen uns. Schnell verschloss ich die Zimmertür. Ich war erregt. Während wir miteinander schliefen, blitzten immer wieder die Worte des Arztes in meinem Kopf auf. Ich schob sie beiseite, verdrängte sie, um die Atmosphäre nicht zu zerstören.

Am Morgen verabschiedete Manuel sich mit einem Lächeln: „Ich muss leider gehen. Die Arbeit wartet. Ich liebe Dich." Kaum war er gegangen, war ich wieder in meinen Gedanken und dem Geschehen des Vortages gefangen. Kurz darauf klopfte es an der Tür. „Herein?" sagte ich. Johanna stand vor der Tür. „Morgen! Hast Du Lust gleich mit mir zu frühstücken? War ja anscheinend eine heiße Nacht." sagte sie und grinste mich an. „Aber wenn ich Dich so anschaue, dann war sie wohl doch nicht so toll." fügte sie hinzu. „Kann ich mit Dir reden? Ich muss mich mal mit jemandem unterhalten, der nicht mit mir zusammen ist." sagte ich und war im gleichen Moment ein wenig über mich selbst erstaunt. „Klar. Sollen wir dabei frühstücken oder lieber erst nachher?" fragte sie. Es war mir vollkommen egal und das sagte ich ihr auch so. „Ist was Ernstes, oder? Dann lass uns das Frühstück auf später verschieben." Sie kam ins Zimmer und setzte sich. „Hast Du noch einen Kaffee da?" fragte sie. Ich goss ihr einen ein und reichte ihr die Tasse. Dann setzte ich mich ebenfalls. Ich wusste nicht wo ich anfangen sollte. „Es geht mir gerade nicht so gut." begann ich und spürte, wie mir Tränen in die Augen schossen. Sie setzte sich zu mir aufs Bett und nahm mich in den Arm. „Ist schon o.k. Lass Dir Zeit." sagte sie. Erst nach einigen Minuten konnte ich mich beruhigen und begann die Erlebnisse der letzten Tage zu schildern. Mit jedem Satz ging es mir etwas besser. Sie hörte mir aufmerksam zu und zeigte sich verständnisvoll. Ich bat sie, mit niemandem darüber zu sprechen. Falls sie selbst aber darüber hätte reden müssen, dann sollte sie mich bitte fragen, ob sie mit der betreffenden Person reden durfte. Ich wollte vermeiden, dass jemand etwas davon erfuhr, dem ich nicht Stillschweigen zutraute. Unter keinen Umständen sollte die Schule etwas davon erfahren. Als unser Gespräch sich dem Ende neigte, war es schon längst zu spät für ein Frühstück. Wir kochten gemeinsam ein Mittagessen.

Am übernächsten Tag klingelte der Wecker mich aus dem Bett und ich ging zur Arbeit. Dank des Gespräches mit Johanna, war ich nicht mehr ganz so bedrückt, doch gute Laune kam bei mir nicht auf. Die Schwester, die an diesem Morgen mit mir Dienst hatte, fragte, ob es mir wieder besser ginge. Ich antwortete mit einem klaren „Ja!". „Ich hatte nur eine fiese Entzündung in der Schulter." fügte ich hinzu und damit war das Thema auch schon vom Tisch. Ich erledigte meine Arbeiten und Aufträge und zeigte mich von meiner freundlichsten Seite, mein Schauspiel-Ich leistete mir wieder gute Dienste. In ruhigen Momenten dachte ich daran, dass noch weitere vier Dienste vor mir lagen. Die gehen auch vorbei, sagte ich mir. Die Woche über nahm ich schon vor dem Dienst eine Schmerztablette ein. Es fiel mir während des Dienstes schwer, nicht geistesabwesend zu wirken. Immer wieder musste ich an die Worte des Arztes denken. Und dann war da diese Traurigkeit, die sich immer wieder zeigte. Besonders morgens fiel es mir schwer meine Finger ruhig zu halten, um die Klebefolie von den Elektroden für das EKG abzuziehen. Die Hände taten mir besonders weh. Und die Arbeit strengte mich trotz der geringen körperlichen Belastung an. Endlich war es Freitag. Ich durfte etwas früher nach Hause gehen. Das Wochenende wollte ich Zuhause verbringen. Schnell hatte ich meine Tasche gepackt und war auf dem Nachhauseweg. Meinem Vater erzählte ich nichts von der neuen Diagnose. Auch ihm konnte ich durchaus etwas vorspielen, glaubte ich jedenfalls damals. Für den Abend hatte ich mir vorgenommen, mich über meine Diagnose schlau zu machen. Ich saß an meinem PC und durchforstete das Internet nach Fibromyalgie (im Wohnheim gab es leider kein Internet). Die Symptome, die ich dort las, passten wie die Faust aufs Auge: chronische Schmerzen in verschiedenen Körperregionen, häufige Müdigkeit, Kopfschmerzen, Morgensteifigkeit, Schlafstörungen. Das traf alles auf mich zu. Die Beschreibungen zum Verlauf der Krankheit und ihrer Behandlung machten mir keinen Mut. Es war von Schmerzattacken die Rede, von Verschlimmerung der Schmerzen, von schweren Bewegungseinschränkungen. Die Krankheit sei schwierig zu behandeln, eine Heilung gäbe es nicht und die Schmerzen ließen sich nur schwer verringern. Eine Ursache sei nicht bekannt, die Diagnose sehr schwierig, nur unter Ausschluss anderer Krankheiten könne man sich sicher sein. Und selbst dann nicht immer. Verzweiflung kam in mir auf. Es las sich alles wie eine böse Geschichte. Ein Alptraum. Ein Alptraum, aus dem ich nicht fliehen konnte. Bis tief in die Nacht studierte ich, was es über Fibromyalgie zu lesen gab. Nichts von all dem machte mir Mut. Die Nacht war unruhig. Immer wieder wachte ich auf.

Am nächsten Morgen setzte ich mich wieder an den PC. Vielleicht konnte ich ja andere mit dieser Diagnose finden. Vielleicht hatten sie Ratschläge oder konnten mir helfen. Ich fand ein Forum, das sich aus Betroffenen zusammensetzte und meldete mich an. Bis in den Mittag hinein las ich mir Forumsbeiträge durch. Mein Zimmer verließ ich nur für drei Dinge: Kaffee holen, zur Toilette gehen, etwas essen. Am frühen Nachmittag traute ich mich in den Chatraum des Forums. Es waren nur zwei andere anwesend. Nach einem „Hallo zusammen." wusste ich nicht, was ich schreiben sollte. Zu meinem Glück kam von einer der anderen (ich nahm einfach an, dass die Person weiblich war, die meisten Erkrankten waren das laut Internet) ein „Na? Neu hier?" Ich tippte schnell ein „Ja." „Und seit wann hast Du die Diagnose?" schrieb die zweite. „Seit letzter Woche." kam von meiner Seite. Das Gespräch entwickelte sich schnell. Und ich fühlte mich ein wenig wohler, da ich wusste, dass ich mit „Gleichgesinnten" ein Gespräch führte. Durch diesen einen Chatraumbesuch, der sich bis in die Abendstunden zog, erfuhr ich mehr, als ich am Tag vorher gelesen hatte. Man bot mir Hilfe an, erzählte von Medikamenten, die den meisten geholfen hatten, empfahl Techniken zur Entspannung und neben all den Infos hatten alle einen herrlichen Humor und mehr als einmal saß ich lachend vor dem Bildschirm. Ich fühlte mich ein wenig befreit von der Last auf meinen Schultern, die mich in den letzten Wochen zu erdrücken schien. Und ich erfuhr, dass ich mit meinem langen Weg von Diagnosen und Arztbesuchen nicht alleine war. Andere hatten weit mehr Jahre bei Ärzten verbracht, um dann irgendwann doch einmal eine Diagnose zu bekommen. Und ich stellte für mich fest: Es war doch tatsächlich irgendwie ein befreiendes Gefühl, eine Diagnose zu wissen.

Gegen 20:00 Uhr verließ ich den Chatraum und machte den PC aus. In mir war etwas von der großen

Verzweiflung der letzten Tage verschwunden und Tatendrang regte sich in mir. Ich stieg unter die Dusche und machte mich fertig zum Ausgehen. Ich rief meinen besten Freund an und wir verabredeten uns in einer Kneipe. Wir hatten uns seit einigen Wochen nicht gesehen und er wusste nichts von meinen Erlebnissen in dieser Zeit. Wir redeten beim Billardspielen stundenlang. Als es dämmerte, fuhr ich nach Hause. An schlafen war erst einmal nicht zu denken. Ich war aufgewühlt, stand unter Strom. Ich setzte mich wieder an den PC. Dieser Tag war ereignisreich gewesen, ich schrieb meine Gedanken auf. Innerlich kehrte langsam Stille ein. Und mir wurden die Schmerzen bewusst, die ich hatte. Ich legte mich schlafen. Seit langem schlief ich die ganze Nacht durch.

Am Morgen weckten mich die Sonnenstrahlen. Ich stand auf und machte Frühstück für meinen Vater und mich. Das hatte ich seit einer gefühlten Ewigkeit nicht mehr getan. Auch mein Vater war verwundert, freute sich aber. Ich war an diesem Morgen voller Tatendrang. Die Schmerzen waren da, doch sie beeinflussten meine Stimmung nicht. Am Frühstückstisch erzählte ich meinem Vater von der Ausbildung und den neuen, interessanten Erfahrungen, die ich gemacht hatte. Kein Wort verlor ich über meine Diagnose. Die Stimmung war zu gut, um sie zu zerstören. Und er würde sich ohnehin nur unnötige Sorgen machen. Am Mittag fuhr ich wieder ins

Wohnheim. Ich rief Manuel an und wir verbrachten einen schon fast spießigen Sonntag in der Stadt. Wir gingen eine Kleinigkeit essen, bummelten durch die Innenstadt und lugten durch Schaufenster. Am frühen Abend gingen wir zurück ins Wohnheim. Meine Freundinnen waren inzwischen auch wieder von Zuhause zurück, falls sie am Wochenende nicht hatten arbeiten müssen. Gemeinsam saßen wir alle noch eine Weile im Aufenthaltsraum und hatten Spaß. Als Manuel und auch die anderen gegangen waren, bat ich Johanna, kurz zu warten. Ich bedankte mich bei ihr für ihren Beistand in der letzten Woche und erzählte ihr von meinen Erlebnissen am Wochenende. „Das klingt doch gut. Siehst Du, ich habe doch gesagt, das wird schon wieder." sagte sie. „Wir sehen uns morgen. Und Du brauchst Dich nicht bedanken. Ist schon in Ordnung." fügte sie hinzu und verabschiedete sich.

Auf der Arbeit ging es mir, wenigstens im Kopf, wieder besser. Die Schmerzen wollten sich nicht vom Fleck bewegen. Sie raubten mir nachts wieder den Schlaf und an so manchem Morgen nahm ich gleich zwei Schmerztabletten ein, um im Dienst eine Verschlimmerung der Schmerzen zu verhindern. Meistens funktionierte es, aber leider nicht immer. So gingen zwei Wochen ins Land. Ich arrangierte mich irgendwie mit der Situation. Nur war ich jeden Morgen noch müder als am Tag zuvor, hatte ich den Eindruck. Manchmal schlief ich nachmittags ein bis zwei Stunden erschöpft ein. Und war am frühen Abend schon wieder müde. Morgens nahm ich, wenn ich zu sehr müde war, zu den Schmerzmitteln einfach noch eine Koffeintablette. Wieder eine Woche später saß ich erneut bei meinem Hausarzt. Mein Magen schmerzte öfter und ich hatte dauernd Sodbrennen. Er verschrieb mir ein Medikament für den Magen und erklärte, das könne von den Schmerzmitteln herrühren. Ich solle nach Möglichkeit weniger Kaffee zu mir nehmen. Und auch keine Obstsäfte. Und wenn es ging, weniger rauchen. Der hatte gut reden! Wie sollte ich denn ohne Kaffee wach werden und es auch bleiben. Ich machte mit mir selbst einen Kompromiss und ließ die Koffeintabletten beiseite. Die Magenschmerzen wurden dadurch deutlich weniger. Mein Einsatz in der Ambulanz neigte sich dem Ende und der Einsatz auf der Wöchnerinnenstation stand bevor. Das wurde ein kurzer Einsatz, nur sechs Wochen. So begann dann wieder der Wechsel zwischen Früh- und Spätdienst, den ich in der Ambulanz nicht hatte. Und für diesen Einsatz waren die ersten Nachtdienste eingeplant. Denn auch eine gewisse Anzahl an Nachtdiensten gehörte zum Pflichtprogramm. Der Wechsel zwischen den Schichten sorgte dafür, dass ich noch müder wurde. Besonders, wenn nach einigen Spätdiensten um 5:00 Uhr der Wecker klingelte. Trotzdem war mir der Frühdienst lieber, denn man hatte den Nachmittag frei und konnte noch etwas unternehmen. Den Schmerzen schien der Schichtwechsel auch nicht zu passen: Sie wurden wieder stärker. An manchen Nachmittagen ging ich ins Internetcafé, um im Forum mit den anderen zu schreiben. Das half mir, daran zu denken, dass es anderen schlechter ging, als mir. Und die Gespräche bauten mich ein wenig auf. In der vierten Woche des Einsatzes fühlte ich mich erschlagen. Ich war fertig, meine Nerven lagen blank. Ich hatte seit mehr als einer Woche nicht mehr durchgeschlafen, hatte mich meist mehrere Stunden in der Nacht unruhig hin und her gewälzt, verzweifelt auf der Suche nach einer Position, in der die Schmerzen nicht so sehr pochten. Ich war an einem Punkt angekommen, an dem ich hätte ununterbrochen weinen können und mir alles gleichgültig erschien. Ich wollte nur noch schlafen können. Ich rief in der rheumatologischen Praxis an und machte einen Termin für den nächsten Tag aus. Erst gegen Abend konnte man mich „dazwischenschieben". Ich hatte der Arzthelferin erklärt, dass es dringend sei. Es wurde schon langsam dunkel draußen, als ich endlich im Sprechzimmer saß. Ich schilderte dem Arzt meine schlaflosen Nächte. Ich schloss meinen Monolog mit einem: „Ich kann nicht mehr." Dieser Satz trieb mir Tränen in die Augen. „Ich sehe schon. Ist gut. Ich schreibe Ihnen ein niedrig dosiertes Antidepressivum auf. Amitryptilin. Das macht müde. Bei Fibromyalgie hat man oft Schwierigkeiten mit dem Schlafen." Er reichte mir das Rezept über den Schreibtisch. „Danke." sagte ich leise. Er begleitete mich aus der Praxis und verabschiedete sich. Am nächsten Tag löste ich das Rezept in der Apotheke ein.

In der Woche zuvor hatte ich Manuel von meinem Problem erzählt. An diesem Tag rief ich ihn an, dass ich ein neues Medikament verschrieben bekommen hatte. Es waren noch zwei Tage bis zum freien Wochenende und nachdem ich den Beipackzettel des „Schlafmedikaments" gelesen hatte, wollte ich vorher das Medikament nicht ausprobieren. Die zwei Tage würde ich noch überstehen. Die Müdigkeit zog sich wie ein roter Faden durch diese zwei Tage und hüllte mein Leben in eine Nebelschwade. Alles war so weit entfernt, Gespräche waren davon gezeichnet, dass ich nach einigen Minuten nicht mehr folgen konnte, manchmal sogar vergaß, wovon mein Gegenüber zwei Sätze zuvor gesprochen hatte. Für die Arbeit hielten mich die Koffeintabletten soweit wach, dass ich wenigstens meine Aufgaben erledigen konnte. Doch nach dem Dienst war ich nicht mehr aufnahmefähig, einfach müde, schlapp, erschlagen.

Endlich hatte ich das Wochenende erreicht. Den ganzen Samstag verbrachte ich mit Manuel auf dem Sofa und wir lümmelten einfach vor uns hin. Man sollte meinen, dass man von so viel Faulheit abends nicht mehr müde sein würde, doch gegen 21:00 Uhr fielen mir immer wieder die Augen zu. Manuel bemerkte das und so gingen wir zu Bett. Ich nahm die Tablette ein und wenige Minuten später war ich im Land der Träume verschwunden. Als ich am nächsten Morgen aufwachte war es hell, Manuel war bereits auf den Beinen, ich hörte ihn in der Küche. Ich reckte mich und drehte mich zum Wecker um. Uff, es war schon 12:45 Uhr. Solange hatte ich geschlafen? Das hatte ich seit der Schulzeit nicht mehr. Nicht wenn ich so früh zu Bett gegangen war. Manuel kam zur Schlafzimmertür und schaute mich an: „Na Du Schlafmütze? Gut geschlafen? Lust auf Frühstück?" „Ja, total gut. Und ja, ich komme gleich in die Küche. Ich habe richtigen Hunger." antwortete ich. „Bleib' liegen, ich bin gleich wieder da." sagte er und verschwand. Dann bemerkte ich ein seltsames Gefühl in meinem Mund. Was war das? Mein Mund fühlte sich an, als hätte ich ihn die ganze Nacht weit offen stehen gehabt. Er war trocken und meine Zunge klebte fast am Gaumen. Manuel kam mit dem Frühstück herein. „Überraschung! Es gibt Frühstück im Bett!" sagte er grinsend. „Das ist lieb, aber ich muss mal gerade ins Bad. Zähne putzen." sagte ich und stand auf. Ich fühlte mich leicht benommen. Das Zähneputzen machte das Gefühl im Mund nicht besser. Nur der Geschmack veränderte sich. Das musste die Mundtrockenheit sein, die als häufige Nebenwirkung im Beipackzettel stand. Widerlich. Ich schlurfte zurück ins Schlafzimmer und wir frühstückten zusammen. Den Rest des Tages verbrachten wir im Bett, erst gegen Abend fuhr ich ins Wohnheim.

Auch am nächsten Morgen war mein Mund wieder furchtbar trocken. Ich versuchte das mit jeder

Menge Mineralwasser zu bekämpfen, doch das Gefühl blieb. Stattdessen musste ich noch bevor ich auf der Arbeit ankam dringend zur Toilette. Das war also auch keine Lösung. Während des Dienstes musste ich immer wieder ins Stationszimmer laufen, meine Arbeit unterbrechen, um etwas zu trinken. Ich hatte manchmal einen derart trockenen Mund, dass ich Würgereiz bekam. Die trockene Luft im gesamten Krankenhaus machte es nicht besser. Und durch das ständige Trinken musste ich auch ständig zur Toilette. Endlich war der Dienst zu Ende. Seit langem hatte ich wieder das Tot-aber-glücklich-Gefühl. Ich fühlte mich zwar nicht ganz so erschlagen, wie in der Woche vorher, doch die Schmerzen wurden gegen Mittag stärker. Und sie kosteten mich Kraft.

Am nächsten Morgen verschlief ich. Ich hatte den Wecker nicht mal ansatzweise gehört. Zu meinem Glück hatten zwei meiner Freundinnen auch Frühschicht und klopften an der Zimmertür, weil sie mich noch nicht im Flur gesehen hatten, denn häufig gingen wir zusammen zur Arbeit. Die Schmerzen waren kurz nach dem erschreckenden Aufwachen plötzlich da. Und das stark. Ich fühlte sie überall und hatte das Gefühl, einen Kater zu haben. Halb schlafend machte ich mich mit den Freundinnen auf den Weg zum Krankenhaus. Nur noch diese und die nächste Woche und dann war wieder Schulblock, dachte ich bei mir und versuchte mich aufzumuntern. Auf den Schulblock freute ich mich immer. Die Zeit kriegst

Du nun auch noch rum, hörte ich meinen Verstand mit mir reden.

Am Nachmittag waren die Schmerzen nicht vergangen. Sie hielten sich hartnäckig, besonders im linken Arm. Ich setzte mich bei einer Tasse Kaffee an den Schreibtisch. Die Tasse hielt ich zwischen beiden Händen, die Wärme tat einfach gut. Ich schaute aus dem Fenster und versank in Gedanken. Dann fiel mein Blick auf meinen linken Arm und mir kam eine Idee. Wenn der Arm nicht zu mir gehören würde, dann konnte er mir auch nicht wehtun. Ich schaute ihn weiter an und stellte mir vor, dass es nicht mein Arm war. Ich ließ ihn unbeweglich auf der Armlehne liegen. Das ist nicht meiner, dachte ich immer wieder. Und nach einer kleinen Weile wurden die Schmerzen weniger. Es funktioniert! Triumphal lachte ich hämisch über meinen Geistesblitz. Ha! Wie einfach es doch sein konnte, den Schmerz zu umgehen. Ich ließ meinen Arm weiterhin ruhig liegen, bewegte nicht mal einen Finger. Doch es dauerte nicht lange, da kamen die Schmerzen wieder. Stärker und heftiger als zuvor. Mein Triumph war dahin und ich hatte den Eindruck, dass sich die Schmerzen nun rächten. Doch ich musste an einen Film denken, den ich vor kurzem gesehen hatte, schaute meinen Arm an und sagte leise vor mich hin: „Du hast vielleicht die Schlacht gewonnen, doch noch nicht den Krieg." Jetzt fange ich langsam an verrückt zu werden, dachte ich bei mir. Ich sitze allein in einem Raum und spreche mit meinem Arm und dem Schmerz darin.

In der letzten Woche des Einsatzes kämpfte ich jeden Morgen gegen die unglaubliche Müdigkeit in der ersten Stunde nach dem Aufwachen. War ich erst auf der Arbeit und das Aufwachen war eine Weile her, dann ging es wieder. Ich war wieder wach und konzentriert. Aber die Schmerzen blieben, mal mehr, mal weniger. Und das eklige Gefühl im Mund blieb, fast den ganzen Tag. Dann schoss es mir eines Morgens durch den Kopf: Ich könnte Bonbons lutschen. Vielleicht würde das helfen. Noch in der Pause ging ich zum Kiosk in der Eingangshalle und besorgte mir welche. Warum war ich darauf nicht schon früher gekommen? Sie störten zwar manchmal beim Reden, doch es half. Das Gefühl verschwand nicht, aber solange ich ein Bonbon im Mund hatte, fühlte ich es nicht. So wurde ich Stammkundin am Kiosk.

Es war Wochenende und der Einsatz beendet. Wir feierten im Wohnheim das Ende des Praxiseinsatzes. Es war ein feucht-fröhlicher Abend. Als ich spät abends in mein Zimmer ging, um mich schlafen zu legen, wurde mir bewusst, dass ich die Tabletten nicht mit Alkohol einnehmen sollte. Doch da ich nicht mehr nüchtern war, schlief ich auch ohne recht gut. Am Morgen bezahlte ich für den schönen Abend und die zahlreichen alkoholischen Getränke mit starken Schmerzen. Damit musst Du leben, dachte ich bei mir. Man muss sich ja auch mal Spaß gönnen.

Der erste Schultag war schnell vorüber. Man hatte sich untereinander viel zu erzählen und nach der ersten Stunde wurden wir schon auf die bevorstehende Zwischenprüfung vorbereitet. Sie sollte in vier Wochen stattfinden. Es gab eine Menge zu lernen. Frau Keller wollte außerdem mit jedem von uns ein Einzelgespräch führen, um persönlich und ohne die Ohren der Mitschüler nachzufragen, wie es einem ging und wie die Einsätze verlaufen waren. Ich war gleich am dritten Schultag an der Reihe. So saß ich in ihrem Büro gespannt darauf, wie das Gespräch verlaufen würde. Als sie hereinkam entschuldigte sie sich, dass sie etwas zu spät war. „Wie geht es Ihnen?" sagte sie und setzte sich an einen kleinen Tisch und deutete mir, Platz nehmen. „Besser." sagte ich und noch während ich es aussprach, fiel mir ein, dass sie ja nichts von der Fibromyalgie und all dem wusste. „Ging es Ihnen nicht gut?" hakte sie besorgt nach. „Doch, doch. Ähm, ich, ich hatte nur wieder eine Entzündung in der Schulter." stotterte ich vor mich hin. „Und die ist jetzt wieder abgeheilt? Oder haben Sie noch Schmerzen?" fragte sie. Sie machte einen ehrlichen, besorgten Eindruck auf mich und ich hatte Vertrauen zu ihr. So gerne hätte ich ihr meine Sorgen geklagt und mein Herz ausgeschüttet, doch ich hatte Angst, dass ich dann eventuell die Ausbildung nicht weiter machen durfte. Die Aussichten noch etwas mehr als eineinhalb Jahre weiter zu arbeiten, wenn man krank war, schienen mir gering. Und es standen noch einige sicherlich körperlich anstrengende Einsätze bis zum Ende der Ausbildung bevor. Ich hatte Angst, man würde mir nahelegen, die Ausbildung zu beenden und lieber eine Ausbildung zu wählen, die etwas weniger körperlich belastend war. „Ja, sie ist wieder abgeheilt, es geht wieder gut." antwortete ich. Frau Keller erzählte mir, dass die Rückmeldungen von den Stationen über mein Verhalten und meine Arbeit durchweg positiv seien und dass sie mit meinen Leistungen zufrieden sei. Ich solle so weiter machen. Als wir uns verabschiedeten, sagte sie: „Und wenn Sie Probleme haben, welcher Art sie auch sind, dann helfe ich Ihnen gerne wo ich kann. Sie wissen wo Sie mich finden." Dieser Satz machte mich nachdenklich. Hatte Sie meine Lüge durchschaut? Hatte eine meiner Freundinnen mit ihr über meine Krankheit gesprochen? Immerhin waren inzwischen auch Tanja und Judith „eingeweiht", unter den gleichen Auflagen, wie Johanna. Hatte eine von Ihnen mein Vertrauen missbraucht? Sollte ich mit Frau Keller doch darüber sprechen? Vielleicht wusste sie Rat. Nein, das wollte ich nicht. Ich gesellte mich zu meinen Freundinnen, die draußen vor der Schule rauchten. Ein paar von Ihnen waren schon bei Frau Keller gewesen. Wir unterhielten uns darüber, was sie zu der einen oder anderen gesagt hatte. Dann fragte ich nach, ob Frau Keller zu einer von ihnen auch gesagt hatte, dass man sich bei ihr ruhig melden konnte, wenn man Probleme hätte. Eine bejahte meine Frage. „Ich habe mich sogar mit ihr über Privates unterhalten." sagte sie. „Ja, mit ihr kann man sich gut unterhalten. Sie ist so eine Liebe und sie hört einem wirklich zu." sagte eine andere. „Weißt Du noch, als ich letztens diesen Auffahrunfall auf dem Personalparkplatz hatte, da kam sie extra im Frühdienst auf Station, um nachzufragen, wie es mir ginge und ob alles in Ordnung sei." erzählte eine dritte. Die Pause war beendet und wir gingen wieder in den Unterrichtsraum. Ich überlegte immer wieder, ob ich nicht doch mit ihr sprechen sollte. Doch wobei sollte sie mir helfen können, fragte ich mich dann. Die Schmerzen musste ich selbst aushalten und es gab ohnehin keine Heilung. Und reden konnte ich ja auch mit den Leuten im Forum. Da waren wir „Fibros" unter uns und man musste nicht lange etwas erklären. Ich beendete mein Nachsinnen und versuchte wieder dem Unterricht zu folgen. Es gestaltete sich schwieriger, als ich dachte. Die Schmerzen im linken Arm hatten sich nun weiter ausgedehnt. Auch der rechte Arm tat nun weh und besonders die Hand. Das Schreiben mit dem Kugelschreiber fiel schwer. Ich nahm einen Filzstift, der ließ sich leichter führen, doch mit seiner breiten Spitze sahen meine Aufzeichnungen eher nach einer Notiz in einem Comicheft aus. Zuhause suchte ich nach meinem alten Füllfederhalter. Damit dürfte es besser gehen. Ich reinigte ihn und schrieb anschließend die Notizen aus der Schule ins Reine. Es klappte wirklich viel besser als mit dem Kugelschreiber und es sah viel besser aus, als mit dem Filzstift. Am Nachmittag ging ich in die Stadt, um mir Tinte zu kaufen, ich hatte nur noch eine Patrone gehabt. Leider konnte ich den Füller nicht im Stationsalltag verwenden, da dort Kugelschreiber wegen der Archivierung Pflicht waren. Aber für die Schule war es eine gute Alternative. In den nächsten Tagen verbrachten wir im Wohnheim viel Zeit mit dem Lernen für die Zwischenprüfung. Auch ich saß stundenlang in meinem Zimmer und lernte. Zwischendurch legte ich kleinere Pausen ein, um mich mit den Schmerzen auseinander zu setzen. Sie störten mich immer wieder. So saß ich mehr als einmal dort und hatte in der einen Hand die Blätter zum Lernen, während ich den anderen Arm ganz ruhig hielt, nicht beachtete und mir vorstellte, es sei nicht meiner. Es half wenigstens für die Zeit, in der ich lernen wollte, bis ich gegen Abend die Bücher und Blätter beiseitelegte. Und sobald ich den Arm nicht mehr ruhig liegen ließ, begann er wieder zu schmerzen. Und das so heftig, dass ich meist gleich zwei Tabletten einnahm, damit der Schmerz sich wieder etwas legte. Die Tabletten zum Schlafen halfen mir zwar, schnell einzuschlafen, konnten aber auch nicht ganz verhindern, dass ich nachts wegen der Schmerzen aufwachte. In der zweiten Woche des Blockunterrichts plagten mich die Schmerzen immer mehr während der Schulzeit. Sie machten mich nervös. Und sie wollten trotz der morgendlichen Einnahme der Schmerztablette nicht vergehen. Ich fühlte mich schlecht und so verließ ich an einem Morgen das Klassenzimmer, um auf der Toilette eine weitere Schmerztablette einzunehmen. Nachdem ich sie mit einem Schluck Wasser eingenommen und mich wieder aufgerichtet hatte, sah ich mich im Spiegel an. In Gedanken fluchte ich und dann war da noch die Scham, die mich immer wieder befiel. So jung und schon so ein Wrack, flüsterte ich meinem Spiegelbild entgegen. Traurigkeit gesellte sich in meinem Inneren zu meiner Wut über mich selbst. Die Machtlosigkeit gegenüber den Schmerzen und das Gefühl ihnen ausgeliefert zu sein, übermannte mich. Dann kam aus einer Ecke meines Verstandes ein „Stell' Dich nicht so an! Es gibt Schlimmeres!" Und das stimmte ja auch. Du willst nicht in Selbstmitleid zerfließen, schimpfte ich in Gedanken mit mir. Ich schlug mit der Faust auf den Waschbeckenrand und dachte mir ein lautes „Nein!". Zurück in der Klasse schrieb ich auf den Rand meiner Notizen ein NEIN! und konzentrierte mich auf den Unterricht. Nach der Schule beschloss ich erst einmal meine im Kopf umherschwirrenden Gedanken aufzuschreiben, bevor ich mit dem Lernen begann. Ich schrieb etwa zwei Seiten voll und machte es mir mit meinen Unterlagen auf dem Sessel bequem. Dazu einen frischen Kaffee. Doch die Gedanken und auch die Schmerzen unterbrachen mich schon nach kurzer Zeit. Tränen stiegen in mir hoch. Und das Gefühl der Machtlosigkeit vom Morgen kam zurück. Ich wollte doch nur einen Tag mal keine Schmerzen haben. Nur einen Tag. Einen Tag Ruhe. Lasst mich doch einmal zufrieden. Als ich meine Tränen wieder unter Kontrolle gebracht hatte und nicht mehr ganz so schlimm aussah, ging ich ins Internetcafé. Vielleicht war jemand im Forum, der mir ein wenig zuhörte und einen Rat wusste. Eine derer, mit der ich schon öfter geschrieben hatte, war online. Sie war eine der Gründerinnen des Forums und erzählte mir von einem Medikament, mit dem sie selbst gut zurechtkam: Tolperison. Sie schrieb, dass man wenigstens dreimal täglich zwei einnehmen sollte, damit es half. Es war ein Medikament, das die Muskeln entspannte. Vielleicht konnte das auch mir helfen. Am Abend kehrte ich müde und abgeschlagen ins Wohnheim zurück. Ich war derart müde, dass ich vergaß die Schlaftablette einzunehmen.

Der nächste Morgen begann gut. Die Schmerzen hielten sich in Grenzen und ich war schon gleich nach dem Klingeln des Weckers hellwach, nicht wie sonst. Das war ein gutes Gefühl. Ich war voller Tatendrang und war an diesem Morgen mit Duschen, Anziehen und Rucksack packen schneller fertig als sonst. Ich war sogar unter den ersten, die im Aufenthaltsraum auf die anderen warteten, um gemeinsam zur Schule zu laufen. Auch dem Unterricht konnte ich irgendwie besser folgen, als sonst. Doch in der dritten Unterrichtsstunde änderte sich das plötzlich wieder. Die Schmerzen begannen langsam stärker zu werden und hatten sich bis zur Mittagspause in die Höhe geschraubt. Jetzt reicht es, dachte ich für mich und suchte mir eine Ecke, in der ich ungestört und ungehört telefonieren konnte. Ich rief bei meinem Rheumatologen an und schilderte kurz die Situation und die Dringlichkeit. Am übernächsten Tag hatte ich nachmittags einen Termin. Den Rest des Schultages versuchte ich so gut als möglich hinter mich zu bringen. Ich probierte, nicht über die Schmerzen und auch nicht über meine Situation nachzudenken. Dem Unterricht folgte ich halbherzig. Nach der Schule legte ich mich aufs Bett, starrte die Decke an und hörte meinen vorbeiziehenden Gedanken zu. Es war, als würde ein Teil von ihnen mit dem anderen Teil diskutieren. Der eine Teil war traurig, verunsichert, verzweifelt, hilflos. Der andere war wütend, forsch, verachtend und der Meinung, dass man sich nicht hängen lassen und niemals aufgeben dürfe. Am Ende der Diskussion gab es einen klaren Sieg für den letzteren. Ich nahm gegen 19:00 Uhr meine Schlaftablette und ging danach zu Bett. Mein letzter Gedanke war „Ich gebe nicht auf!". Danach schlief ich ein.

Als ich mich umschaute, war ich in irgendeinem Dorf. Alles lag in Trümmern und ständig hörte ich Schüsse. Es herrschte Krieg, warum war mir nicht klar. Wind peitschte den Staub über die Trümmer, weit sehen konnte ich nicht. Ich stand mitten auf der Straße und um mich herum pfiffen Gewehrkugeln. Dann ein lauter Knall. Ich zuckte zusammen. Einige Meter weiter musste eine Granate gezündet worden sein. „Komm da weg! Schnell!" rief eine Person, die mir vertraut erschien, aber nicht bekannt vorkam. Der Mann in einer schmutzigen Tarnuniform stand unter einem gemauerten Vordach eines halb zerstörten Hauses. Er winkte mich zu sich und rief wieder: „Komm her! Schnell! Sie kommen!" Es wurde immer lauter um mich herum und ich bekam Angst. So schnell ich konnte lief ich die wenigen Meter zu ihm hinüber. Als ich die ersten Treppenstufen hoch lief, kam ich ins Stolpern und ein heftiger Schmerz, ein Stechen und Brennen, pochte plötzlich in meiner linken Schulter. Mein unbekannter, vertrauter Freund sprang auf mich zu, packte mich am Arm und zerrte mich die letzten beiden Stufen zu sich hoch. „Was machst Du da? Willst Du Dich umbringen? Komm! Schnell! Wir müssen hier weg!" schrie er. Bei all dem Lärm und den starken Schmerzen verstand ich ihn nur schwer. Er half mir in den Hausflur und lehnte mich gegen die Wand. „Meine Schulter." sagte ich und fasste sie an. Blut befeuchtete meine Hand. „Du bist getroffen. Verdammt." schrie der unbekannte Freund und drückte mit seiner Hand fest auf die Wunde. Der Schmerz raubte mir das Bewusstsein und ich spürte nur noch ein Gefühl des tiefen Fallens.

Schweißgebadet schreckte ich aus dem Schlaf hoch und saß wie erstarrt im Bett. Ich spürte noch immer den heftigen Schmerz in meiner Schulter. Ich fasste nach der Schulter und schaute gleich auf meine Hand. Kein Blut. Nur ein Traum. Ich schaltete den Wecker aus, denn der brauchte in dreißig Minuten nicht mehr zu klingeln. Ich war hellwach. Noch nicht wieder ganz in der Realität angekommen steckte ich mir eine Zigarette an und stellte die Kaffeemaschine an. Er hielt mich noch in seinem Bann, der Traum. Und der Schulterschmerz wurde nicht besser. Er blieb. Er blieb so stark bis in den Vormittag hinein, obwohl der Traum bereits langsam aus meiner Erinnerung schwand. Am Abend wusste ich nur noch, dass ich einen schlechten Traum gehabt hatte, die Handlung war aus meinem Gedächtnis wie hinter einer dicken Nebelwand verschwunden.

Am nächsten Tag rutschte ich nervös auf meinem Stuhl hin und her. Nicht nur die Schmerzen machten mich wieder einmal nervös, nein auch der bevorstehende Arzttermin trug seins dazu bei. Ich hatte mir fest vorgenommen, den Arzt nach dem empfohlenen Tolperison zu fragen. Doch wie würde er wohl reagieren. Schließlich war es seine Aufgabe dem Patienten Therapievorschläge zu machen und nicht umgekehrt. Die Zeit floss zäh und der Unterrichtstag schien kein Ende zu nehmen. Zudem war mir seit der Einnahme der zweiten Schmerztablette in der ersten Pause seltsam übel und die Magentabletten lagen im Wohnheim. Als die Lehrerin uns mit einem Arbeitsauftrag bis zum nächsten Tag entließ, waren es noch zwei Stunden, bis zum Termin. Im Wohnheim vermochte ich mich trotz aller Bemühung nicht auf den Arbeitsauftrag zu konzentrieren. Immer wieder verlor ich den Faden, musste ganze Abschnitte im Buch erneut lesen, weil mir entfallen war, was ich gelesen hatte. Als das ein paar Mal geschehen war, beließ ich es bei dem bisher erledigten Teil und verschob es kurzerhand auf den Abend, wenn der Termin vorüber sein würde. Ich ging lange und heiß duschen, zog mich an und ging in die rheumatologische Praxis. Ich war fast zwanzig Minuten zu früh, hatte es aber im Wohnheim vor Anspannung nicht mehr ausgehalten. Ich setzte viel Hoffnung darauf, dass der Arzt mir das Mittel verschrieb und es auch half. Endlich wurde ich ins Sprechzimmer geholt. Ich erzählte dem Arzt von den letzten Wochen und dass ich mich über Medikamente im Zusammenhang mit Fibromyalgie informiert hatte. Ich wollte ihm nicht erzählen, dass ich diese Information aus einem Internetforum hatte. „Ja, das Medikament kann helfen. Aber versprechen kann ich natürlich nichts. Nehmen Sie morgens, mittags und abends eine Tablette ein." „O.K." nickte ich. Er reichte mir das Rezept über den Schreibtisch und fügte an: „Es kann am Anfang etwas müde machen." Mit einem „Dankeschön." nahm ich das Rezept entgegen und verabschiedete mich. Das Rezept löste ich gleich in der Apotheke ein und kehrte ins Wohnheim zurück. Ich las mir flüchtig den Beipackzettel durch und nahm eine Tablette ein. Die Nervosität war mittlerweile verflogen. Ich setzte mich an meinen Schreibtisch und beendete den Arbeitsauftrag.

6 – Hindernisparcours

Die neuen Tabletten hatte ich nun bereits vier Tage lang eingenommen, so wie der Arzt es gesagt hatte, und ein Erfolg zeigte sich nur mäßig. Es war ein nicht enden wollendes Geduldsspiel, das lange Sitzen in der Schule. Immer wieder änderte ich meine Sitzposition, rutschte auf dem Stuhl hin und her, doch die Schmerzen vergingen nicht, suchten sich höchstens eine andere Körperstelle, um sich dort festzubeißen. Die prophezeite Müdigkeit durch die Tabletten machte mir das Ganze auch nicht leichter. Hinzu kam die Tatsache, dass meine Schauspielerei auch anstrengend wurde. Ich verwandte eine Menge Energie darauf, nicht so zu wirken, als ginge es mir nicht gut. Am Wochenende hatte ich mich, wieder einmal, mit Manuel gestritten. Seit einiger Zeit war unser Liebesleben kaum noch vorhanden. Ich hatte nur sehr selten Lust auf Sex, zum einen durch die Schmerzen, zum anderen durch meine Gemütsstimmung. Und aus diesem Grund war der Streit entstanden. Ich war weniger traurig wegen des Streits, als enttäuscht, dass mein Partner nicht verstand, dass mir nicht danach war, mit ihm zu schlafen. Und das warf ich ihm auch vor. Er hingegen warf mir vor, dass sich alles immer nur um mich und meine Schmerzen drehe. „Ja, das mag sein. Aber sie bestimmen den Großteil meines Lebens und glaube mir, ich wünschte auch, es wäre anders. Ich wünsche Dir nur einen Tag lang, zu spüren, was ich spüren muss." hatte ich ihm lautstark an den Kopf geworfen und dann seine Wohnung verlassen. Wenig später war mir bewusst geworden, wie unfair diese Aussage von mir war. Er konnte ja auch nichts dafür, dass es mir nicht gut ging, doch ich war zu enttäuscht, um ihm das einzugestehen. Und ja, ich verhielt mich wie ein Arsch. Es herrschte seit dem Wochenende Funkstille, doch die andere Seite der Medaille war, dass ich lernen und mich um meine Gesundheit kümmern musste. So saß ich vor mich hin sinnend im Unterricht und schaute verträumt aus dem Fenster. Was war, wenn ich für ein paar Tage meine Maskerade sein ließe? Was konnte schon schlimmes passieren, wenn ich mal nicht gut drauf war? Würde mich jemand nach der Ursache fragen, dann könnte ich ohne zu lügen sagen, dass ich mit meinem Partner Streit hätte. Und es würde mich ein wenig entlasten, nicht so angestrengt fröhlich zu sein. So verhielt ich mich an diesem Tag zum einen ruhig, denn mir war nicht nach reden und plaudern. Zum anderen galt meine Aufmerksamkeit mehr dem Unterricht. Es war irgendwie befreiend, nicht permanent über mein Verhalten nachzudenken, bevor ich etwas tat. Und zu meiner Zufriedenheit fiel es den Dozenten und Lehrern nicht auf, jedenfalls sagte niemand etwas. Als ich in der Mittagspause in der Toilette verschwand, um die Tabletten einzunehmen, beschloss ich kurzerhand die Dosis zu erhöhen. Ich nahm zwei. Der Bekannten aus dem Forum hatte es geholfen, warum nicht auch mir. Ein Versuch kann nicht schaden, dachte ich bei mir. Zu verlieren habe ich ja nichts. Wenn es nicht hilft, dann war es wenigstens den Versuch wert gewesen. Nach der Schule legte ich mich erst einmal für eine Stunde schlafen. Ich stellte mir den Wecker und als der klingelte, hatte ich das Gefühle erst vor einigen Minuten eingeschlafen zu sein. Zudem fühlte ich mich so schlecht, wie wenn ich morgens aufwachte. Mir taten alle Gliedmaßen weh und ich fühlte mich schlichtweg miserabel. Als hätte ich die ganze Nacht viel Alkohol getrunken und nur wenig geschlafen. Ein Katergefühl der üblen Art. Nur ohne Kopfschmerzen. Es brauchte eine dreiviertel Stunde und eine Schmerztablette, bis ich mich wieder ein wenig besser fühlte. Dann setzte ich mich mit den Büchern aufs Bett und versuchte zu lernen. Mein linkes Handgelenk pochte bei jeder noch so kleinen Bewegung, selbst beim Umblättern der Seiten. Meine Hand zitterte und fühlte sich verkrampft an. Da fiel mir ein, dass ich noch von dem übel riechenden Mittel zum Einreiben hatte. Ich trug es auf der Hand, dem Handgelenk und dem Unterarm auf und wickelte eine Mullbinde darum, damit ich nicht meine Unterlagen verschmierte. Gerade hatte ich mich wieder am Schreibtisch positioniert, als es an der Tür klopfte. Johanna trat auf das „Herein" meinerseits ein. „Ist mit Dir alles in Ordnung? Du warst so ruhig heute." fragte sie. „Es geht so. Ich habe wieder Schmerzen und ich fühle mich grauenhaft." beantwortete ich ihre Frage. „Kann ich Dir helfen? Irgendwie?" fragte sie nach. „Hmm.

Wenn Du ein bisschen Zeit zum Reden hast?" sagte ich. „Klar. Wenn Du einen Kaffee für mich hast." sagte sie grinsend. „Ich habe immer Kaffee! Für Dich sowieso meine Teuerste." blödelte ich herum. Die Bücher legte ich beiseite und wir machten es uns auf dem Bett bequem. Ich erzählte ihr von den letzten Wochen, dem neuen Medikament und von meiner Angst, dass jemand der Lehrer etwas mitbekommen könnte. Zudem hatte ich vor der Prüfung Angst, denn bisher hatte ich noch nicht allzu viel des Stoffs in meinen Kopf hinein bekommen. Auch von der Auseinandersetzung mit Manuel berichtete ich. Und von meinem fiesen Verhalten. Sie hörte meinem Wasserfall an Worten geduldig zu und schlürfte ihren Kaffee. Als ich sie anschaute, bemerkte ich, dass sie die ganze Zeit kaum etwas gesagt hatte. „Tut mir leid, ich rede schon wieder so viel. Das muss Dich langweilen. Lass hören, wie es Dir geht und was es bei Dir neues gibt." sagte ich. Sie klopfte mir auf den Oberschenkel und meinte nur kurz: „Krieg Dich wieder ein, wenn ich keine Lust hätte, Dir zuzuhören, dann würde ich es Dir sagen. Und es langweilt mich auch nicht. Dafür sind Freunde doch da." Ich war gerührt. Das war unfassbar rücksichtsvoll von ihr. „Danke!" sagte ich und musste schlucken. „Hast Du Dir mal überlegt, mit Frau Keller zu reden? Ich meine, sie kann Dir bestimmt irgendwie helfen. Und warum sollte man Dich die Ausbildung nicht weiter machen lassen? Solange Deine Noten und Deine Arbeit gut sind und Du Deine Fehlzeiten nicht überschreitest, kann Dir doch keiner was vorwerfen." erklärte sie. „Vielleicht hast Du recht, aber was, wenn nicht. Was wenn.... Ach, ich weiß ja auch nicht. Es ist mir so peinlich und ich schäme mich dafür. Und ja, den Patienten sage ich immer, dass man für eine Krankheit nichts kann und man sich auch nicht schämen muss. Aber ich bin halt keiner meiner Patienten." entgegnete ich. „Du machst Dir zu viele Gedanken. Es gibt nichts Peinliches an einer Krankheit. Und an Schmerzen auch nicht. Und wenn es Dir nicht gut geht, dann ist das auch nicht peinlich. Mir geht es doch auch nicht immer gut. Und ich bin nicht krank. Ein wenig bescheuert vielleicht, aber nicht krank." Johanna lächelte und als wir uns anschauten, mussten wir beide lachen. Ja, sie war wirklich manchmal bescheuert, aber wer war das nicht. Ich war es ja auch oft genug. „Komm, vergiss mal die trüben Gedanken. Lass uns noch eine Runde in die Stadt gehen. Einfach ein bisschen bummeln." sagte sie und stupste mich an. „Ach, warum nicht. Ich zieh mir nur schnell was anderes an." Sie trommelte noch zwei unserer Freundinnen zusammen und so zogen wir in die Innenstadt. Als wir am Abend wieder zurück waren, war meine Stimmung aufgeheitert. Nur die Schmerzen waren nicht besser geworden. Aber ich fühlte mich besser, ein wenig erleichtert.

Die gute Laune vom Vorabend konnte an diesem Morgen auch nicht vom schmerzhaften Aufwachen getrübt werden. Ich schluckte zwei der neuen Tabletten und machte mich mit den anderen auf den Weg zur Schule. Bis in den Mittag hinein, fühlte ich mich trotz der Schmerzen relativ gut. Es war fast ein wenig unheimlich. Am Nachmittag fiel mir das Lernen nicht so schwer wie sonst. Gegen Abend rief ich Manuel an. Ich entschuldigte mich für mein Verhalten und wir sprachen fast zwei Stunden miteinander. Als wir auflegten, waren alle Missverständnisse geklärt, die Probleme besprochen und mein Verhalten von ihm verziehen. In der Nacht schlief ich unruhig, immer wieder wachte ich auf, weil der Arm, die Schulter oder die Hand schmerzten. Immer wieder suchte ich nach einer Position, in der die Schmerzen auszuhalten waren. Am Morgen fühlte ich mich unausgeschlafen und niedergeschlagen. Die Schmerzen waren kaum auszuhalten. Selbst das Aufstehen aus dem Bett fiel mir schwer. Ich griff nach den Schmerztabletten, nahm eine ein und gleich auch zwei der neuen Tabletten. Der Weg zur Schule war mir noch nie so beschwerlich vorgekommen. Ich trottete mühselig hinter den anderen her. Mit ihnen konnte ich an diesem Morgen nicht schritthalten. Als ein „Wo bleibst Du denn?" von einer der anderen kam, erwiderte ich ein „Ich kann nicht so schnell gehen, dafür sind meine Beine zu kurz!" und versuchte meine schlechte Stimmung zu verbergen. Sie gingen ein wenig langsamer. Endlich waren wir vor der Schule angekommen. Ich fingerte zitternd eine Zigarette aus der Schachtel und steckte sie mir an. Johanna stellte sich dazu und rauchte ebenfalls eine. „Heute so schlimm?" fragte sie leise. Ich nickte nur kurz und wäre am liebsten im Boden versunken. Jetzt merkt sie schon, wenn es mir schlecht geht, obwohl ich versuche mir nichts anmerken zu lassen, dachte ich. Das war mir peinlich. Warum genau, war mir nicht bewusst. Vielleicht lag es daran, dass sie jünger war und ich mir dadurch furchtbar alt vorkam. Oder vielleicht lag es daran, dass ich mich wie ein Patient fühlte. Ich konnte es nicht sagen. Andererseits war es ein gutes Gefühl zu wissen, dass da jemand war, der mich verstand. Im Unterricht fiel es mir schwer mitzuschreiben. Das Halten des Füllers war schmerzhaft und die Schmerzen begann mich nervös zu machen. Innerlich breitete sich Unruhe aus. Als die erste Stunde endlich vorüber war, hielt mich nichts mehr auf meinem Stuhl. Ich ging nach draußen, steckte mir eine Zigarette an und trat von einem Fuß auf den anderen. Ich lief kleine Kreise, lief auf und ab. In der nächsten Stunde bekamen wir eine Gruppenarbeit und teilten uns auf. Ich war froh, wieder aufstehen zu können, um den Sitzplatz zu wechseln, damit ich bei meiner Gruppe saß. Als Frau Mühl den Raum verließ, legte ich mein rechtes Bein auf einen der leeren Stühle. Ich machte es mir so bequem es eben ging und tat mein Möglichstes, um bei der Gruppenarbeit nützlich zu sein. Ich nahm das Buch zur Hand und blätterte nach dem Kapitel, woraus wir das Thema erarbeiten sollten. Meine Hände hatten Mühe das Buch zu halten. Und als ich umblätterte und dabei das Buch nur mit einer Hand festhielt, überschwemmte der Schmerz plötzlich und kurz meine Hand. Doch es reichte, dass ich die Kontrolle über die Kraft in der Hand verlor und das Buch auf den Boden fiel. „Verdammter Mist!" fluchte ich laut und bückte mich nach dem Buch. Die anderen aus der Gruppe, überwiegend Freundinnen aus dem Wohnheim, schauten mich verwundert an. Ich tat, als hätte ich ihre Reaktion nicht bemerkt und legte das Buch mit leichter Wucht auf den Tisch. „Blödes Ding!" schimpfte ich mit dem Buch. Ich hoffte, dass die anderen so glaubten, ich hätte wegen des Buches geflucht, nicht wegen der Schmerzen. Beherrsch' Dich mal etwas mehr, keifte ich mich gedanklich selbst an. Es geht auch unauffälliger. In mir fing wieder eine Diskussion an. Gedankenverloren starrte ich die Seiten des Buches an. „Was meinst Du? Sollen wir das dazu schreiben?" riss mich die Stimme von Tanja aus den Gedanken. „Ähm, entschuldige, ich war gerade woanders." sagte ich. Ich schob die kleine Diskussionsrunde in meinem Kopf beiseite und blätterte in meinem Buch. „Auf welcher Seite seid ihr gerade?" fragte ich. „312. Und die Frage war, ob wir die Erläuterungen aus dem ersten Abschnitt zu unserem Antwortbogen dazu schreiben sollten." erklärte eine der anderen. Schnell überflog ich den Abschnitt und schaute nach, um welche Fragestellung es ging. „Na, der passt doch gut dahin." sagte ich und lenkte meine Aufmerksamkeit nun auf die Gruppenarbeit. Es wäre unfair den anderen gegenüber gewesen, gedankenversunken dabei zu sitzen und dann so zu tun, als hätte ich mitgeholfen, die Aufgaben zu erarbeiten. Ich konzentrierte mich und ehe ich mich versah, war die Gruppenarbeit abgeschlossen und wir hatten sogar noch etwas Zeit übrig, bis das Zeitlimit für die Aufgabe verstrichen war. Die Raucher unter uns, mich eingeschlossen, wussten diese Zeit zu nutzen. In der darauffolgenden Stunde wurden die Gruppenarbeiten in der Klasse besprochen. Als es endlich Zeit für die Mittagspause war, schienen sich die Schmerzen an einer Stelle gesammelt zu haben. Sie hatten sich in meinem linken Oberarm gebündelt und waren gemeinsam besonders stark. Dafür taten mir die anderen Regionen, die mich am Morgen so beeinträchtigt hatten, nicht mehr weh. Ich nahm mit meinem Arm eine Art Schonhaltung ein, damit ich ihn so wenig wie möglich bewegte. Die Hand vergrub ich tief in der Hosentasche, so dass mein Arm fast komplett an meinem Körper anlag. So bewegte er sich nur minimal, wenn ich mich bewegte. Das beeindruckte die Schmerzen zwar nur wenig, aber wenigstens entstanden so durch Bewegungen des Arms keine weiteren. Es waren noch drei schier endlose Unterrichtsstunden, bis wir den Nachmittag frei hatten. Wieder in den eigenen vier Wänden, gönnte ich mir erst einmal einige Minuten Ruhe mit mir selbst. Ich legte mich aufs Bett und versuchte den Schmerz nicht wahrzunehmen. Wie soll das nur weitergehen, fragte ich mich. Wenn ich solch starke Schmerzen habe, wenn ich wieder im Stationseinsatz arbeiten sollte, was dann? Was, wenn ich nicht mehr in der

Lage bin, meine Einsätze durch zu arbeiten und die erforderlichen Praxisstunden nicht leisten kann? Waren dann die eineinhalb Jahre Ausbildung vergebens? Und ich will doch unbedingt diese Arbeit machen. Was soll ich schon anderes tun? An einem Schreibtisch stundenlang vor dem Computer sitzen? Das kann ich mir nicht vorstellen. Was wird nur aus mir werden? Ungebremst schossen mir all diese Fragen durch den Kopf, auf die ich zunächst erst einmal keine Antworten geben konnte. Ich wusste nur, dass ich mich nicht kampflos geschlagen geben wollte. Auch wenn es an manchen Tagen eine kräftezehrende Sache war. Ein kleiner Teil in mir tendierte immer stärker dazu, mit Frau Keller zu sprechen, doch meine Angst und auch meine Scham, wussten dies zu verhindern. Ich schob meine Gedanken beiseite und widmete mich wieder dem Hier und Jetzt. Der Arm schmerzte immer noch sehr und ich beschloss, eine ausgiebige, heiße Dusche zu nehmen. Danach würde es mir sicher besser gehen und es galt ja auch noch, für die anstehende Prüfung zu lernen. Den restlichen Nachmittag verbrachte ich an meinem Schreibtisch, in der Hoffnung, meinen Kopf mit dem erforderlichen Wissen ausreichend füllen zu können. Dem linken Arm gönnte ich dabei so viel Ruhe und so wenig Aufmerksamkeit wie irgend möglich. Als es Abend wurde, waren die Schmerzen leicht weniger geworden und ich erlaubte mir, mit den anderen im Wohnheim zusammen zu sitzen und Spaß zu haben. Spät stieg ich ins Bett. Es war bereits so spät, dass ich die Schlaftablette nicht mehr einnehmen wollte, aus Angst am nächsten Morgen nicht zeitig wach zu werden. Das Aufwachen am Morgen war ganz anders als sonst. Ich fühlte mich gut, die Schmerzen waren erträglich und ich hatte den Eindruck, sofort wach zu sein, nicht wie sonst. Ich fühlte mich erholt und munter. Ohne die sonst üblichen Anlaufschwierigkeiten, wie mühsames, langsames Wachwerden, Katergefühl oder Schlaftrunkenheit. Dies alles steigerte meine Laune um einiges. Und mein Tatendrang war ebenfalls erhöht. In der Schule war ich nicht so müde wie sonst und der Lehrer hatte meine ungeteilte Aufmerksamkeit, ohne dass mich die Schmerzen, die ich spürte, allzu sehr ablenkten. Der Schultag war interessant und schien schneller vorüber, als der vorangegangene. Nach der Schule machte ich eine Stunde Pause von dem Lehrstoff und begann anschließend wieder mit dem Lernen. Die Schmerzen bauschten sich langsam aber stetig auf. Ob das die Rechnung für das Weglassen der Tablette am Vorabend war? Ich schloss die Bücher und Unterlagen. Heute war ein recht guter Tag und ich habe viel gearbeitet, der Rest des Tages gehört der Freizeit, dachte ich bei mir. Nach einer heißen Dusche und einem schnellen Abendessen machte ich es mir auf meinem Bett kuschelig bequem und schaute mir einen Film an. Er lenkte mich ein wenig von den Schmerzen ab.

Die nächste Nacht war wieder unruhig, trotz Tablette. Am Morgen fühlte ich mich gerädert und mir tat nicht nur die Schulter und die Hand, sondern der gesamte Arm weh. Die Schmerzen gingen erst, als der Unterricht schon wieder begonnen und ich mich so bequem wie möglich auf meinem Platz niedergelassen hatte, obwohl ich morgens direkt eine Schmerztablette und zwei Tolperison-Tabletten eingenommen hatte. Was ich auch im Unterricht tat, wie ich mich auch hinsetzte, nichts half, um die Schmerzen zu verringern oder wenigstens daran zu hindern, meine Konzentration immer wieder zu stören. Kurz vor der Mittagspause war ich erschöpft. Mir fielen die Augen einfach ununterbrochen zu und mehr als nur einmal schreckte ich aus einem Sekundenschlaf auf. Einmal stieß mich meine Banknachbarin an. So wurde ich nochmals wach. Es waren nur noch fünfzehn Minuten, bis die Stunde vorüber sein sollte, doch es kam mir fürchterlich lange vor. Außerdem war das Unterrichtsthema nicht besonders interessant. Jedes Mal, wenn ich auf die Uhr schaute, hatte sich der Minutenzeiger nur minimal bewegt. Nachdem ich erneut hochschreckte, weil ich kurz eingenickt war, stand ich auf und verließ den Klassenraum. So war es üblich, wenn man zur Toilette musste. Ich schleppte mich in den Toilettenraum und wusch mir über dem Waschbecken mehrere Male das Gesicht mit kaltem Wasser. Ich hoffte mich so etwas frischer zu fühlen. Ich wartete noch einen Augenblick, damit ich auch lange genug für einen Toilettengang weg gewesen war und ging zurück in die Klasse. Wieder auf dem Stuhl sitzend übermannte mich die Müdigkeit erneut.

Es waren noch fünf Minuten und doch sank ich noch vor Ende der Unterrichtsstunde in einen weiteren Sekundenschlaf. Ich schreckte hoch, als ich in der Klasse Unruhe vernahm. Der Lehrer hatte den Unterricht beendet und alle machten sich auf, um das Klassenzimmer zu verlassen. Als ich aus der Klasse trat, stand dort schon der Lehrer: „Sie sollten besser nachts weniger feiern und dafür mehr schlafen. Dann wären Sie auch nicht in meinem Unterricht eingeschlafen." „Es..., es tut mir leid. Ich habe letzte Nacht nicht gut geschlafen." versuchte ich mich stammelnd für mein Verhalten zu entschuldigen. „Na, ich werde es ihnen nachsehen, aber wenn so etwas nochmals vorkommt, dann wird das Konsequenzen haben." entgegnete er. Ich nickte nur und versuchte nicht verärgert zu wirken. Innerlich kochte ich bereits vor Wut. Ich fluchte leise und schimpfte mit mir selbst. Die ganze Nacht feiern. Als ob er eine Ahnung hätte, brummte ich zu mir selbst in einem Flüsterton. Dann fiel mir ein, dass er keine Ahnung haben konnte. Genauso wenig, wie alle anderen Lehrer. Also war ich an dieser Situation selbst schuld und meine Wut war unbegründet. Zumindest insofern, dass sie gegen den Dozenten gerichtet war. Vor der Tür steckte ich mir erst eine Zigarette an und versuchte mich wieder zu beruhigen. Meine Gedanken kreisten um die eben geschehene Situation. Das war peinlich gewesen. Nach langem hin und her überlegen, sagte ich mir, dass so etwas ja mal passieren konnte, solange es nicht zum Dauerzustand wurde.

Ich nahm mir vor, am Abend früh zu Bett zu gehen, um am Morgen fit zu sein. Dann machte ich mich auf den Weg in die Kantine, um zu Mittag zu essen. Mein Magen knurrte schon ganz beleidigt. Verständlich, denn außer Kaffee, Tabletten und Wasser hatte er noch nichts zu tun bekommen. In den Unterrichtsstunden nach der Pause waren die Schmerzen so weit erträglich, dass ich mich gut auf den Unterricht konzentrieren konnte. Es war zwar keines der Fächer, die in der Zwischenprüfung abgefragt wurden, aber immerhin war es interessant und man konnte ja auch nicht wissen, was im Examen alles geprüft wurde. Fast schon fleißig schrieb ich alles auf und machte im Unterricht mit. Die Stunden waren schneller vorbei, als es jene vor der Mittagspause gewesen waren und ich war auch nicht mehr so müde. Am Nachmittag war mein Vorsatz vom Morgen, früh zu Bett zu gehen schon vergessen. Es war schon fast 23:00 Uhr, als mich die Müdigkeit einholte. Ich nahm meine Tablette und legte mich schlafen. Ich träumte unruhig und als ich am Morgen mit starken Schmerzen in der Schulter aufwachte, war meine Stimmung schon schlecht. „Du nervst!" schimpfte ich mit dem Schmerz. Ich nahm meine Medikamente ein und stieg in die Dusche. Unter dem heißen, fließenden Wasser ließen die Schmerzen spürbar nach. Als ich aus der Dusche kam, wurde mir schlagartig kalt und meine Muskeln begannen zu zittern. Die Mundtrockenheit fühlte sich noch fieser an, als ohnehin schon und die Schmerzen in der Schulter kehrten mit einem Paukenschlag zurück. Ich fühlte mich erschlagen, als hätte ich am Vorabend bei einer Prügelei mitgemischt. Das unangenehme Muskelzucken legte sich erst eine halbe Stunde später. Mein Magen beklagte sich über das unschöne Frühstück und so kaute ich ohne Appetit auf einer Scheibe Brot mit Butter und Marmelade. Ich habe keine Lust mehr, das ist doch alles für die Katz', dachte ich zerknirscht. Jeden Morgen ein neuer Mist, der mir keine Ruhe lässt. Ich kramte in der Tablettenpackung und nahm noch eine Magentablette ein. Wenn das so weiter geht, dann werde ich wahnsinnig, hörte ich mich flüstern. Ich drückte zwei Tolperison aus dem Blister und stellte fest, dass sie über das Wochenende nicht ausreichen würden. Also musste ich am Nachmittag noch einen Termin bei dem Rheumatologen machen. Ich wollte ohnehin noch mit ihm reden. In mich gekehrt ging ich zur Schule. Ich war nicht so müde, wie am Tag zuvor, doch dadurch nahm ich die Schmerzen auch intensiver wahr. So machte es jedenfalls auf mich den Eindruck. Der Unterricht wurde zu einem Kampf aus dem Finden einer besseren Sitzposition, dem Halten des Füllers und dem Umblättern von wenigen Seiten, die einfach nicht mit meinen zittrigen Fingern zusammenarbeiten wollten. Meine Unfähigkeit machte mich wütend auf mich selbst. Und der Schulterschmerz machte mich zudem noch nervös. In der Mittagspause telefonierte ich mit der Arztpraxis und bekam einen Termin für den nächsten Tag. Wieder abends. Aber besser, als auf die nächste Woche vertröstet zu werden. Ich nahm die Tabletten ein und gesellte mich zu meinen Schulfreunden in der Kantine. Ich lauschte ihren Gesprächen. Und das heiterte mich auf. Sie waren alle gut gelaunt und alberten herum. Das brachte mich auf andere Gedanken und ich machte einfach mit. Wir kamen zu spät zum Unterricht und platzten laut kichernd in den Unterricht. Wir entschuldigten uns höflich und mussten noch weiterlachen, als wir schon längst auf unseren Plätzen saßen. Während der Stunde versuchten wir uns nicht gegenseitig anzuschauen, denn dann mussten wir gleich wieder lachen. Und der Lehrer hatte uns schon zweimal ermahnt, mit etwas mehr Ernst seinem Vortrag zuzuhören. Ich hatte für diesen Mittag sogar die Schmerzen eine ganze Zeit lang vergessen. Nach der Schule ging es mir noch so gut, dass ich mich sofort daran machte, für die Prüfung zu lernen. Die Schulter versuchte ich zu ignorieren. Doch ich hatte den Eindruck, dass sie, je mehr ich dies tat, stärker schmerzte. Als wolle sie sich beschweren, wie ich es wagen konnte, sie einfach links liegen zu lassen. Und damit hatte sie vielleicht sogar Recht. Ich hatte den linken Arm seit geraumer Zeit nicht mehr bewegt und einfach still auf der Armlehne liegen lassen. Nach etwa zwei Stunden hielt ich es nicht mehr aus. Ich stand auf und zog die Einnahme der Tolperison kurzerhand vor. Dann machte ich mich auf den Weg zur Dusche. So etwas wie am Morgen wollte ich nicht noch einmal haben. Ich erinnerte mich während des Duschens an den nicht eingehaltenen Vorsatz vom Vortag, früher zu Bett zu gehen. Ich aß noch etwas, rauchte eine Zigarette, nahm dann die Schlaftablette ein und ging ins Bett. Schweißgebadet und mit höllischen Schmerzen in der linken Schulter wachte ich mitten in der Nacht auf. Ein Alptraum: Ich hatte mittig auf einer staubigen Kreuzung gestanden. Um mich herum wirbelte Sand im Wind und alles war zerstört. Häuser, Kirche, Straße. Alles in Trümmern. Ich hörte vorbeizischende Salven und laute Explosionen in der Ferne, die immer näher kamen. Hilflos stand ich da und schaute mich um. Ich schaute an mir herab, ich trug eine sandfarbene Uniform. Es wurde lauter und ich konnte fast nichts sehen. Dann hörte ich plötzlich jemanden meinen Namen rufen: „Komm her. Was machst Du da? Sie kommen! Schnell!" Ich schaute nach links und sah undeutlich eine Person vor den Ruinen eines Hauses stehen. Es war ein junger Mann. Er winkte immer wieder und schrie, ich solle zu ihm kommen. Er kaum mir bekannt vor, doch seinen Namen kannte ich nicht. Ich begann zu laufen. Die wenigen Meter bis zu ihm erschienen mir endlos weit. Als ich näher kam, erkannte ich, dass er vor der Haustüre am Ende einer Treppe stand. „Schneller!" rief er wieder. Überall hörte ich Explosionen und Gewehrschüsse. Er streckte mir seine Hand entgegen und als ich sie gerade greifen wollte, spürte ich einen stechenden, brennenden Schmerz in meiner linken Schulter, der mich taumeln ließ. Der unbekannte und doch so vertraute Mann bekam meinen rechten Arm zu fassen und zog daran. „Steh auf! Schnell! Sie kommen!" schrie er. Ich nahm alle Kraft zusammen und stolperte die letzten beiden Stufen zu ihm hoch. Er stieß mich in den Hauseingang und presste mich gegen die Wand. „Sie haben dich getroffen." schrie er. Ich hörte ihn kaum noch. Ich spürte meine Beine zusammensacken und verlor das Bewusstsein. Dann war ich aufgewacht. Ich saß einige Minuten regungslos im Bett und rätselte. Das kam mir alles so bekannt vor. Hatte ich das schon einmal geträumt? Und was sollte dieser Traum wohl bedeuten? Langsam legte ich mich wieder hin und schlief nach einigen Minuten wieder ein.

Als ich morgens aufwachte fühlte ich mich erholt, obgleich meine linke Schulter heftig schmerzte. Der Traum fiel mir wieder ein. Hatte ich nun Schmerzen in der Schulter, wegen dieses Traumes oder hatte ich den Traum gehabt, weil die Schulter so weh tat? Eine Frage, auf die ich keine Antwort fand. Spielte mir mein Verstand einen Streich oder wurde ich langsam doch wahnsinnig? Auch hierauf fand ich keine Antwort. Ich verließ das Bett und machte mich für die Schule fertig. Meinem Magen zu Liebe nahm ich die Tabletten erst ein, als ich bereits etwas gegessen hatte. Nur noch Morgen, dachte ich, dann ist Wochenende. Manuel hatte mir eine Überraschung versprochen. Ich war gespannt. Mit diesen Gedanken und zusammen mit den Freundinnen verließ ich das Wohnheim und wir gingen zur Schule. Heute standen praktische Übungen auf dem Stundenplan und das versprach einen kurzweiligen Unterrichtstag. Meist arbeiteten wir dazu Gruppenarbeiten aus und so machte das Lernen gleich viel mehr Spaß. In der Mittagspause ging ich mit Freunden in die Stadt, um dort zu Mittag zu essen. Und als die letzte Unterrichtsstunde begann, fragte ich mich, wo die Zeit geblieben war. Am Nachmittag versuchte ich zu lernen, doch meine Gedanken kreisten immer wieder darum, wie ich dem Arzt erklären sollte, dass die Packung Tolperison bereits fast leer war. Nach einigem hin und her, stand mein Entschluss fest, bei der Wahrheit zu bleiben. Doch ich machte mir Sorgen, dass der Arzt nicht begeistert von meiner selbst festgelegten Dosierung sein würde. In meinem Kopf spielten sich mehrere Szenarien ab, wie die Sprechstunde verlaufen würde. Das Lernen wurde schwierig, immer wieder musste ich einen Abschnitt nochmals lesen, weil ich erneut mit meinen Gedanken in die rheumatologische Praxis geglitten war. Nachdem das mehrere Mal passiert war, legte ich das Buch beiseite und dachte in Ruhe nach. Er würde mir schon nicht den Kopf abreißen. Das Schlimmste, was passieren konnte, war eine Standpauke und ein Weigern des Arztes, das Rezept auszustellen. Ich legte mir einige Argumente zurecht und schloss den Gedankenkreis. Und jetzt konzentrier' dich auf das Kapitel, feuerte ich mich gedanklich an. Als es Zeit war, zu gehen, hatte ich das Kapitel immerhin zu dreiviertel durchgearbeitet. Eine Stunde später, nach Anmeldung und Aufenthalt im Wartezimmer saß ich im Sprechzimmer, vor mir der Arzt. „Ich brauche ein neues Rezept über Tolperison." antwortete ich auf seine Frage nach meinem Besuchsgrund. „Er schlug meine Akte auf, las kurz und sagte dann: „Die habe ich ihnen doch erst vor zwei Wochen verordnet. Ist die Packung schon leer?" Ich erklärte ihm, dass ich die Dosierung erhöht hatte und dass es mir besser half, als seine Dosierung. Ich erzählte ihm von den starken Schmerzen der letzten Zeit, um eine Rechtfertigung zu haben. Er hörte mir aufmerksam zu und runzelte dann die Stirn. „Ich kann sie verstehen, aber ich kann ihnen diese Dosierung nicht aufschreiben. Da bekomme ich Probleme mit ihrer Krankenkasse. Die Tabletten sind teuer, eine kostet etwa fünfzig Cent." „Aber wenn es doch hilft." sagte ich verwirrt. „Ich kann da leider nichts machen. Aber wenn die Schmerzen so schlimm sind, dann empfehle ich ihnen einen dieser Kurse. Die sind hier im Haus." sagte er und reichte mir ein Kursprogramm auf einem Flyer. „Kann man das verordnen lassen?" fragte ich, als ich die Preise sah. „Nein, das müssten sie schon selbst zahlen, aber einige meiner Patienten haben daran teilgenommen und haben mir eine positive Rückmeldung gegeben und eine Verringerung der Schmerzen bestätigt." antwortete er. „Ich schreibe ihnen die Tolperison nochmal auf, aber bitte die Dosierung nicht erhöhen, denn wenn die Tabletten vor dem nächsten Monat leer sind, dann kann ich ihnen keine weiteren aufschreiben." „Ist gut. Das mit dem Kurs überlege ich mir." sagte ich etwas geknickt. Wir verabschiedeten uns und ich verließ die Praxis. Im Wohnheim schaute ich mir den Flyer genauer an: Sechs Stunden, jeweils abends eine, sollten 90€ kosten, speziell für Fibromyalgie-Patienten. Das war eine Menge Geld. Andererseits waren es sechs Stunden. Und vielleicht konnte es ja helfen. Der nächste Kurs sollte in drei Wochen starten. Ich legte den Flyer beiseite. Das musste ich mir erst in Ruhe überlegen.

7 - Hürdenläufe

Auf dem Weg nach Hause überlegte ich mir, womit mich Manuel wohl überraschen wollte. Am Samstagmorgen um 8:00 Uhr sollte ich abholbereit sein, mehr hatte er nicht gesagt. Bis dahin hatte ich noch etwas Zeit für mich. Es war erst Freitagnachmittag und ich war alleine Zuhause. Mein Vater, mein jüngerer Bruder und auch meine Schwester waren nicht da, sie waren bei Freunden oder aber zur Arbeit. Das Haus gehörte mir und ich wollte auf keinen Fall alleine Zuhause herumsitzen. Nach einer ausgiebigen Dusche bei lauter Musik griff ich zum Telefon. Ich rief meinen besten Freund an, meldete mich zurück in der „Heimat" und verabredete mich für den Abend mit ihm und einigen seiner Freunde zum Billardspielen. Meine Stimmung war gut. Ich gönnte mir noch etwas Zeit vor dem Fernseher und machte mich, als es Zeit wurde, fertig zum Ausgehen. Der Abend war schön, wir hatten uns viel zu berichten und erst als lange nach Mitternacht die Musik aus- und die Deckenbeleuchtung eingeschaltet wurden, verließen wir das Billardcafé. Hundemüde fiel ich Zuhause ins Bett. Schnell nahm ich noch die Tablette ein und dann war ich auch schon eingeschlafen. Durch ein Klopfen an meinem Zimmerfenster wurde ich wach. Ein kurzer Blick auf die Uhr genügte, um zu wissen, wer da klopfte. Es war 8:00 Uhr und Manuel stand draußen. Ich hatte vergessen den Wecker zu stellen. Ich sprintete im Schlafanzug zur Haustür und öffnete sie mit einem „Entschuldigung! Hab' verschlafen.". Er schaute mich enttäuscht an. „Komm' rein, ich springe schnell unter die Dusche und dann kann es losgehen." sagte ich und verschwand im Bad. Ich hörte noch ein „O.K., ich warte in deinem Zimmer.", als ich das Wasser aufdrehte. Nur langsam kam ich zur Ruhe. Als ich das Badezimmer verließ, machten sich die ersten Schmerzen bemerkbar. Ihr habt mir noch gefehlt, dachte ich und stand auch schon in meinem Zimmer. „Es tut mir leid." entschuldigte ich mein Verschlafen erneut. „Ich war gestern Abend so müde, dass ich vergessen habe, den Wecker zu stellen. Bin erst spät ins Bett gegangen." Warum ich so spät zu Bett gegangen war, wollte ich ihm lieber nicht erzählen. Wenn ich ihm von dem Treffen mit meinem besten Freund und seinen Freunden erzählt hätte, wäre er sicher nicht erfreut gewesen. Mein Partner mochte meinen besten Freund nicht sonderlich gerne. Und die Tatsache, dass mich das nicht weiter störte, machte es nicht besser. „Was soll ich denn anziehen? Also, wo geht es denn hin?" versuchte ich vom Thema abzulenken. „Zieh dir einfach etwas Bequemes an. Mehr verrate ich nicht." sagte er mit einem gelangweilten Unterton. Nach einer viertel Stunde war ich, durch Hektik getrieben, abfahrtbereit. Wir verließen das Haus und fuhren los. Als wir einige Minuten unterwegs waren, fiel mir ein, dass ich keine Tabletten eingenommen und auch keine eingepackt hatte. Und getrunken hatte ich auch noch nichts und die Mundtrockenheit zeigte sich jetzt schon von ihrer unangenehmsten Seite. Ich suchte in allen Taschen, die meine Kleidung zu bieten hatte, nach einem Bonbon. „Suchst du was?" fragte Manuel, dem nicht entgangen war, was ich tat. „Ich habe keine Bonbons dabei und ich habe noch nichts getrunken." erklärte ich. „Ich habe auch keine dabei. Brauchst du sie denn dringend?" fragte er. Nein, ich suche hier nur zum Spaß wie irre meine Taschen ab, dachte ich bei mir. „Nein, ist nicht so wichtig. Hast Du denn etwas zu trinken im Auto?" erwiderte ich. „Ich glaube im Handschuhfach ist noch eine Dose Cola. Schau mal nach." und wies darauf. Gott sei Dank, ist zwar kein super Frühstück, aber wer braucht das schon, ging es mir durch den Kopf. Ich öffnete das Fach und sah gähnende Leere. Da war keine Dose. „Hmm. Da ist keine. Könntest du vielleicht an der nächsten Tankstelle anhalten?" fragte ich. Wir waren bereits auf der Autobahn. „Klar. Das dauert aber noch ein bisschen. Geht das solange?" fragte er. „Ja, kein Problem." antwortete ich. Gedanklich war ich schon abgedriftet. So ein verdammter Mist. Jetzt klebt mir die Zunge am Gaumen und das wer weiß wie lange. Und ohne Tabletten wird der Tag ohnehin schon anstrengend genug. Wie kann man nur so dumm sein? Ich war sauer auf mich selbst und gute Laune stellte sich gar nicht erst ein. Doch ich wollte mir nichts anmerken lassen. Manuels Laune war wieder besser und schließlich hatte er eine Überraschung für mich geplant und die wollte ich ihm nicht vermiesen. Nach etwa einer Stunde hielten wir an einer Raststätte. Ich kaufte Bonbons und Wasser und stieg wieder ins Auto. Die Flasche Wasser setzte ich erst wieder ab, als sie fast halb leer war. „Dankeschön! Du bist mein Retter." sagte ich und drückte Manuel einen Kuss auf die Lippen. Wir fuhren weiter und als wir die Autobahn nach einer weiteren Stunde Fahrt verließen, wusste ich auch schon um die Überraschung. Ein Freizeitpark befand sich ganz in der Nähe. Dort war ich schon seit zirka zehn Jahren nicht mehr gewesen. Ich freute mich riesig und platzte hervor: „Ist das die Überraschung? Gehen wir da rein?" „Wenn du keine Lust hast, können wir auch wieder nach Hause fahren." antwortete Manuel ironisch und grinste bis über beide Ohren. „Gefällt dir die Überraschung?" hakte er nach. Ich musste auch grinsen: „Ja, das war eine super Idee. Du bist echt der Beste." Es waren noch ein paar Kilometer, bis wir am Ziel ankommen würden. Unruhig rutschte ich auf dem Sitz herum. Innerlich herrschten Aufregung und Vorfreude. Vergessen war der hektische Morgen und die liegengelassenen Bonbons und Tabletten.

Nach kurzem Anstehen an der Eintrittskasse waren wir im Park. „Was sollen wir denn als erstes machen?" fragte Manuel. Mein Magen knurrte und protestierte gegen die Leere und das weggelassene Frühstück: „Was hältst du von Frühstück?" „Ja, aber wenn ich auf die Uhr schaue, nennt sich das wohl eher schon Mittagessen." bekam ich eine lächelnde Antwort. Wir suchten uns einen Imbiss und „frühstückten". Danach gingen wir von einer Attraktion zur nächsten. Liefen hin und her. Nach einiger Zeit meldete sich meine Schulter mit stechenden Schmerzen. Das Festhalten in der Achterbahn hatte ihr wohl nicht gefallen. Eine Weile später begannen meine Füße zu schmerzen und ich fühlte mich erschöpft. Die Vorstellung von einem Sofa erschien mir sehr verlockend. „Können wir eine Pause einlegen? Ein bisschen hinsetzen, vielleicht was trinken?" fragte ich. „Ja, eine Pause wäre gut. Lass uns dort drüben in den Biergarten gehen. Einen Snack könnte ich auch vertragen." Mit einem erleichterten Stöhnen nahm ich auf einem der Stühle Platz. „Geht es dir nicht gut?" hörte ich Manuel fragen. „Doch, doch. Alles in Ordnung. Meine Füße brennen nur ein wenig." gab ich zur Antwort. Hatte er etwas gemerkt? Da hatte ich mal einen Augenblick nicht aufgepasst und das Schauspielen vergessen. Reiß dich zusammen, verpasste ich mir selbst gedanklich einen Anpfiff. Ich wollte ihm den Tag nicht vermiesen. Fast eine Stunde hatten wir nun schon in dem Biergarten gesessen, gegessen, getrunken, geraucht. Und ich fühlte mich nur unwesentlich besser, als vorher. Aber der Eintritt war, wenn auch spendiert, einfach zu teuer, um den halben Tag in einem Biergarten zu verbringen. „Sollen wir nochmal los?" fragte Manuel. Ich nickte. Das Aufstehen fühlte sich nicht gut an. Die Schmerzen in der Schulter hatten sich in den Arm verteilt und nach einigen Schritten schmerzten meine Füße ebenso, wie eine Stunde zuvor. Ich biss die Zähne zusammen und nahm Manuels Hand. Nach einer weiteren Stunde, die sich wie vier angefühlt hatte, konnte ich nicht mehr. Am liebsten hätte ich mich an Ort und Stelle auf den Boden gesetzt, ohne einen weiteren Schritt zu gehen. Stattdessen schlug ich Manuel vor, in eine der Vorstellungen zu gehen, wo Magier und Artisten auf der Bühne das Publikum unterhielten. Zu meinem Glück war er damit einverstanden. Wir setzten uns und dennoch wollten meine Füße weiterhin wehtun. Und mein Arm tat es ihnen gleich. Die Vorstellung war wunderschön und einige Momente lang hatte ich die Schmerzen vergessen. Waren sie während der Vorstellung nur gedämpft zu spüren, so änderte sich das schlagartig, als die Vorstellung zu Ende war und ich aufstand. Sie ließen mich in eine nervöse, gereizte Stimmung verfallen. Ich hatte keine Lust mehr. Egal auf was. Ich wollte nur noch nach Hause. Hätte ich doch nur meine Tabletten nicht vergessen. Doch darüber nachzudenken, war zwecklos. Sie lagen auf meinem Nachttisch und von dort würden sie sich auch nicht von Zauberhand hierher bewegen lassen. Manuel hingegen war noch nicht in Aufbruchsstimmung, das konnte ich ihm ansehen. „Können wir uns vielleicht irgendwo hinsetzen und ein bisschen herumlungern?" fragte ich vorsichtig. „Aber wir haben doch die ganze Zeit gesessen. Ich will noch zu der großen Achterbahn. Und nach sitzen ist mir gerade gar nicht." sagte er. Achterbahn?

Wenn ich nur daran dachte, dass es an allen Ecken rüttelte und ich mich festhalten musste, wurden die Schmerzen schon schlimmer. „Darauf habe ich keine Lust. Aber du kannst ja ruhig noch etwas umherlaufen, ich setze mich da drüben in das Café. Und wenn du fertig bist, dann komm einfach zu mir." entgegnete ich. Es machte mir wirklich nichts aus, eine Zeitlang alleine zu sein, während er Spaß hatte. Er musste sich ja nicht meinetwegen langweilen. „Das ist doch auch doof. Ich will ja mit dir Zeit verbringen und nicht alleine durch den Park laufen." sagte er. „Mir ist aber nicht mehr nach herumlaufen. Und auf die Achterbahn will ich auch nicht. Geh doch ruhig. Mich klaut schon keiner." versuchte ich die Situation aufzulockern. Er wurde mürrisch: „Ach, mach halt was du willst. Ich gehe aber weiter. Bis später." Er drehte sich um und ging. „Ich warte in dem Café auf dich!" rief ich ihm nach. Das hatte ja wieder wunderbar geklappt. Er war nun schlecht gelaunt und das nur meinetwegen. Und das wiederum steigerte meine Laune auch nicht. Ich suchte mir einen Platz, von wo aus ich in seine Richtung blicken konnte und versuchte es mir bequem zu machen. Dazu bestellte ich einen Kaffee und beobachtete die Umgebung. Vielleicht könnte ich ihm ja, wenn er zurückkam, erklären, wie es mir geht. Vielleicht würde er es dann besser verstehen. Andererseits wollte ich nicht schon wieder gesagt bekommen, dass sich alles immer nur um mich und meine Schmerzen drehen würde. Und zu erklären, dass ich die Tabletten vergessen hatte, würde auch nicht weiterhelfen. Denn dann wären wir bei der unangenehmen Situation vom Morgen angelangt und das wollte ich auch nicht. Ein bisschen Hoffnung bestand auch darin, dass wenn er zurück war, er bessere Laune hätte oder aber vielleicht sogar selbst fahren wollte, weil er auch langsam müde war. Der Kaffee half etwas. Ich fühlte mich immerhin nicht mehr ganz so schlapp und bestellte gleich noch einen. Aber die Schmerzen gingen nicht. Sie hatten sich festgebissen und pochten heftig vor sich hin. Und sie begannen sich auszubreiten. Inzwischen schmerzte die Schulter wieder und mein Nacken begann auch weh zu tun. Nach einer halben Stunde wurde mir klar, dass Manuel noch weiter ging, als bloß zur Achterbahn. Sonst wäre er schon wieder da gewesen. Daraus schloss ich, dass er sauer auf mich war. Und mir begann es leid zu tun, dass ich etwas zu ihm gesagt hatte. Ich hätte sollen auf die Zähne beißen und mit ihm gehen. Mir schwante, dass es eine Gratwanderung werden würde, wollte ich einem Streit aus dem Weg gehen. Wir waren beide sehr eigenwillig. Ich entschied, mich zu entschuldigen, wenn er zurückkommen würde. Am Café vorbei schlenderten zwei Sanitäter. Für einen kurzen Moment dachte ich darüber nach, sie nach einer Schmerztablette zu fragen. Ich verwarf die Idee schnell wieder. Was für ein Blödsinn. Kein Sanitäter gibt einfach so ein Schmerzmittel heraus. Und was willst du ihnen denn sagen? Entschuldigung, sie haben nicht zufällig eine Ibuprofen für mich? Ich schimpfte wieder mit mir selbst. Eine weitere halbe Stunde später kam Manuel bummelnd auf mich zu. Als er am Tisch ankam, stellte ich mich hin und entschuldigte mich dafür, dass ich keine Lust mehr hatte. „Ist in Ordnung. Lass uns einfach fahren." brummte er mir entgegen. „Magst du noch weiter? Ich kann gerne noch etwas hier sitzen. Ist kein Problem." sagte ich. „Nein, lass uns einfach fahren." sagte er. Na, dieser Plan hatte ja super funktioniert. Ich bezahlte die Rechnung und wir gingen Richtung Ausgang. Ich schwieg. Ich wusste nicht, was ich sagen sollte. Und er schwieg ebenso. Das Schweigen setzte sich auf der Heimfahrt fort und zog eine Mauer zwischen uns hoch. Idiot. Was soll ich denn machen? Ich habe mich doch entschuldigt. Soll ich auf allen Vieren um Verzeihung betteln? Nein, kommt nicht in Frage. Soll er halt sauer sein. Wenn es ihm damit besser geht. Und ich habe mich so bemüht, ihm die Überraschung nicht zu verderben. Meine Gedanken kreisten und ich wurde sauer. Er war es seinem Fahrstil nach auch immer noch. Als wir Zuhause ankamen, hatten wir noch kein Wort miteinander gewechselt. Ich öffnete die Autotür und fragte mürrisch: „Kommst du noch mit rein?" „Und dann?" fragte er ebenso mürrisch. „Keine Ahnung. Wir könnten uns aufs Bett packen und einen Film schauen." sagte ich. Er raunte ein „Von mir aus." und stieg aus dem Auto. Zielstrebig ging ich in mein Zimmer und griff erst einmal nach den Tabletten. Ich steckte sie in meine Hosentasche und sagte: „Setz' dich schon mal, ich muss erst ins Bad. Bin gleich wieder da." Er nickte kurz und ließ sich aufs Bett fallen. Im Bad nahm ich eine Schmerztablette und zwei Tolperison ein. Ich stützte mich mit den Händen am Waschbeckenrand ab und betrachtete mich im Spiegel: O.K., sei höflich und nett. Er kann nichts für die Schmerzen und immerhin hast du ihm die Laune vermiest. Also bleib ruhig. Dann ging ich zurück in mein Zimmer. „Welchen Film magst du dir denn anschauen? Worauf hast du Lust?" fragte ich und bemühte mich nett zu sein. „Ist mir egal, mach einfach einen an." bekam ich zu hören. Ich wollte noch einen Anlauf starten: „Nein, ehrlich, nach welchem Film ist dir denn?" „Es ist mir egal!" sagte er schnippisch. In diesem Moment platzte mir die Hutschnur: „Was genau ist denn dein Problem. Ich habe mich entschuldigt, was soll ich denn noch machen!? Mir ging es nicht gut im Park. Was willst du hören?" sagte ich in einem ebenso schnippischen Ton. „Ach, vergiss es einfach. Da mache ich mir die Mühe, mit dir in den Park zu fahren und dann hast du von jetzt auf gleich keine Lust mehr und willst nur noch rumsitzen. Dafür hätten wir da nicht hinfahren müssen. Das kann man auch in der Stadt machen. Oder Zuhause!" fuhr er mich an. „Ich wollte also nur rumsitzen? Wir waren ja nicht auf was weiß ich wie vielen Sachen. Und wir sind auch nicht stundenlang umher gelaufen. Und ich habe doch gesagt, du kannst gerne noch weitergehen. Wäre doch kein Problem gewesen." fauchte ich. „Ja, eine tolle Idee. Dann laufe ich alleine durch den Park. Super. Du hättest wenigstens mitgehen können, auch wenn du keine Lust mehr hattest. Und auf einen Film habe ich nun keine Lust. Ich fahre jetzt. Schönen Abend noch." er stand auf und stampfte zur Haustür. „Warte! Es war nicht so gemeint." rief ich hinterher, doch die Tür fiel im gleichen Moment ins Schloss. Dann eben nicht, dachte ich. Ich setzte mich an meinen Schreibtisch und versuchte nicht weiter über den Streit nachzudenken. Es brachte mir nichts und dennoch musste ich mir eingestehen, dass ich es wieder einmal selbst schuld war. Ich hätte ehrlich mit ihm sprechen sollen, doch mein Stolz und auch meine Scham hatten das verhindert. Es kostete mich einfach zu viel Überwindung, jemandem einzugestehen, dass es mir nicht gut ging. So verbrachte ich den Rest des Tages damit, die Schmerzen zu behandeln. Ich duschte sehr lange und sehr heiß. Und ich rieb mich mit dem übel riechenden Mittel an Schulter und Armen ein. Ich machte es mir auf meinem Bett bequem und legte einen Film ein. Der Streit, wenn ich auch nicht die ganze Zeit darüber nachdachte, dämpfte meine Stimmung weiter und ich sank in eine Mischung aus Traurigkeit, Wut und einer kleinen Portion Selbstmitleid. Nach einer Weile beschloss ich, mich zu betrinken. Es sollte schnell gehen, einfach die Kontrolle abgeben und die Gefühle betäuben. Das ging am einfachsten mit Rotwein. Wein trank ich nur selten und er zeigte seine Wirkung immer recht zügig. Im Keller hatte mein Vater einen mittelgroßen Weinvorrat. Nach einigen Minuten des Suchens hatte ich die Ecke mit dem

Rotwein entdeckt. Nur trockene Weine. Trocken mochte ich so überhaupt nicht. Aber ich wusste mir zu helfen. Weinliebhaber würden mich ausschimpfen, aber ich mischte den Wein mit etwas Cola. So ließ er sich besser runterspülen. Es ging mir ja schließlich nicht um Genuss. Ich hatte ein anderes Ziel. Eine Stunde und eine leere Weinflasche später war ich sturzbetrunken. Die Wut war der Traurigkeit und dem Selbstmitleid gewichen. Der Film war zu Ende und ich war entschlossen, es bei einer Flasche nicht zu belassen. Ich spürte noch zu viel. Die Schmerzen waren nicht besser geworden. Auf dem Weg zum Keller fing ich laut an, mit ihnen zu schimpfen: Ihr geht mir auf die Nerven. Sucht euch einen anderen Deppen. Geht zum Teufel und bleibt da. Und bestellt schöne Grüße. Die Kraftausdrücke, die ich daraufhin vor mich herrief möchte ich an dieser Stelle nicht erwähnen. Denken Sie sich diese einfach. Wieder in meinem Zimmer wurde mir klar, was ich soeben getan hatte. Gut, dass niemand sonst im Haus war, man würde sich noch fragen, ob ich noch alle Tassen im Schrank hätte. Meine Gedanken stockten kurz. Wurde ich verrückt? War ich auf dem besten Wege, meine Tassen aus dem Schrank zu verlieren? Ich erklärte mich für diesen Moment durch den Einfluss von Alkohol für unzurechnungsfähig. Ich lachte mich aus. Und im nächsten Augenblick standen mir Tränen in den Augen. Wohin sollte das noch führen? Ich setzte mich mit der zweiten Flasche Wein an den Schreibtisch und kritzelte meine Gedanken nieder.

Teilweise konnte ich meine Schrift selbst nicht lesen. Aber das war auch nicht wichtig. Ich wollte meinen Kopf nur leer bekommen. Und dann dachte ich wieder über den Streit mit Manuel nach. Nun tat es mir leid, was ich getan und gesagt hatte. Je mehr meine Gedanken in Traurigkeit versanken, desto stärker wurden die Schmerzen. Mir war bewusst, dass man Medikamente nicht mit Alkohol einnehmen sollte, doch in diesem Augenblick war es mir einfach egal. Gleichgültig. Ich nahm eine weitere Schmerztablette. Mehr kaputt machen, als du schon bist, kannst du dich ja nicht, dachte ich bei mir. Aufgewühlt und zerknirscht legte ich mich nach dem Leeren der Flasche, auf mein Bett. Ich starrte an die Decke und weinte, weinte mich in den Schlaf.

Am Morgen brauchte ich einen Moment, um mich zu orientieren. Als mein Blick auf die leeren Weinflaschen fiel, begann ich zu begreifen, dass es kein schlechter Traum gewesen war. Ich rappelte mich auf und versuchte einen klaren Gedanken zu fassen. Mein Kopf dröhnte. Das war ich wohl selbst schuld. Schmerzen in Schultern und Armen sorgten für weiteres Unbehagen. Ich schlurfte in die Küche und stellte erst einmal die Kaffeemaschine an. Zum Frühstück gab es eine Kopfschmerztablette und eine Schmerztablette. Dann ging ich duschen. Ich lehnte mich gegen die Wand und ließ die heißen Wassertropfen über mich perlen. Als aus dem Duschkopf nur noch kaltes Wasser kam, verließ ich die Dusche.

Ich nahm die Kaffeekanne mit in mein Zimmer. Die Gedanken des Vorabends drängte ich beiseite und rang um Disziplin, damit ich lernen konnte. Als ich am Nachmittag ein Kapitel durchgearbeitet hatte, packte ich meine Tasche und machte mich auf den Weg zum Wohnheim. Vielleicht waren einige der Anderen schon dort und man konnte gemeinsam noch etwas unternehmen.

In meinem Wohnheimzimmer lag noch der Flyer über die Entspannungskurse auf dem Tisch. Er fiel mir direkt in die Augen. Die Gedanken an den Abend zuvor überredeten mich dazu, mich gleich am nächsten Tag anzumelden. Ich hatte nichts zu verlieren, außer dem Geld vielleicht, doch einen Versuch war es wert. Den Abend verbrachte ich mit den Freundinnen. Wir tauschten uns über das Lernen aus und ich musste feststellen, dass sie alle bereits mehr gelernt hatten, als ich. Das würde ich niemals aufholen können. Und die Prüfung war bereits in einer Woche. Früh verabschiedete ich mich von ihnen und lernte, bis mir die Augen vor Müdigkeit immer wieder zu fielen. Ich ging zu Bett und fasste den Plan, in der kommenden Woche den Lernrückstand aufzuholen, was auch immer es mich kosten würde. Am nächsten Tag verschwand ich direkt nach der Schule in meinem Zimmer und verließ es nur noch, um zur Toilette zu gehen. Ich dosierte die Schmerztabletten bis zur Maximaldosis und saß pausenlos über den Unterlagen und Büchern. Ich setzte mir Lerngrenzen, bevor ich mir eine Pause erlaubte. Und nur zum Essen machte ich eine längere Pause. Wenn eine meiner Freundinnen ins Zimmer kam, vertröstete ich sie nach einer gemeinsamen Zigarette, um wieder zu lernen. Um 23:00 Uhr erlaubte ich mir dann, mich schlafen zu legen. Auch am Dienstag und Mittwoch verlief der Tag nicht anders. Am Donnerstagmorgen wachte ich mit starken Schmerzen in aller Frühe auf. Ich konnte mich kaum rühren und jede Bewegung war schmerzhaft. Ich nahm eine Schmerztablette und wartete eine Stunde lang auf deren Wirkung. Nichts. Es tat sich nichts. Die Schmerzen blieben und zusammengekauert saß ich auf dem Sessel und überlegte, was ich tun sollte. Auch eine heiße Dusche hatte keine positive Auswirkung, sondern machte die Schmerzen durch die Muskelzuckungen nur noch unerträglicher. Als es an der Tür klopfte und Tanja mich abholen wollte, um gemeinsam zur Schule zu laufen, teilte ich ihr mit, dass es mir nicht gut ginge und ich mich krank melden würde. Kurz darauf rief ich im Sekretariat der Schule an und tat dies. Es dauerte noch eine Stunde, bis die Praxis des Rheumatologen öffnen würde. Es war eine lange Stunde. Ich versuchte eine Sitzposition zu finden, in der die Schmerzen sich aushalten ließen und griff zu den Lernunterlagen. Ich wollte die Zeit nutzen und nicht noch weiter hinter den anderen zurückfallen. Doch die Schmerzen machten es mir unmöglich, mich zu konzentrieren. Es machte mich wütend, dass ich einfach nicht die Kontrolle über meinen Körper hatte.

Ich stand auf und wanderte im Zimmer langsam umher. Auch das half nichts. Endlich war es möglich, die Praxis zu erreichen. Ich schilderte meine Situation und nach einer Weile, in der die Arzthelferin wohl mit dem Arzt sprach, hieß es ich solle vorbei kommen. Mühevoll schleppte ich mich den eigentlich kurzen Weg zur Praxis. Dort angekommen empfing mich die Arzthelferin mit den Worten: „Hallo. Gehen sie nach hinten durch, der Doktor sagte, sie sollen eine Infusion bekommen. Er ist dann gleich bei ihnen." Die Arzthelferin ging voran und ich schlurfte ihr hinterher. Im hinteren Teil der Praxis waren zwei, durch Vorhänge abgetrennte, Kabinen, in denen jeweils ein Stuhl und eine Liege standen. „Nehmen sie schon mal Platz, ich sage dem Doktor Bescheid, dass sie da sind." sagte sie auf den Stuhl deutend und verschwand um die Ecke. Keine fünf Minuten später stand der Arzt vor mir. Ich erklärte ihm, wie ich mich fühlte und dass die bereits vor fast vier Stunden eingenommene Schmerztablette keinerlei Wirkung gezeigt hatte. „Ich lege ihnen dann mal einen Zugang und sie bekommen eine Infusion mit Schmerzmitteln. Die werden helfen. Es kann sein, dass sie davon müde und etwas schwindelig werden, aber helfen sollte sie." Er ging und kam kurz darauf mit einer kleinen Infusionsflasche und dem dazugehörigen Infusionsbesteck wieder. Wenig später saß ich, an die Infusion angeschlossen, wieder alleine in der Kabine. Die Infusion musste langsam laufen, hatte man mir gesagt. Eine Information, derer ich mir sehr wohl bewusst war. Ich schaute den Tropfen, die aus der Flasche in die Kammer oberhalb des Schlauchs tropften, zu und war überrascht, wie lange es dauern konnte, bis die Flasche sich leerte. Plötzlich konnte ich die Patienten verstehen, die sich beschwerten, wie lange ihre Infusion denn noch laufen müsse. Die vorangekündigte Müdigkeit stellte sich rasch ein. Ich merkte, dass meine Augen schwer wurden und hätte sofort einschlafen können. Doch das wollte ich nicht. Im Wohnheim warteten doch die Unterlagen darauf, gelernt zu werden. So versuchte ich wach zu bleiben, indem ich die Tropfen zählte. Schnell wurde das langweilig. Dann schaute ich auf die Uhr und zählte, wie viele Tropfen in einer Minute fielen. Ich bemühte mich nachzurechnen, wie lange es noch dauern konnte, bis die Infusionsflasche vollständig geleert war. Vergeblich. Ich konnte mich nicht richtig konzentrieren. Außerdem war ich in Mathematik nie eine gute Schülerin gewesen, nicht seit ich die Grundschule verlassen hatte. Ich gab auf. In der Praxis war es recht ruhig und in mir wurde es sonderbar still. Gedanklich tastete ich mich zu den Schmerzen vor, von ihren Ausläufern bis hin zu ihrem Hauptsitz, dort wo es am schmerzhaftesten war. Ich konnte sie spüren und doch war es, als hinge ein Schleier zwischen ihnen und mir. Als würden sie aus weiter Ferne leise rufen. Ich bewegte mich kurz und stellte fest, dass ihr Rufen doch näher war, als es zuvor erschien. Aber irgendetwas war anders, als zu dem Zeitpunkt, in dem ich die Praxis betreten hatte. Ich konnte es nur nicht erklären. Irgendetwas war schlicht und ergreifend anders. Gedankenleer saß ich nun dort und schaute dem Tropfen aus der Flasche zu. Bis die Flasche leer war. Mein Blick wanderte automatisiert in der Kabine umher. Mir fiel auf, wie hässlich sie eigentlich war. Die senfgelben Vorhänge, die Liege an die Wand geschmiegt und der Stuhl, auf dem ich saß, hatte sicher schon bessere Tage gesehen. Der Linoleumboden bestand aus einer Mischung aus grau und hellbraun und war sicherlich nicht mehr der neueste. Ohne die Liege und den Infusionsständer, würde diese Kabine sicher eine gute Besenkammer abgeben, kam es mir in den Sinn. Ich musste schmunzeln. Das „Ach, die Infusion ist ja schon durch." der Arzthelferin holte mich aus meinem Besenkammerschmunzeln. Sie entfernte die Nadel aus meinem Arm und klebte mir ein Pflaster auf die Einstichstelle. „Noch ein bisschen drücken." sagte sie erklärend dazu. Ich sagte nichts. „Geht es ihnen denn jetzt besser? Sind die Schmerzen weg?" fragte sie mich mit einem besorgt wirkenden Blick. „Ich glaube schon." gab ich zur Antwort. „Dann gehen sie jetzt mal nach Hause und ruhen sich aus. Hier ist ihre Krankmeldung." erläuterte sie während sie mir das gelbe Blatt reichte. „Danke." brachte ich heraus und stand auf. Hui, das war aber wackelig, dachte ich. Mir war ein wenig schwindelig und ich musste mich auf den Boden konzentrieren, damit ich vorangehen konnte. Langsam aber stetig bewegte ich mich Richtung Ausgang. An der Rezeption warf ich der Arzthelferin ein

„Tschüss." entgegen und verschwand durch die Tür. Im Aufzug musste ich mich festhalten, derart schwindelig war mir. Die Strecke zum Wohnheim bewältigte ich in einem Schneckentempo. Als ich nach einer Weile in meiner Zimmertür stand, betrachtete ich den Raum rundherum, bevor ich den ersten Schritt über die Schwelle tat. Das Schwindelgefühl war vergangen, doch meine Knie fühlten sich gummiartig an. So musste man sich fühlen, wenn man wie auf Wolken wandert, kam mir der Gedanke. Mein Blick fiel auf die Lernunterlagen. Ich griff wie in Zeitlupe danach und setzte mich auf die Bettkante. Schon nach den ersten gelesenen Zeilen schwenkte mein Blick auf den Boden. Und ihm galt plötzlich meine volle Aufmerksamkeit, denn der bewegte sich in kleinen Wellen, wie ein menschenleeres Schwimmbecken. Es war ein seltsamer Moment. Ich wusste, dass ich klaren Verstandes war und dass ich klar denken konnte. Und dennoch lag ein schwebendes Gefühl in mir. Eine Leichtigkeit, eine beruhigende Stille. Mir wurde bewusst, dass ich halluzinierte und mir wurde klar, welches Schmerzmittel sich in der Infusion befunden haben musste: Tramadol. Das kannte ich aus dem Stationseinsatz und ich hatte schon mehrere Male beobachtet, wie Patienten, die dieses Mittel bekommen hatten, eine leichte Verwirrtheit aufgewiesen hatten. Na gut, dann stehe ich eben etwas neben mir, sprach ich mit mir selbst. Das geht vorbei und da es ja hilft, wenn auch auf etwas seltsame Weise, soll mir diese Nebenwirkung recht sein. Ich ließ meinen Blick wieder in die Realität wandern und machte es mir auf dem Bett so bequem, als möglich. Die Unterlagen legte ich auf meine Beine und begann zu lesen. Die Schmerzen waren inzwischen derart gedämpft, dass ich sie kaum spürte. Ein befreiendes Gefühl.

Durch ein lautes Klopfen an der Zimmertür schreckte ich hoch. Ich säuselte ein „Herein." und schaute mich erst einmal um. Auf meinen Beinen lagen die Lernunterlagen und ich saß gegen die Wand gelehnt. Ich musste eingeschlafen sein. Hannah stand in der Tür: „Hey, alles in Ordnung bei dir?" sagte sie und schloss die Tür. „Ähm,…ja. Ich bin wohl eingeschlafen." stammelte ich schlaftrunken. Sie setzte sich zu mir und schaute mich fragend an. Ich rutschte an die Bettkante und trank erst etwas. „Ich war beim Arzt und habe eine Infusion mit Tramadol bekommen. Und dann wollte ich lernen und bin scheinbar eingeschlafen." versuchte ich mich zu erklären. „O.K.!? Frau Keller hat gefragt, was du hast. Ich habe gesagt, dass ich es nicht weiß - stimmt ja auch. Was ist denn eigentlich gewesen?" fragte sie. „Ich hatte heute Morgen höllische Schmerzen, konnte mich kaum rühren. Aber im Moment geht's. Dieses Zeug wirkt recht gut. Aber ich kann ihr das Morgen selbst sagen. Ich komme Morgen wieder. Bin nur für heute krankgeschrieben." Ich steckte mir eine Zigarette an und erzählte ihr von dem sich bewegenden Boden am Vormittag. Wir plauderten eine Weile und als sie ging, wandte ich mich wieder den Unterlagen zu. Ich hatte einige Stunden Zeit verloren, die es nachzuholen galt.

Am nächsten Morgen wachte ich mit weniger starken Schmerzen auf, als am Vortag. Auch das Benommenheitsgefühl war weg. Ich nahm meine Medikamente ein und machte mich für die Schule fertig. Als mir im Korridor der Schule Frau Keller begegnete, sprach sie mich an. Sie fragte nach, ob es mir wieder besser ginge und was ich gehabt hatte. Eine passende Antwort hatte ich mir bereits am vorangegangenen Abend überlegt. Migräne war dieses Mal meine Erklärung. „Schön, dass es ihnen wieder besser geht." verabschiedete sie sich. Wieder war mir eine Lüge leichter über die Lippen gekommen, als die Wahrheit. Doch was sein musste, musste sein. Der Schultag ging vorüber und wieder im Wohnheim, machte ich mich gleich ans Lernen. Am Wochenende würde ich nicht nach Hause fahren, sondern im Wohnheim bleiben und lernen, so mein Vorsatz. Von Manuel hatte ich noch nichts gehört. Und die Schule ging nun vor. Am Nachmittag rang ich mich zu einer SMS an ihn durch. Ich fragte, wie es ihm ginge und ob er Lust hätte, mich am Wochenende zu sehen. Einen Abend ohne das Lernen konnte ich mir erlauben. Stundenlang wartete ich auf eine Antwort. Erst spät in der Nacht, kam sie. Er wolle Zeit für sich und er habe keine Lust, mich zu treffen. Ich wisse ja, wie es sei keine Lust auf etwas zu haben. Er war also noch böse mit mir. Mit einem „Du Arsch." legte ich das Handy beiseite und lernte weiter.

Es war Dienstagmorgen. Prüfungstag. Schon beim ersten Klingeln des Weckers spürte ich die Schmerzen in all meinen Ecken und Enden toben. Ich schälte mich aus dem Bett und griff sofort nach den Schmerztabletten. Ausgerechnet heute musste es mit den Schmerzen wieder so heftig sein. Ich stand auf und machte mir Kaffee. Während der Kaffee zu laufen begann, zog ich mich an und überflog noch einmal die letzten Seiten der Unterlagen, die ich am Abend durchgelesen hatte. Mit einer Tasse Kaffee und einer Zigarette gönnte ich mir einige Minuten Ruhe. Die Schmerzen hatten sich inzwischen auf meinen linken Arm und in beide Schulterpartien zurückgezogen und hämmerten nur noch dort. Die Lernunterlagen legte ich beiseite, denn es brachte ohnehin nichts mehr, so kurzfristig zu lernen. Was jetzt nicht in meinem Kopf ist, das wird auch nicht mehr bis zur Prüfung hineinpassen, sagte ich mir und nahm eine weitere Tasse Kaffee mit einer Zigarette zu mir. Nervosität stieg in mir auf. Die Prüfung würde anstrengend werden, das war mir bewusst. Zudem war es eine mündliche Prüfung und schon bei der ersten mündlichen Prüfung im Unterkurs war ich nervös gewesen und hatte Lampenfieber gehabt. Mündliche Prüfungen lagen mir nicht. Und so steigerte sich die Nervosität weiter, je näher der Augenblick der Prüfung rückte. In der Schule angekommen saßen wir im Aufenthaltsraum für die Schüler. Dort durfte man wenigstens rauchen, während man warten musste, bis man an der Reihe war. Es war ein wenig beruhigend, dass die meisten meiner Mitschüler ebenfalls nervös waren. Die Schmerzen waren nicht besser geworden, sie hatten sich nur nicht mehr weiter verteilt. Zitternd rauchte ich eine Zigarette nach der anderen. Dazu trank ich Kaffee aus dem Automaten. Die Anspannung war nur schwer auszuhalten. Jeder, der den Prüfungsraum verließ, wurde sofort gefragt, welches Thema er aus dem ‚Pott' gezogen hatte und was er dazu erzählt hatte. Derjenige, der die Prüfung hinter sich gebracht hatte, schickte den nächsten hinein. Es erschien mir wie eine Ewigkeit, bis endlich mein Name fiel. Anspannung und Nervosität erreichten ihren Höhepunkt. Als ich den Raum betrat, saßen an einem langen Tisch Frau Keller, Frau Mühl und einer ihrer Kollegen. Für mich stand ein kleinerer Tisch mit Stuhl ihnen direkt gegenüber. Man reichte mir einen Teller, auf dem mehrere zusammengefaltete Zettel lagen und ich durfte zwei davon ziehen. Eines der beiden hatte ich kaum gelernt. Die Schmerzen pochten unerlässlich und fast so stark, wie am Morgen. Ich vergaß meine Maskerade und so schien mein Gesichtsausdruck den Lehrern zu verraten, wie ich mich fühlte: Verzweifelt. Denn Frau Mühl sprach mich an: „Keine Sorge, sie schaffen das schon. Welche Themen haben sie denn gezogen?" Ich reichte die beiden Zettel zu ihr rüber und versuchte das Gelernte, beziehungsweise Überflogene, in meinem Kopf abzurufen. „Sie haben ein paar Minuten Zeit zum Nachdenken. Dort liegen auch einige Zettel, falls sie sich Notizen machen wollen." erklärte Frau Keller. Ich nahm einen Zettel und legte ihn vor mich. Ich schrieb die Themengebiete auf und konnte immerhin zu dem Gelernten Thema einige Stichpunkte notieren. Zu dem Überflogenen fand ich keinerlei Ablagen in meinem Kopf. „Sind sie soweit?" fragte Frau Keller. Ich schaute auf und nickte. Lieber hätte ich „Nein." gesagt. „Dann fangen sie mal an. Welches Thema sie zuerst behandeln wollen, bleibt ihnen überlassen." Ich schluckte, lehnte mich im Stuhl etwas nach vorne und setzte mich auf meine Hände. Vielleicht ließen sich die Schmerzen so etwas in den Hintergrund drängen. Es erschien mir sinnig, mit dem Gelernten Thema zu beginnen. Hastig erzählte ich das Wenige, was mir einfiel und musste nach kurzer Zeit aufhören. Mehr fiel mir nicht ein. Frau Keller stellte mir einige Fragen, auf die ich zwar antwortete, doch ihrem Gesichtsausdruck nach war sie mit den Antworten nicht sehr zufrieden. Das Thema wurde beendet und man bat mich, zu dem anderen Thema zu referieren. Ich dachte kurz nach und bat dann darum, dass man mir Fragen zu dem Thema stellte, da mir zu diesem Themenpunkt nichts einfallen wolle. Mir war klar, dass sich schon allein diese Aussage nicht gut auf die Benotung auswirken würde, doch was sollte ich machen. Stillschweigen würde eine noch schlechtere Note bedeuten. Die eine oder andere Frage konnte ich einigermaßen beantworten, doch zu den meisten musste ich eingestehen, dass ich keine Antwort parat hatte. Immer mehr wurde mir bewusst, dass die Benotung miserabel ausfallen würde. Als die Prüfung vorüber war und man mich mit dem Namen einer Mitschülerin aus dem Prüfungsraum entließ, war die Verzweiflung mit Angst gemischt. Ich hatte Angst, man würde mir empfehlen, die Ausbildung zu beenden. Die Prüfung würde zwar keine direkte Konsequenz nach sich ziehen, sondern diente nur der Überprüfung des Wissensstandes und zur Vorbereitung auf die Examensprüfungen, die in einem Jahr bevorstanden, doch ich hatte Angst. Ich betrat geknickt den Pausenraum, schickte meine Mitschülerin in den Prüfungsraum und setzte mich ohne ein Wort hin. Ich steckte mir eine Zigarette an und Tränen begannen mir in die Augen zu steigen. Die anderen wollte wissen, wie es war, welche Themen ich gezogen hatte. Ich bekam kaum ein Wort hervor. „Ich hab's vergeigt. Mir ist nichts eingefallen und selbst auf die Fragen konnte ich kaum antworten." erklärte ich und weinte. Meine Freundinnen versuchten mich zu trösten und zu beruhigen. „So schlimm wird es schon nicht sein." „Das wird wieder." „Die reißen dir schon nicht den Kopf ab." Alles heiterte mich nicht im Geringsten auf. Doch nach einer kleinen Weile konnte ich aufhören zu weinen. „Alles wegen der scheiß Schmerzen!" platzte ich heraus. Johanna setzte sich neben mich und meinte: „Jetzt warte einfach mal die Note ab. Das wird schon wieder werden. Vielleicht redest du doch mal mit Frau Keller?" Ich schüttelte den Kopf und zündete mir die nächste Zigarette an. Als alle aus der Klasse zur Prüfung gewesen waren, erklärten uns die Lehrer, dass sie sich nun zur Benotung zurückzögen und in etwa einer halben Stunde zu uns kommen würden. Ich zog mir am Automaten noch einen Becher Kaffee und schlürfte zwischen dem Ziehen an der Zigarette daran. Die anderen waren in munteres Plaudern verfallen, während ich still am Tisch saß und über Johannas Aussage nachdachte. Sollte ich vielleicht doch mit Frau Keller darüber sprechen? Sollte ich ihr erklären, was in der letzten Zeit in meinem Leben wirklich los war? Ich müsste eingestehen gelogen zu haben. Und die Angst durch die Prüfung vermischte sich mit der Angst, dass man mir wegen der Fibromyalgie eine andere Ausbildung nahelegen würde. Nein, das würde ich nicht machen. Auch wenn ein Teil von mir die Hoffnung hatte, es könnte hilfreich sein. Nein, das war mir zu peinlich. Oder vielleicht doch? Ich war hin- und hergerissen. Meine Gedanken wurden unterbrochen, als die Lehrer den Raum betraten. Sie fragten nach, ob wir die Noten lieber einzeln oder in der Gruppe besprechen wollten. Wir waren eine gute Klassengemeinschaft und niemandem machte es etwas, wenn es in der Gruppe besprochen wurde. Mir schon, doch ich wollte mich nicht mit einem Sonderwunsch hinstellen. Zudem stieg die Aufregung wieder in mir hoch und mischte sich zu Verzweiflung, Angst und dem sicheren Gefühl, trotz des Lernens versagt zu haben. Die Noten wurden nacheinander verkündet und wer genauere Erklärungen wollte, bekam diese auch. Als mein Name fiel, schreckte ich hoch. Mit gesenktem Blick schaute ich Frau Keller an und hörte ihre Worte in meinem Kopf hallen: „Von ihnen bin ich enttäuscht, das war nur ein ausreichend. Sie müssen mehr lernen, das müssen sie mir versprechen." Ich nickte und vergrub meinen Kopf in den Händen. Verdammt. Soviel Mühe und das umsonst. Eine Vier. Verdammt. Ich war von mir selbst enttäuscht. Wut stieg in mir hoch. Und in meinem Hals bildete sich ein Kloß. Die Tränen unterdrückte ich. Vor den Lehrern wollte ich nicht weinen. Als die Lehrer den Raum verlassen hatten, ließ ich den Tränen freien Lauf. „So eine verdammte Scheiße. Nichts kriege ich mehr auf die Reihe." weinte ich, als Johanna ihren Arm um mich legte, um mich zu trösten. „Mach' Dich doch nicht fertig, so schlimm ist eine Vier auch nicht. Das wird wieder." sagte sie. In diesem Moment lief das mit Wut, Angst und Verzweiflung gefüllte Fass in mir über. Ich sprang auf, zerquetschte den Kaffeebecher in meiner Hand und schleuderte ihn mit einem lauten „Nichts wird wieder! Was bin ich doch für ein Arschloch!" ins Spülbecken. Die anderen schauten mich erschrocken an und Johanna tat das einzig richtige (wie ich heute weiß), deutete auf die Tür und schrie: „Dann geh' hinterher und rede mit ihr!!!" Ihre Aussage legte den Schalter in meinem Kopf um, der bisher genau das verhindert hatte. Ich trocknete die Tränen mit meinem Pullover schnell und lief in den

Flur und rief Frau Keller hinterher. Sie blieb stehen. „Kann ich mit ihnen reden?" fragte ich, während die Tränen wieder in meine Augen stiegen. „Es ist wichtig." fügte ich mit zitternder Stimme hinzu. Sie nickte, öffnete die Tür zu einem der Lager für Übungspuppen und sagte: „Die Räume sind alle besetzt, kommen sie, wir gehen einfach hier herein." Sie ging vor und machte einen vollgestellten Tisch frei, setzte sich darauf und deutete mir, mich zu ihr zu setzen. „Wo drückt denn der Schuh?" fragte sie liebevoll und strich mir beruhigend über den Rücken. Nun übermannten mich die Tränen und ich brachte keinen Ton heraus. „Ist es so schlimm?" fragte sie und ich nickte. Ich brauchte einen Moment, bis ich mich fing und etwas sagen konnte. Wo sollte ich nur anfangen? Was sollte ich nur sagen? Mein Verstand gab mir nur eine Antwort: Die Wahrheit. „Ich habe vor kurzem eine Diagnose bekommen, die mir zu schaffen macht." erklärte ich, während ich wieder zu weinen begann. „Eine schlimme Diagnose?" fragte sie und ließ mir Zeit, mich zu beruhigen. Ich nickte: „Fibromyalgie." Dann schwieg ich wieder. „Das tut mir leid. Kann ich Ihnen irgendwie helfen?" fragte sie. Ich schüttelte den Kopf und gab eine ziemlich unsinnige Antwort: „Nein, das ist nicht heilbar." Das wusste sie natürlich selbst. „Wie schlimm sind denn die Schmerzen?" Ich erzählte ihr von der Woche zuvor, entschuldigte mich für meine Lügen, erklärte, wie sehr mich die Schmerzen oft daran hinderten, mich zu konzentrieren. Und das dies der Grund war, warum die Prüfung so schlecht verlaufen war. „Jetzt machen Sie sich doch keine Gedanken um die Note. Das war eine Zwischenprüfung und es gibt doch wichtigere Dinge, um die Sie sich kümmern müssen. Wichtig ist, dass es Ihnen gut geht. Jetzt gehen Sie mal zu den anderen und mit denen nach Hause. Und wenn Sie irgendetwas brauchen, egal was es ist, dann kommen Sie zu mir. Wir finden schon eine Lösung." sagte sie, als sei dies selbstverständlich, und klopfte mir sanft auf die Schulter. Innerlich ging es mir besser. Angst, Wut und Verzweiflung waren verschwunden. Und ich war erleichtert. Wir verließen den Lagerraum und sie verabschiedete sich mit einem „Wir sehen uns morgen, ja?" Ich bestätigte das und ging zu den anderen in den Pausenraum. Ich entschuldigte mich für mein Verhalten und nachdem Johanna nachfragte, wie es war, erzählte ich ihr von dem Gespräch. Gemeinsam gingen wir ins Wohnheim und bereiteten die für den Abend geplante Party vor, denn nach einer Prüfung wurde grundsätzlich gefeiert. Meine Stimmung besserte sich mit jeder Stunde ein wenig. Die gemeinsamen Vorbereitungen lenkten mich ab und stimmten mich fröhlich. Hinzu kam, dass ich mich von einer Last befreit fühlte. Am Abend herrschte ausgelassene Stimmung und wir tranken auf die überstandene Prüfung. Und darauf tranken wir eine Menge. Erst in der Nacht löste sich die Feier langsam auf. Ich war derart betrunken, dass ich mich nicht mehr gerade halten konnte. Ich setzte mich nieder und schaute den Übriggebliebenen beim

Feiern zu. Ich lauschte ihren Gesprächen und in mir kehrte Stille ein. Es war so still in mir, dass genügend Platz für Melancholie war. Sie überschwemmte mich. Ich leerte mein Glas schluckweise und begab mich dann in mein Zimmer. Die Schlaftablette nahm ich nicht mehr ein, mit so viel Alkohol im Blut, ließ ich das besser sein. Als ich mich nach einigen Schwierigkeiten mit dem Gleichgewicht ins Bett gepackt hatte, lag ich dort und schaute gedankenleer an die Decke. Tränen stiegen in mir hoch und ich weinte. Die Last der letzten Wochen, die Angst vor dem Versagen und die Verzweiflung der morgendlichen Stunden fielen von mir ab. Ich weinte und es war befreiend.

Das Aufwachen am Morgen war nicht so schlimm, wie ich am Vorabend befürchtet hatte, doch es war auch nicht angenehm. Ich hatte nur drei Stunden geschlafen und die Schule wartete. Immerhin ging es meinen Freundinnen ebenso. Auch sie waren verkatert und fühlten sich nicht sonderlich gut. Der Anblick der Klasse musste für die Lehrer seltsam gewesen sein. Waren wir sonst ein eher unruhiger, lebhafter Haufen, so herrschte in den Stunden vor der Mittagspause eine schon fast beklemmende Stille. So fiel ich nicht einmal auf, mit den Schmerzen, die mich an diesem Tag plagten und ich konnte auf mein Schauspiel gänzlich verzichten. Die Zeit floss zäh und ein jeder war froh, als endlich die Mittagspause begann. Einige nutzten die Gelegenheit, um noch eine Mütze Schlaf zu erhaschen. Meine Freundinnen und ich verbrachten die Pause in der Kantine. Nach dem Essen setzten wir uns in den kleinen Park zwischen Krankenhaus und Schule und ließen uns von der Sonne wärmen. Auf dem Weg ins Schulgebäude kam uns Frau Keller entgegen. Sie sah mich an und sagte: „Ach, mit Ihnen wollte ich noch kurz sprechen. Haben Sie ein wenig Zeit?" Was hatte ich angestellt? Würde sie mir nun das sagen, wovor ich mich in den letzten Wochen so gefürchtet hatte? Wäre das nun das Ende der Ausbildung? In mir machte sich Nervosität und Unsicherheit breit. „Ja, ich habe Zeit." brachte ich hervor. „Kommen Sie, wir gehen dazu in mein Büro." sagte sie und deutete mir, ihr zu folgen. In meinem Kopf herrschte Gedankenwirrwarr. Und ich bekam Angst. Gedanklich sah ich mich schon auf dem Arbeitsamt sitzen und vergeblich eine Ausbildungsstelle suchen. Als wir uns in ihrem Büro hinsetzten, war mir übel, so nervös war ich. „Möchten Sie etwas trinken? Einen Tee oder Kaffee? Ich gehe Ihnen gerne etwas holen. Ich habe aber auch Wasser hier." fragte sie. Durch die plötzlich Aufregung und die schon alltägliche Mundtrockenheit klebte meine Zunge fast an meinem Gaumen fest: „Wasser ist vollkommen ausreichend." sagte ich. Dann fügte ich hinzu: „Weshalb wollten Sie denn mit mir sprechen?" Die wenigen Sekunden bis zu ihrer Antwort zerrissen mich fast. „Ich wollte fragen, ob es Ihnen heute besser geht." sagte sie schlicht. Hätte man in mich hinein hören können, man hätte ein lautes Rumpeln mehrerer Felsbrocken hören können, die mir vom Herzen fielen. „Naja, die Schmerzen sind ja jeden Tag da. Aber heute ist es nicht ganz so schlimm wie gestern." erklärte ich ganz wahrheitsgemäß. „Und haben Sie denn einen Arzt, der Sie auch gut betreut? Ich kann Ihnen helfen, einen zu finden, wenn sie möchten." fragte sie weiter. Ich war erstaunt, wie viele Gedanken sie sich gemacht haben musste. Ich erzählte ihr von dem Rheumatologen und auch von dem Forum der Fibromyalgie-Gruppe. „Ja, ich habe schon mit dem Schulleiter gesprochen. Wenn Sie einen Internetzugang benötigen, dann können Sie den der Schule kostenlos nutzen. Sagen Sie einfach Bescheid, dann schließe ich oder eine der Kollegen ihnen den Raum auf." erzählte sie. „Sie haben darüber mit dem Schulleiter gesprochen?" platzte es aus mir heraus. Das war mir nicht recht. Es mussten nicht alle davon erfahren, dass ich krank war. Und schon gar nicht der Schulleiter. „Ja, das musste ich. Wenn einer unserer Schüler krank ist, dann muss auch der Schulleiter dies wissen. Und falls wir einen ihrer geplanten Einsätze abändern müssten, dann muss er darüber ja auch Bescheid wissen." Meine Einsätze ändern? Das verstand ich nicht. Und das sagte ich ihr auch gleich. „Nun, angenommen, Sie haben einen Stationseinsatz, den Sie wegen der Schmerzen kaum bewältigen können, dann besteht ja die Möglichkeit, dass wir Sie auf einer anderen Station einsetzen, auf der die Arbeit nicht so anstrengend ist. Wir müssen ja darauf achten, dass Sie ihre geforderten Stunden erfüllen, damit Sie zum Examen auch zugelassen werden." Ich war zunächst sprachlos. Und gerührt. All die Ängste waren vergebens gewesen. Man hatte nicht vor, mir eine andere Ausbildung nahe zu legen. Man wollte, dass ich mein Examen machen kann. „Das geht? Und ich hatte solche Angst, Sie würden mich von der Schule werfen." sagte ich. Nun war sie einen Augenblick sprachlos, wirkte fast etwas enttäuscht darüber, dass ich so etwas gedacht hatte. „Nein, warum sollten wir das tun. Sie leisten gute Arbeit und die Rückmeldungen von den Stationen waren doch alle positiv. Nur müssen Sie an ihrem theoretischen Wissen dringend arbeiten. Die gestrige Prüfung hat das ganz deutlich gezeigt. Versprechen Sie mir, dass sie daran arbeiten werden und in der nächsten Zeit die Noten besser werden." Ich war beschämt. Ich hatte Frau Keller so falsch eingeschätzt, wie es nur möglich war. Und ich schämte mich, dass ich zu wenig gelernt hatte. „Ich verspreche es. Ich weiß es ja selbst. Aber Sie haben mein Wort." antwortete ich. „So, nun gehen Sie mal in den Unterricht. Und wenn Sie reden wollen oder irgendetwas ist, dann kommen Sie zu mir. Sie wissen, wo Sie mich finden. Kopf hoch, Sie werden das schon hinbekommen." Ich bedankte mich bei ihr und ging zurück in den Klassenraum. Hätte ich nur geahnt, dass sie so reagieren würde, wie sie es getan hatte, wäre ich schon viel früher zu ihr gegangen. Das hätte mir eine Menge Sorgen erspart. Aber hinterher ist man halt immer klüger. Und sie hatte es geschafft, mir Mut zu machen und meinen Blick auf meine Zukunft zu erhellen.

Am Nachmittag meldete ich mich bei dem Entspannungskurs an. Vielleicht würde es helfen. Danach begann ich mit dem Lernen der Unterlagen, die ich vor der Prüfung nicht mehr geschafft hatte. Ich begann mit den Themen, die ich in der Prüfung gezogen hatte. Die Woche ging schnell vorüber. Von Manuel hatte ich noch nichts gehört. Aber ich hatte mich auch nicht mehr gemeldet. Auch das wollte ich nachholen. Ich rief ihn an, denn ich wollte mit ihm reden. Ich begann das Gespräch zunächst ganz unverfänglich, fragte wie es ihm ging und wie sein Wochenende gewesen sei. Er gab mir knappe Antworten und wirkte uninteressiert. Ich gab mir einen Ruck und entschuldigte mich für mein Verhalten. Eigentlich hatte ich beschlossen, mich dafür nicht zu entschuldigen, denn ich konnte schließlich auch nichts dafür, wenn es mir schlecht ging. Aber ich tat es. Ich liebte ihn und ich wollte wieder eine gute Stimmung zwischen uns spüren und kein Anschweigen. Doch auch die Entschuldigung änderte nichts an seiner Stimmlage. Es sei schon in Ordnung, ich brauche mich nicht zu entschuldigen. Aber er wolle Zeit für sich und eine Pause von unserer Beziehung. Seine Worte drangen schmerzlich an meine Ohren. Doch ich wollte ihm gerne die Zeit geben, die er brauchen würde. Wichtig war mir nur, dass unsere Beziehung nicht kaputt ging. Er versprach, sich bei mir zu melden, wenn er die benötigte Pause als beendet sähe. „Ich liebe dich!" sagte ich am Ende seiner Ausführungen. „Ich dich auch. Ich melde mich dann. Versprochen. Bis dann." erwiderte er und legte auf. Der Schmerz in mir über seine Offenbarung stellte die Schmerzen in Arm und Schulter in den Schatten. Ich war verletzt und begann zu weinen. Nun hatte die Fibromyalgie auch meiner Beziehung zu Manuel geschadet. Was würde noch alles passieren, nur weil ich krank war? Mir blieb nur ein kleiner Funken Hoffnung, dass nach der Beziehungspause alles wieder gut werden würde.

In der Woche darauf war es Dienstagabend soweit, der Entspannungskurs fand zum ersten Mal statt. Als ich den Kursraum betrat, war ich erstaunt, wie ruhig es dort war, obwohl der Raum zur Straße hin ausgerichtet war. Das Licht war gedimmt und der Raum komplett mit einem weichen Teppich ausgelegt, den man nur auf Socken betreten durfte. An den Wänden entlang lagen Gymnastikmatten ausgerollt und neben einem kleinen Hocker, der sich gegenüber der Matten befand, stand eine kleine Lampe, die in aller Ruhe die Farben wechselte und durch das gedimmte Licht Ruhe und Gemütlichkeit verbreitete. Die Kursleiterin, die Ehefrau des Rheumatologen, wie sich herausstellte, nahm auf dem kleinen Hocker Platz und bat alle Teilnehmerinnen es sich auf den Matten bequem zu machen. Ich beäugte argwöhnisch die anderen Frauen, die zwanzig bis dreißig Jahre älter waren als ich. Ich fühlte mich deshalb unwohl und fremd. Ein wenig wie ein Außenseiter und nahm am äußeren Rand der Mattenreihe Platz. Die Kursleiterin begrüßte uns und bat dann, dass man sich kurz mit Namen vorstellte und, wenn man es wollte, den Grund für die Schmerzen nannte. Die Frau am anderen Rand der Reihe begann. Eine nach der anderen nannte ihren Namen und ihre Diagnose: Fibromyalgie. Allesamt. Als ich meinen Namen und ebenfalls Fibromyalgie aussprach, sahen mich alle ungläubig und verwundert an, inklusive der Kursleiterin. Als ob das Alter eine Rolle spielen würde, wenn eine Krankheit sich einen aussuchte. Die Kursleiterin begann dann zu erklären, was sie an diesem Abend vorhatte. Wir legten uns, so wie es einem am bequemsten war, auf die Matten und die Kursleiterin stellte eine CD mit beruhigenden Klängen an. Dann begann sie mit uns eine Traumreise zu machen. Das erinnerte mich an einige der Meditationsübungen, die ich schon einmal gemacht hatte und so fiel es mir nicht schwer, mich zu entspannen. Ich entspannte so sehr, dass ich einfach einschlief. Als die Kursleiterin uns wieder in die Realität zurückführte, wachte ich auf. Und sofort waren die Schmerzen wieder da. Doch ich fühlte mich innerlich besser.

Die Tage strichen ins Land, ich besuchte die Kursabende fleißig, machte alle erdenklichen Entspannungsübungen mit. Einige verstärkten die Schmerzen, andere halfen mir mich zu entspannen, nahmen aber keinerlei Einfluss auf die Schmerzen. Von Manuel hatte ich in der ganzen Zeit, immerhin schon vier Wochen, kein Lebenszeichen empfangen. So versuchte ich, mich mit dem Lernen abzulenken. Häufig verbrachte ich Zeit im Internetforum und unterhielt mich mit den anderen. Doch auch das half mir nicht, die Schmerzen zu verringern. Als ich eines Mittags in die Tolperison-Packung griff, bemerkte ich, wie wenige nur noch übrig waren. Die ganze Zeit über hatte ich gegen den Rat des Arztes meine eigene Dosierung beibehalten. Und ich wusste, ein neues Rezept würde ich so schnell nicht bekommen. So rechnete ich nach, ab wann ich wieder eine neue Packung erhalten würde und setzte die Einnahme der Tolperison ab. Ich sparte, damit ich in ein paar Wochen wieder meine Dosierung einnehmen konnte. In diesen Wochen musste ich eben auf die Schmerztabletten hoffen. Schon einige Tage später verstärkten sich die Schmerzen. Auch die Schmerztabletten halfen kaum. Und ich musste mir eingestehen, dass es so nicht weiter gehen konnte. In einer Woche würde der Urlaub beginnen und danach der Stationseinsatz und so konnte ich nicht arbeiten gehen. Ich hatte ja schon Mühe, im Unterricht zu erscheinen. So beschloss ich, einen Tag später nachmittags nach Hause zu fahren, um im Regionalsitz meiner Krankenkasse nachzufragen, warum sie meinem Rheumatologen eine höhere Dosierung nicht auf Dauer genehmigen würden: Vor einem Schreibtisch, der durch eine kleine Trennwand vom nächsten Schreibtisch getrennt war, saß ich nun vor meiner Sachbearbeiterin. Ich schilderte ihr meine Situation kurz und erzählte ihr, was der Arzt mir gesagt hatte. Sie nickte, ihre Aufmerksamkeit bestätigend, und als ich meinen Vortrag beendet hatte, schaute sie mich an und sagte: „Nun, wir schreiben ihrem Arzt nicht vor, wie er eine Dosierung verordnet. Das ist die Entscheidung des Arztes. Da müssen sie mit ihrem Arzt sprechen." „Also haben sie keine Einwände, wenn der Arzt die Dosis erhöht, nur weil die Tabletten teuer sind?" hakte ich nach. "Nein, wenn ihr Arzt das so entscheidet, dann gibt es für uns keinen Grund, dem zu widersprechen." Ich bedankte mich und verabschiedete mich. Mit einem Gefühl von „ich-verstehe-die-Welt-nicht" setzte ich mich ins Auto und fuhr zurück ins Wohnheim. Darauf würde ich den Rheumatologen beim nächsten Besuch ansprechen. Das würde ich nicht einfach so ruhen lassen. Doch für den Moment musste ich das. Es war zu spät, um noch einen Termin zu machen, die Praxis hatte bereits geschlossen. Gleich am nächsten Morgen rief ich in einer der kurzen Pausen zwischen den Unterrichtsstunden dort an und machte einen Termin für den nächsten Tag. Immer wieder überlegte ich mir, was ich sagen sollte. Ich spielte gedanklich mehrere Gesprächsszenarien ab und am Ende blieb die Erkenntnis, dass ich es mit der Wahrheit versuchen sollte. So stand ich am nächsten Tag fest entschlossen in der rheumatologischen Praxis. Ich wollte doch nur die Dosis einnehmen können, die immerhin ein wenig half. Mehr wollte ich nicht. Im Sprechzimmer erzählte ich dem Arzt, was mir die Sachbearbeiterin gesagt hatte. Hinter dem Schreibtisch sah ich plötzlich einen überrascht wirkenden, etwas verdutzt dreinschauenden Arzt sitzen. An seinem Blick konnte ich erkennen, dass er überlegte, was er sagen sollte. Dann setzte er sich kerzengerade in seinen Stuhl und begann: „Es mag sein, dass ihnen die Krankenkasse das nun so sagt, aber ich habe nur ein begrenztes Budget zur Verfügung. Liege ich darüber, zahlt mir das niemand. Und genau deshalb kann ich ihnen diese Dosis nicht verordnen. Sie verstehen das doch sicher, sie arbeiten doch im Gesundheitswesen und wissen selbst, wie sehr man auf Ausgaben und Einnahmen achten muss." Nun war ich es, die nicht wusste was sie sagen sollte. Scheinbar gab es keine Chance, den Arzt umzustimmen. Ich bekundete mein Verständnis und verabschiedete mich. Dann musste ich eben durch diese Einnahmepause durch. Ab der zweiten Woche des Stationseinsatzes würde ich dann wieder meine Dosis einnehmen können. Und der Arzt würde es nicht merken.

Am letzten Schultag fuhr ich nach Hause. Endlich hatte ich Urlaub und es stand nichts auf dem Programm, außer lange schlafen und das tun, wonach mir der Sinn stand. Ich verbrachte die Abende mit Freunden, ging meist sehr spät zu Bett und schlief bis in den Mittag. Mitte der Woche erhielt ich einen Anruf von Manuel. Die Pause habe ihm gut getan und wenn ich wolle, könnte man sich am Abend treffen. Vielleicht etwas zusammen unternehmen. Mein Herz hüpfte bei dieser Nachricht. Abends kam er zu mir. Wir unterhielten uns lange, berichteten von den vergangenen Wochen und es war, als sei nichts vorgefallen. Ich entschuldigte mich trotzdem erneut für mein Verhalten in dem Freizeitpark und schwor, dass so etwas nicht wieder vorkommen würde. Das war ein fester Vorsatz, den ich gefasst hatte: Wenn es wieder zu einer solchen Situation kommen sollte, dann würde ich mein Schauspiel spielen und ihm einfach nichts davon sagen. Eine Vereinbarung, die ich mit mir selbst traf, von der er natürlich nichts erfahren durfte. Es war ein schöner Abend und obwohl es mich einige Kraft kostete, die Schmerzen zu ignorieren, endete er in einer leidenschaftlichen Nacht.

Schnell war der Urlaub vorüber und der Stationseinsatz begann. Es war einer meiner Wunscheinsätze: Der Einsatz im Operationssaal. Vier Wochen lang durfte ich im gynäkologischen OP zuschauen, welche faszinierenden Dinge möglich waren. Ein besonderes Ereignis waren immer die Geburten per Kaiserschnitt. Ein kleiner Schnitt und neues Leben war geboren. Aber auch die vielen anderen Operationen, häufig auch nötig durch Krebserkrankungen waren unglaublich beeindruckend. Da ich als Auszubildende nicht mit dem Operateur am Tisch stehen konnte, war ich dafür zuständig, der assistierenden OP-Schwester Dinge zu reichen, wenn es nötig war. Außerdem gehörte das Wegbringen von Gewebeproben für Untersuchungen zu meinen Aufgaben. Und ich durfte zusammen mit einer Schwester die Operationen vorbereiten, Bestecke sortieren und vieles mehr. Meist kleinere Arbeiten. Gab es während einer OP nichts anzureichen oder wegzubringen, durfte ich einfach zuschauen und mir von den Ärzten Dinge erklären lassen. Die Arbeit war ausgesprochen interessant, aber auch anspruchsvoll. Fehler durfte man sich nicht erlauben, man musste darauf achten, dass alles steril blieb und Keime nicht an den Patienten gerieten. Ich hätte mir diese Arbeit durchaus nach der Ausbildung vorstellen können, wären da nicht die Schmerzen gewesen. Alleine das ruhige Stehen, war jeden Tag ein Kraftakt. Man konnte sich nicht einfach frei bewegen und umherlaufen, wie man es von der Station gewöhnt war. Stets musste man darauf achten, dass man nicht irgendwelche Dinge durch Fehlverhalten unsteril machte. Nach der ersten Woche, begann ich die Tolperison wieder einzunehmen, so waren die Schmerzen in den Schultern etwas erträglicher. Die Schmerzen in den Füßen blieben. Sicher lag es auch daran, dass man im Operationssaal nur die bereitgestellten Gummischuhe tragen durfte. In der dritten Woche wurde das Arbeiten anstrengender. Ich fühlte mich ausgelaugt und nach dem Dienst war ich meist nur noch dazu in der Lage mich auszuruhen, auf dem Bett liegend fernzusehen oder mit den Freundinnen Zeit zu verbringen. An Lernen war nicht zu denken. Die Schmerzen raubten mir die

Konzentration dazu. Während der Arbeit musste ich hochkonzentriert sein, so dass mir am Nachmittag die Kraft fehlte, Konzentration zu beweisen. Ich sagte mir, dass das Lernen warten musste, denn die Arbeit ging einfach vor. Abends war ich oft schon früh erschöpft und legte mich manchmal schon um 20:00 Uhr hundemüde ins Bett. In der vierten Woche verschlimmerten sich die Schmerzen, so dass ich mich an einem Morgen krank melden musste. Nachdem ich Schule und OP informiert hatte, rief ich in der rheumatologischen Praxis an und fand mich wenig später in derselben, hässlichen Kabine mit den senfgelben Vorhängen sitzen, wie kurz vor der Zwischenprüfung. Die Arzthelferin hing die Infusion an und ich fragte dieses Mal nach, was sich darin befand. „Metamizol und Tramadol. Wie beim letzten Mal." antwortete sie. Dann habe ich mit meiner Vermutung damals richtig gelegen, dachte ich. Während die Infusion langsam tröpfelte, wartete ich auf das Einsetzen der Wirkung. Die Arzthelferin war so nett mir etwas zu lesen zu bringen. Es lag zwar ganz fern meiner Interessen, die neuesten Nachrichten über Prominente zu lesen, doch es half gegen die Langeweile. Es dauerte nicht allzu lange, als ich bemerkte, dass sich das benebelte Gefühl einstellte. Das Lesen fiel schwerer und ich schlief darüber ein. Als mich die Arzthelferin weckte, war die Infusionsflasche leer und ich benommen. Das kannte ich ja nun schon von der letzten Infusion. Wenigstens ging es mit dem fortbewegen besser, als damals. Im Wohnheim machte ich mir einen Kaffee. Ich wollte nicht wieder einschlafen und setzte mich in den Sessel. Die Kaffeetasse stellte ich neben mir auf den Tisch. Ich versank in Gedanken, schweifte von Erinnerungen zu Zukunftsträumen, von schönen Erlebnissen zu unschönen und von Träumen zu Ängsten. Und zwischen all diesen Gedanken, die wie Wolken am Himmel vorbeizogen, spürte ich die Schmerzen. Am stärksten waren sie in der linken Hand. Ich hob meine Hand mit gespreizten Fingern vor mein Gesicht und schaute sie an. „Du willst also unbedingt wehtun? Willst dich unbedingt so anfühlen, wie du es gerade tust. Warum eigentlich? Gehörst du zu dieser Sorte Lebewesen, die solange laut rumschreien, bis sich jemand ihrer annimmt? Willst du Aufmerksamkeit? Bist du wie ein kleines Kind, das erst aufhört laut zu weinen, wenn man es auf den Arm nimmt? Ich glaube schon. Du willst Aufmerksamkeit und bitteschön, hier hast du sie. Auch wenn ich glaube, dass ich dir davon schon zu genüge habe zukommen lassen. Also was willst du noch? Warum sonst bist du noch hier, trotz der ganzen Schmerzmittel. Und findest du es nicht erbärmlich, dir auf diese Weise Gehör zu verschaffen? Ich meine, ein kleines Zwicken hätte es ja auch getan. Aber nein, du willst unbedingt rumschreien. Dann mach das mal, wenn du meinst, dass es dir etwas einbringt. Aber verlass' dich nicht darauf, dass es dir so auf Dauer anders gehen wird, als in den vergangenen Jahren. Ich habe keine Zeit dazu. Und ich habe auch noch ein anderes Leben, als nur das eine. Ich kann nicht nur Zeit mit dir verbringen. Oder ist das gar nicht deine Absicht? Willst du vielleicht lieber, dass ich mich so fühle wie jetzt? So als hätte ich irgendwelche Drogen zu mir genommen. So unfähig, meinen Willen durchzusetzen? Ist dir das lieber? Was habe ich nur getan, dass du so zu mir bist? Was?" Hier endete mein gedanklicher Vortrag an den Schmerz in meiner Hand. Ich schaute sie noch eine Weile an, ohne etwas anderes zu tun. Mein gedankenversunkener Blick wendete sich wieder in die Realität. Jetzt redest du schon mit deiner Hand. Ist das jetzt der erste Schritt zum Übergang in den Wahnsinn? Oder liegt das an der Infusion? Mein Verstand spielte mit mir Pingpong. Doch erstaunlich war die Tatsache, dass der Schmerz in der linken Hand weniger wurde. Nicht so, als würde er weg sein, doch er war nicht mehr so stark, wie noch vor einer Stunde. Nur konnte ich mir nicht sicher sein, ob es an der Infusion oder dem „Gespräch" gelegen hatte. Aber es war mir auch ehrlich gesagt nicht sonderlich wichtig. Wichtig war, dass einer der Schmerzpunkte, der sich deutlich von anderen hervortat nun weniger intensiv war. Ich saß noch eine weitere Stunde regungslos in den Raum starrend auf dem Sessel, bis die benebelnde Wirkung langsam nachließ. Zurück in der Wirklichkeit kümmerte ich mich nun um die Körperhygiene und duschte ausgiebig. Der Rest des Tages diente der Erholung und der Entspannung. Früh abends schlief ich im Bett liegend vor dem Fernseher ein. Am nächsten Morgen war ich kurz nach dem ersten Klingeln des Weckers hellwach. Ich hatte außergewöhnlich gut geschlafen und die Schmerzen beschallten mich nur aus dem Hintergrund. Meine Gemütsstimmung war gut und ich machte mich für die Arbeit fertig. Den Schwestern im OP erzählte ich, wenn sie es wissen wollten, dass ein Migräneanfall an meinem Fehltag schuld gewesen war und dass es mir nun wieder besser ginge. Nach dem Dienst ging ich ins Schulgebäude, denn ich musste meine Krankmeldung abgeben. Frau Keller stand im Flur und sprach gerade mit einem ihrer Kollegen, als ich das Sekretariat verließ. „Warten Sie bitte einen Augenblick." rief sie und führte ihre Unterhaltung zu Ende. Ich hatte etwas abseits gewartet und als ihr Kollege sich von ihr wegbewegte, winkte sie mich zu sich. „Wie geht es Ihnen? Ich habe gestern erfahren, dass Sie sich krank gemeldet haben. Kommen Sie, wir gehen kurz in mein Büro." sagte sie und lief voraus. Dort setzten wir uns hin und ich erzählte ihr von den Schmerzen am Morgen des Vortages und der Infusion. „Ich war heute wieder arbeiten. Es geht schon, heute ist es wieder besser. Solche Tage habe ich manchmal." erklärte ich. „Nun, Sie können sicher am besten einschätzen, was Ihnen gut tut und was nicht. Ich habe mir nur Gedanken gemacht, als die Sekretärin mich gestern informiert hat. Aber es freut mich, dass es Ihnen schon wieder besser geht." „Dankeschön." erwiderte ich und war schon wieder verblüfft, welche Gedanken sie sich um ihre Schüler machte und was für eine herzliche Person sie war. Wir verabschiedeten uns und ich ging ins Wohnheim.

Die Woche war schnell um und schon wartete der nächste Einsatz auf mich. Die gynäkologische Station. Hier traf ich einige der Patienten wieder, die ich im Operationssaal kennengelernt hatte. Es war eine Art Kreis, der sich schloss. Ich hatte die Möglichkeit einige Patienten von der Operation bis zur Entlassung mit zu betreuen. Es war interessant zu erleben, wie schnell die Narben verheilten oder wie mühevoll es für andere war, nach größeren Operationen wieder auf die Beine zu kommen. Auf dieser Station sollte ich zwei Monate bleiben. Die Arbeit war weniger anstrengend als im OP, blieb jedoch anstrengend genug. Und ich hatte wieder verschiedene Schichten, welche es im OP nicht gab. Wechselschichten hatte es dort nicht gegeben, nur einen Bereitschaftsdienst, aber der galt nicht für uns Auszubildende. Die Umstellung fiel mir leichter, als gedacht und ehe ich mich versah war das Schichtsystem wieder Alltagsprogramm. Die Schmerzen passten sich nur langsam wieder an. In der ersten Woche schleppte ich mich zu den Diensten, wohlwissend, dass zu Beginn eines Einsatzes ein hohes Maß an Aufmerksamkeit gefragt war, denn es galt den Stationsablauf und die dazu gehörenden Arbeiten kennenzulernen und durchzuführen. Durch den Einsatz im OP hatte ich den Vorteil, dass ich bereits zu bestimmten geplanten Operationen wusste, welche Untersuchungen und Voraussetzungen nötig waren. Schnell wurde der Schichtablauf Routine. Auch auf dieser Station sollte ich im darauffolgenden Monat Nachtdienste machen. Als es soweit war, ahnte ich bereits, dass die Schmerzen mir die drei Nachtschichten nicht einfach machen würden. Zwar fiel logischerweise am Tag mehr Arbeit an als nachts, doch die Dienste erforderten viel Kraft. Das lag vor allem daran, dass ich Mühe hatte nach dem Dienst einzuschlafen. Die Schmerzen pochten und zogen an allen erdenklichen Stellen und das Einschlafen wurde zu einem Kampf. Die Tabletten machten mich zwar noch müder, als ich ohnehin schon war, doch einschlafen konnte ich nur schlecht. Auch das Aufwachen am Nachmittag gestaltete sich unangenehm. Ich quälte mich durch die vier Nächte und Tage und als ich zwei Tage später wieder mit dem normalen Wechsel zwischen Früh- und Spätdienst begann, waren die Schmerzen in ihrer vollen Stärke ununterbrochen anwesend. Selbst nachts wurde ich immer häufiger wach, weil die eine oder andere Position zu Schmerzen führte, die mich aus dem Tiefschlaf holten. Zu Beginn der folgenden Woche konnte ich mich morgens vor dem Frühdienst kaum bewegen. Jede noch so kleine Bewegung schmerzte, selbst das Bedienen des Feuerzeugs, um mir eine Zigarette anzuzünden, tat weh. Ich meldete mich, wieder einmal, krank. Doch ich wollte nicht erneut eine Infusion, die mich benebelte. Zudem war mir bewusst, dass Tramadol abhängig machen kann und das wollte ich vermeiden. So stand ich als einer der ersten Patienten am Morgen in der Praxis meines Hausarztes. Als ich ihm meinen Zustand wiedergab, sah er mich nachdenklich an. „Und die Ibuprofen 600 helfen nicht?" fragte er nach. „Kaum noch. Eher selten. Und heute Morgen überhaupt nicht." erklärte ich. „Ich setzte ihnen an den schmerzhaftesten Stellen noch mal Quaddeln und schreibe ihnen ein Rezept über Ibuprofen 800 auf. Vielleicht helfen die besser." erläuterte er und stand auf, um die Spritze aufzuziehen. Ich machte mich frei und er begann mit den Quaddeln auf der linken Schulter, dem Nacken, dem linken Unterarm. Einige setzte er entlang der Wirbelsäule. Dann war die Spritze leer. „Ist es an einer anderen Stelle noch besonders schlimm?" fragte er nach. Ich schüttelte den Kopf und fügte hinzu: „Nein, der rechte Arm ist nicht ganz so schlimm. Das wird schon gehen." „Nun gut, dann bleiben sie mir aber jetzt mal mindestens zwei Tage Zuhause." sagte er und setzte sich wieder hinter seinen Schreibtisch. Nach einigen Minuten reichte er mir die Krankmeldung und das Rezept mit den Worten: „Aber höchstens drei Stück am Tag." herüber. Ich nickte, bedankte mich und verabschiedete mich. Ich löste das Rezept in der Apotheke nebenan ein und schlich zurück ins Wohnheim. Ich telefonierte mit dem Schulsekretariat, um über die Krankmeldung zu informieren. Anschließend nahm ich eine der neuen Tabletten ein und sank in den Sessel. Wie weit sollte das noch gehen? Wie lange würde das noch gut gehen? Zukunftsängste stiegen in mir auf. So würde ich nie als Krankenschwester arbeiten können. Auf was für einer Station sollte ich denn so arbeiten? So wie es mir ging, war ich doch nicht zu gebrauchen. Und so würde ich auch keinen Arbeitsplatz finden. Immerhin musste man einen Arbeitgeber über bestehende Erkrankungen informieren. Ich verlor mich in diesem Augenblick in Hoffnungslosigkeit. Mein Gesicht vergrub ich in den Händen und weinte. Und je mehr ich weinte, desto schlimmer wurden die Schmerzen. Erst nach einer ganzen Weile konnte ich mich wieder beruhigen. Ich legte mich auf mein Bett und begann regungslos die Decke anzustarren. Schon nach wenigen Minuten machte sich Selbstironie Platz in mir: Wenn du schon ständig an die Decke starrst, dann könntest du da auch ein Poster hinhängen, dann wäre die Aussicht nicht so langweilig. Vielleicht eins von diesen Anatomiepostern. Dann könntest du noch etwas dabei lernen. Kurz musste ich darüber schmunzeln, dass mein Verstand sich nun schon über mich lustig machte. Aber er hatte ja Recht. Was brachte es mir, dort so zu liegen. Und Selbstmitleid brachte mich keinen Schritt voran. Die Schmerzen in der rechten Hand ließen langsam etwas nach. Ich versuchte mich abzulenken und setzte mich an den PC. Ein wenig Spielerei sollte dabei helfen. Als ich dessen müde war, kam mir die Idee, eine Traumreise, so wie wir sie in dem Entspannungskurs gemacht hatten, zu versuchen. Schaden konnte es nicht und ablenken würde es auch. Ich schloss die Zimmertür ab und stellte eine CD mit Meditationsmusik an. Das

Handy stellte ich lautlos, ich wollte Ruhe finden. Dann legte ich mich bequem aufs Bett und versuchte alle Gedanken von mir abzuschütteln. Nach einiger Zeit funktionierte das und ich fand mich in Gedanken auf einer wunderschönen Lichtung wieder. Mitten im Wald, zwischen hohen Laubbäumen, zwischen deren Äste warme Sonnenstrahlen hervor lugten und die Lichtung in ein warmes, helles Licht tauchten. Ich war barfuß und spürte das Moos unter meinen Füßen. Ein wenig feucht vom Tau. Eine leichte Brise ließ die Äste und Blätter schaukeln und ihre Schatten tanzten wunderschön auf dem Boden. Ich ging einige Schritte voran, sah in die Ferne. Dort waren Felder und Wiesen. Dort wollte ich hin. Ich ging einfach weiter und stand wie von Zauberhand auf einmal auf einer großen, weiten Wiese, deren Gräser so hoch wuchsen, dass sie mir fast bis zur Hüfte standen. Ich streckte meine Hand aus und strich über die Spitzen der Halme. Ein zartes, angenehmes Kitzeln erheiterte meine Gedanken. Ich streckte beide Arme aus und rannte los. Sie glitten über Gräser und Blüten und als ich stehen blieb lag die Lichtung schon weit hinter mir. Vor mir lag ein See, um ihn herum wuchsen hohe, dunkle Tannen, die im Wind friedfertig rauschten. Ich setzte mich an den Rand des Sees und tauchte meine Füße ins erfrischend, kühle Nass. Es war so friedlich hier. Die vom Wind leise angetriebenen Wellen plätscherten am Ufer und ich legte mich dort nieder. Noch ein wenig träumen, ein bisschen schlummern. Das Laufen hatte müde gemacht. So verweilte ich einen langen Moment und lauschte den Geräuschen um mich herum. Ganz plötzlich wurde es kalt und laut. Ohrenbetäubend laut. Die Wälder verschwanden, der See trocknete in Sekundenschnelle zu staubigem Sand und der Wind peitschte mir Sand in die Augen. Es brannte und ich rieb sie. Als ich die Augen wieder öffnete war alles Schöne vergangen und ich stand wieder auf der Weggabelung in diesem zerstörten Ort. Es war unheimlich laut und für einen Moment hörte ich eine bekannte Stimme meinen Namen rufen. Ich schaute mich um und da stand er, der unbekannte Freund. Ich rannte auf ihn zu und schon spürte ich einen stechenden Schmerz in der Schulter. Ich fiel und fiel. Immer tiefer. Dieses Gefühl schreckte mich auf und ich fand mich in meinem Wohnheimzimmer wieder. „Nicht schon wieder." flüsterte ich vor mich hin. Ich drückte mein Gesicht ins Kopfkissen und wartete darauf, dass sich mein Puls beruhigte.

8 – Zerborstene Träume

Die Wochen zogen vorüber und ehe ich mich versah, war der Einsatz auf der Gynäkologie vorüber und ich war schon im Einsatz bei einem ambulanten Pflegedienst. Dieser dauerte nur vier Wochen. Die Arbeit war vollkommen anders strukturiert und die Arbeitszeiten ebenso. Da eine Frühschicht meist schon gegen 12:00 Uhr endete und ich die erforderlichen Stunden erbringen musste, bedeutete dies, dass ich zweimal zwölf Tage am Stück arbeiten gehen musste. Zwölf Tage lang hieß das um 6:00 Uhr an der Straße warten, um von einer der Schwestern mitgenommen zu werden. Es war furchtbar anstrengend, bereits am fünften Tag schlief ich abends um 18:00 Uhr vor dem Fernseher ein. Doch die Arbeit war nicht so stressig, wie auf Station. Und man hatte es meist mit den gleichen Patienten zu tun. Außerdem war der Teil der körperlichen Arbeit, so schien es mir, weniger groß. Häufig fuhren wir einen Patienten nur für eine Injektion an. Die Schmerzen verhielten sich relativ ruhig. Nur in der ersten Stunde morgens waren sie besonders stark. Dank des neuen Schmerzmittels konnte ich sie dämpfen. Ich durfte in diesem Einsatz nicht krank werden, denn ich benötigte die Stunden. So machte ich es mir in der zweiten Woche zur Gewohnheit statt um 22:00 Uhr schon um 20:00 Uhr ins Bett zu gehen. Die Schlaftablette nahm ich immer schon eine Stunde vorher. Durch das frühe zu Bett gehen und das tägliche Arbeiten vergingen die vier Wochen so schnell, dass ich am letzten Tag des Einsatzes das Gefühl hatte, gerade erst vor ein paar Tagen mit dem Einsatz begonnen zu haben. Und kaum hatte dieser Einsatz geendet, so sollte direkt nach dem Wochenende der nächste Einsatz beginnen. Das Wochenende verbrachte ich im Wohnheim. Samstags hatte ich eine Verabredung mit Manuel. Wir gingen aus und verbrachten einen romantischen Abend, mit Restaurantbesuch und anschließendem Kuscheln vor dem Fernseher. Sonntagmorgen frühstückten wir gemütlich und am frühen Nachmittag fuhr er wieder. So hatte ich den Rest des Sonntags noch Zeit, mit meinen Freundinnen zu plaudern. Schnell war es Abend. Ich ging zu Bett, doch konnte ich einfach nicht einschlafen. In meinem Kopf stürmten jede Menge Gedanken wirbelwindartig umher. Auch die immer wieder auftauchenden Fragen bezüglich meiner Zukunft mischten sich darunter. Erst spät übermannte mich der Schlaf und so stand ich am nächsten Morgen ziemlich müde auf der neuen Station. Zu meinem Glück wusste ich bereits, dass es auf der Psychiatrie wesentlich ruhiger zuging, als auf den anderen Stationen. Hier war weniger zu pflegen und Verbände oder ähnliches gab es auch eher selten. Die Stationsleitung führte mich rum, zeigte mir die Räumlichkeiten und erklärte mir die Wege zu verschiedenen Therapieräumen außerhalb der Station. Nach dem Frühstück für die Patienten nahm ich mit einer der Schwestern an einem kleinen Tisch an der

Eingangstür Platz. Die Arbeit bestand daraus, darauf zu achten, dass jene Patienten, die die Station nicht verlassen durften, dies auch nicht taten. Da ich die Patienten noch nicht kannte, erklärte sie mir Einzelheiten zu dem einen oder anderen Patienten und schrieb mir eine Liste mit den Namen derer auf, die sich nur auf der Station aufhalten durften. Gleich am nächsten Tag, war dies meine Hauptaufgabe. Am Eingang sitzen und aufpassen. Eine Art Portier. Ich war Wächter der Tür. Patienten, die ich nicht eindeutig identifizieren konnte, fragte ich nach ihrem Namen und der Zimmernummer, damit ich die Daten mit meiner Liste abgleichen konnte. So wollte ein etwas älterer Mann durch die Tür. Ich fragte nach seinem Namen und kam dadurch in eine peinliche Situation. Denn der Mann wollte mir glaubhaft machen, dass er der Oberarzt sei. Ich war skeptisch und rief nach einer der Schwestern, um mir das bestätigen zu lassen. Er war wirklich einer der Oberärzte. Am liebsten wäre ich im Boden versunken. Doch er hatte Humor, lachte lauthals und meinte dann, es sei besser sich zu vergewissern, bevor jemand die Station verließe, der es nicht durfte. Das Interessante am Türdienst war, dass Patienten, die gerade keine Therapien hatten und sich gerne unterhielten, bei mir Platz nahmen und redeten. So lernte ich die Patienten besser kennen, obgleich das auch anstrengend war. Zwar weniger körperlich, doch nach dem Dienst war ich erschöpft. Mein Kopf war erschöpft und voll von Geschichten und Gedanken, die ich mir über die

Patienten machte. Und mein Kopf wäre sicher geplatzt, hätte ich nicht mit den Freundinnen, die auch schon auf dieser Station gewesen waren, darüber reden können. Die Schmerzen waren in diesen Tagen recht friedlich, nur morgens waren sie stark. Den Tag über spürte ich sie nur in geringer Ausbreitung. Aber sie waren da. Im Hintergrund, aber da. Die Dienste waren fast immer gleich: Morgens vor dem Frühstück wurden jene gepflegt, die sich nicht selbst helfen konnten, meist alte Menschen. Dann wurden die Betten gemacht. Nach dem Patientenfrühstück hatte ich ein bis zwei Stunden Türdienst. Nach der Pause des Personals begleitete ich die Patienten zu den einzelnen Therapien, danach hatte ich wieder Türdienst. Nachdem man die Patienten kannte, war der Türdienst keine große Herausforderung mehr. So waren nur die Gespräche mit den Patienten abwechslungsreich. Saßen keine Patienten bei einem, war es durchaus erlaubt in Zeitschriften zu blättern oder Rätsel zu lösen. Manchmal gab es noch irgendwelche Schränke auszuwaschen oder nach einer Entlassung das Zimmer wieder herzurichten. Ein frisches Bett holen und Schränke auswischen. Und ich hatte auch auf dieser Station wieder ein paar Nachtschichten. Es war Adventszeit und die Station war mit allerlei Weihnachtsschmuck von Patienten geschmückt. Ab 22:00 Uhr war es sehr ruhig auf Station. Das war in den anderen Nachtdiensten anders gewesen. Während dort immer mal wieder jemand klingelte oder Medikamente bekam oder zur Toilette musste, war es auf der Psychiatrie einfach nur ruhig. Sicher gab es auch hier mehrere Rundgänge, bei denen man nach den Patienten schaute, doch die schliefen einfach alle. Die Nachtschwester hatte mehrere Schüsseln Plätzchenteig Zuhause vorbereitet und mitgebracht. So backten wir in der Zeit zwischen den Rundgängen kiloweise Plätzchen für die Station. So machte der Dienst bedeutend mehr Spaß, als tagsüber. Die drei Nachtdienste sorgten aber auch dafür, dass die Schmerzen wieder stärker wurden. Schon nach der ersten Nacht und dem Aufwachen am Nachmittag waren sie unerträglich. Ich benötigte die volle Dosis der Schmerztabletten, um am Abend halbwegs fit zu sein. Und das zusätzlich zu den Tolperison. Ich sagte mir, dass die Dienste schon vorüber gehen würden. Und so war es ja auch. Nach einem freien Tag saß ich morgens wieder wie gewohnt an der Eingangstür. Es waren nur noch drei Tage, bis Heiligabend und dann hatte ich bis zum ersten Tag nach Weihnachten frei. Die Tage zogen sich in die Länge. Hatte ich zu Beginn des Einsatzes noch gedacht, dass ich nach dem Examen vielleicht auf der Psychiatrie arbeiten könnte, wo die Schmerzen nicht so stark waren, wie sonst, so wurde mir klar, dass diese Arbeit mir nicht lag. Und wieder begann ich mir Sorgen um die Zukunft zu machen. So war meine Stimmung angeschlagen, als ich am Heiligabend Zuhause eintraf. Auf der Heimfahrt waren die Schmerzen plötzlich wieder gekommen. Erbarmungslos hämmerten sie in Schultern und Armen. Doch der Abend wurde trotzdem schön. Meine Geschwister waren ebenfalls da und der Abend endete gemütlich. Wir tranken Wein und als ich im Bett lag, drehte sich alles. Eine kostenlose Karussellfahrt, dachte ich noch, als mir auch schon die Augen zufielen und ich feste einschlief.

Verkatert wachte ich auf. An allen möglichen Stellen pochten die Schmerzen, als wollten sie mich für den Alkoholgenuss am Vorabend bestrafen. Ich wusste, dass der Alkohol die Schmerzen am nächsten Tag nicht unbedingt verbesserte, aber er half einfach, die Stimmung zu heben. Meistens jedenfalls. Und was sollte es schon? Die Schmerzen waren ohnehin da, warum sollte ich mir dann nicht einen vergnüglichen Abend gönnen? Ich spülte die Schmerztabletten und die Tolperison herunter und blieb noch kurze Zeit im Bett liegen. Am Nachmittag würde ich mich mit Manuel treffen und dann würden wir Weihnachten feiern. Ob ihm das Geschenk wohl gefallen würde? Ich hatte zwei Konzertkarten seiner Lieblingsband gekauft. Die spielten in ein paar Monaten ganz in der Nähe. Ganz uneigennützig war mein Geschenk sicher nicht, denn ich mochte ihre Musik auch. Was er wohl für mich hatte? Meine Schwester klopfte kurz an der Tür und kam herein. „Na? Ausgeschlafen? Papa hat Frühstück gemacht, kommst du auch?" fragte sie. Frühstück. Das klang gut und wo ich so darüber nachdachte, bemerkte ich ein leises Grummeln im Bauch. „Ich komme gleich, ziehe nur schnell was an." antwortete ich und stand auf. Ich schlüpfte hastig in meine Jeans und ein T-Shirt und ging nach oben. Es duftete nach Kaffee. Familienfrühstück. Das hatten wir viel zu selten. Wir unterhielten uns köstlich und hatten jede Menge zu lachen. Für einige Augenblicke vergaß ich die Schmerzen. Später ging ich heiß duschen und zog mich in aller Ruhe an. Ich packte die Konzertkarten in Geschenkpapier und verstaute sie in meiner Handtasche. Manuel sollte sie nicht sehen und sich dann eventuell schon einen Reim darauf machen können, was er bekam. Als es soweit war, setzte ich mich ins Auto und fuhr los. Neugierig und ein wenig aufgeregt stand ich wenig später vor seiner Wohnungstür. Er öffnete in einem schicken Outfit die Tür: „Komm' rein und mach es dir bequem, ich bin gleich bei dir." sagte er und verschwand in der Küche. Ein appetitlicher Geruch strömte von dort ins Wohnzimmer. „Was gibt es denn zu essen?" rief ich zu ihm hinüber. „Lass' dich überraschen, du Vorwitznase." gab er zur Antwort. Dann kam er zu mir und setzte sich neben mich. „Frohe Weihnachten!" sagte er, schaute mir erst tief in die Augen und nahm mich in den Arm. „Das Essen braucht noch etwas." erklärte er und so kuschelten wir uns auf dem Sofa zusammen. Er hatte sich wirklich Mühe gegeben. In einer Ecke des Wohnzimmers stand ein kleiner Weihnachtsbaum. Er war zwar aus Plastik, versprühte aber dennoch Weihnachtsstimmung. Der Tisch war eingedeckt und mit einem Kerzenständer und Weihnachtsservietten dekoriert. Als er das Essen servierte, war ich überrascht.

Er hatte ein fast traditionelles Essen gezaubert: Rotkraut, Kartoffeln und Schweinebraten. Nach dem Essen und einer genüsslichen Zigarette machten wir es uns wieder im Wohnzimmer bequem. Ich wollte endlich wissen, wie er mein Geschenk finden würde, fingerte die Karten aus meiner Handtasche und überreichte sie ihm. Nach dem Auspacken warf er mir ein breites Lächeln entgegen und witzelte: „Mit wem soll ich nur dahin gehen? … Nein, Scherz beiseite, Dankeschön." Er stand auf und kam mit einem Geschenk in den Händen zurück. „Und das ist für dich." sagte er und überreichte es mir. Anhand der Verpackung konnte ich keinerlei Rückschlüsse auf dessen Inhalt ziehen und so wurde ich noch neugieriger. Was sollte es wohl sein? Als ich das Geschenkpapier beiseite gepackt hatte traute ich meinen Augen nicht recht: Ein paar Kuschelsocken, eine Haarbürste und ein Handtuch mit meinem Namen darauf. Was für ein Geschenk. Ich bedankte mich und schaute ihn fragend an. „Ich dachte, damit du nicht immer alles mitbringen musst, wenn du hier übernachtest, schenke ich dir ein paar Sachen, die du gleich hier lassen kannst. Und die Socken sind extra kuschelig, du hast doch so oft kalte Füße. Gefällt es dir nicht?" „Doch, doch. Ist eine gute Idee." entgegnete ich. Schon wieder log ich. In Wirklichkeit war ich enttäuscht. Socken? Wie kam er darauf? Meine Stimmung war gedrückt. Aber würde ich ihm das sagen, wäre der nächste Streit vorprogrammiert. Es war zwar eine liebevolle Geste, aber irgendwie war ich enttäuscht.

„Schön, dass es dir gefällt." sagte er und nahm mich in den Arm. Den restlichen Nachmittag saßen wir auf dem Sofa und schauten einen Film. Als es Abend wurde, war meine Enttäuschung noch immer nicht ganz verschwunden und so verabschiedete ich mich frühzeitig mit einer fadenscheinigen Begründung, mir ginge es nicht gut und ich wolle nach Hause. Er zeigte Verständnis und ließ mich gehen.

Die Weihnachtstage waren vorüber und ich war wieder im Wohnheim angekommen. Die Schmerzen waren seit dem ersten Weihnachtstag nur unmerklich schwächer geworden und raubten mir die Nerven. Egal was ich auch tat, sie wollten einfach nicht weniger werden. Und auch auf Station blieben sie, obwohl die Arbeit nicht anstrengend war. Während der Dienste setzte ich meine Maske von der gut gelaunten, netten Schülerin auf und kaum war ich im Wohnheim, verlor ich mich in Traurigkeit und Verzweiflung. Hinzu kamen Frust und Verachtung über meine Unfähigkeit, die Schmerzen unter Kontrolle zu bekommen. Die Schmerztabletten halfen nur noch wenig und für die Tolperison war wieder einmal eine Pause notwendig, um die Packung nicht vorzeitig zu leeren. An einigen Tagen verschwand ich stundenlang im Internetcafé, um meine Sorgen im Forum von mir zu geben. Doch das verhalf meiner Stimmung auch nicht auf die Beine. Aber immerhin konnte ich meine Gedanken jemandem mitteilen, der meine Situation besser nachvollziehen konnte, als ein gesunder Mensch. Die Beziehung zu Manuel wurde immer mehr zu einer Achterbahnfahrt. Wegen Kleinigkeiten bauschten sich größere Streitereien und Diskussionen immer wieder auf. Es war ein Wechselbad der Gefühle und mehr als bloß einmal stand die Beziehung vor dem Aus. War es mir an Weihnachten noch wichtig, Rücksicht auf die Gefühle meines Partners zu nehmen, trat dies langsamen Schrittes in den Hintergrund. Mehr als einmal verlor ich bei einem Streit die Beherrschung und wurde verletzend. Es war eine anstrengende Zeit. Und das galt nicht nur für die Beziehung. Auch das Arbeiten fiel mir beinahe täglich schwerer. Meist saß ich abends gewollt alleine in meinem Zimmer und tippte meine Gedanken in den PC. Ich begann daran zu zweifeln, dass die Schmerzen eine rein körperliche Ursache hatten. Ich wusste, dass die Psyche ebenso dazu fähig war, Krankheitssymptome zu verursachen. Immer wieder fragte ich mich, ob ich statt in der Behandlung des Rheumatologen vielleicht doch besser in der Behandlung eines Psychiaters aufgehoben wäre. Innerliche Diskussionen wurden zum Alltag. Inzwischen befand ich mich im letzten Stationseinsatz vor dem Unterrichtsblock. Ein kurzer Einsatz, wieder nur vier Wochen. Eine Woche hatte ich schon hinter mich gebracht. Die Arbeit auf der Kinderstation war mehr mit Putz- und Aufräumarbeiten verbunden, als mit medizinischen Dingen. Dies lag besonders an der Stationsleitung, die den Auszubildenden in der Kinderkrankenpflege mehr zugetan war und die Auszubildenden der Erwachsenenpflege als notwendiges Übel auf ihrer Station sah. Also hieß es aufräumen und putzen. Und, eine Aufgabe die sehr unbeliebt war, den Ärzten zu assistieren, wenn es nötig war, einem Kind einen venösen Zugang zu legen, gehörte auch dazu. Besonders bei den Kleinkindern hatte man danach keine Möglichkeit mehr Vertrauen aufzubauen. So war dieser Einsatz nicht einer der schönsten, aber ich schlug mich durch. Wenigstens war die körperliche Anstrengung nicht erheblich groß. Und bei den Reinigungstätigkeiten oder dem Betten beziehen brauchte ich keine hohe Konzentration. Die wäre mir in diesen Wochen auch schwer gefallen. War ich nach dem Dienst im Wohnheim, saß ich meist einige Stunden mit den Freundinnen zusammen, bis ich das Schauspiel nicht mehr aushielt und mich in mein Zimmer zurückzog, um mich mit meinen Ängsten und Sorgen auseinanderzusetzen. Manchmal tippte ich stundenlang auf die Tastatur ein. An anderen Abenden saß ich einfach nur weinend da. Was war, wenn ich wirklich psychisch krank war? Was würde aus mir werden? Ich zweifelte an allem. Auch daran, dass ich das Examen bestehen konnte. Im Forum hatte eine der anderen geschrieben, dass ihr ein homöopathisches Medikament mit Teufelskralle half. Wieder ein Grashalm, an den ich mich klammerte. Ich kaufte es ein und nahm es immer dann, wenn ich die selbst auferlegte Zwangspause von den Tolperison einlegte. Doch wie sollte es anders sein: Es half nicht. Schnell landete die

Packung im Mülleimer. Ich vergrub mich immer tiefer in meinen wirren Gedanken. Ich wurde über die Schmerzen nicht mehr Herr. So saß ich zwei Wochen später bei meinem Hausarzt in der Praxis. Zum Rheumatologen wollte ich nicht gehen, denn ich wusste, dass mich dort ohnehin nur eine weitere, benebelnde Infusion erwarten würde. Mein Hausarzt hörte sich meine Beschreibungen der Schmerzen an und erzählte mir dann von einem Präparat, das auf einer Theorie zur Entstehung von Fibromyalgie basieren würde. Es sei allerdings nicht bewiesen, dass es helfe. Und daher würde auch die Krankenkasse diese Behandlung nicht zahlen. Er müsse mir dafür ein Privatrezept ausstellen und dieses Medikament sei sehr teuer. „Was kostet es denn? Können sie das einsehen?" fragte ich, während sich in mir ein wenig neue Hoffnung regte. „Einen Moment." sagte er und befasste sich konzentriert mit dem PC. „Aha, da ist es. Also das Medikament, zehn Fläschchen mit Pulver, kosten 200€. Und dann müssen sie noch das Infusionsbesteck und eine sterile Lösung zum Auflösen des Pulvers dazu rechnen. Also es würden so in etwa 250€ auf sie zukommen." Das war eine Menge Geld. Eine ganze Menge. Ich überlegte kurz und bat ihn dann, mir die Rezepte für Medikament und Infusionsbesteck auszustellen. Soviel Geld hatte ich nicht mehr auf dem Konto und so informierte ich den Arzt, dass die Behandlung bis zum Ersten des nächsten Monats warten müsse. Ich würde mich wieder melden, wenn ich alles zusammen hätte. Die sterile

Lösung konnte ich in der Krankenhausapotheke über den Personaleinkauf bestellen. Das Infusionsbesteck nicht, denn das im Krankenhaus verwendete war nicht mit den Nadeln der Arztpraxis kompatibel. Sicher hätte ich mir das Geld bei meinem Vater leihen können, doch er hätte sicher wissen wollen, wozu ich so viel Geld brauchte. Und ich wollte ihm auf gar keinen Fall erklären, wie schlecht es mir ging und schon gar nicht, wie es in mir drin aussah. Auch Manuel zu fragen untersagte mir mein Stolz. Zumal es in der Beziehung wieder einmal nicht gut lief. So musste ich eben warten. Ich sagte mir, dass es auf ein bis zwei Wochen nicht ankäme, immerhin hatte ich schon seit Jahren Schmerzen. Und wenn es genau DAS Medikament war, was helfen konnte, dann konnte ich auch noch diese kleine Weile warten.

Die kleine Weile war vergangen und endlich konnte ich mir das Medikament leisten. Die Apotheke musste es bestellen, hatte es nicht auf Lager. Aber es dauerte nur einige Tage. Die anderen „Zutaten" hatte ich bereits eingekauft. So stand ich eines Mittags nach dem Dienst in der Praxis meines Hausarztes. Natürlich hatte ich am Tag vorher angerufen. Ich war bester Laune, die neue Hoffnung in den Händen haltend. „Nimm' doch schon mal in Kabine 4 Platz. Der Doktor kommt dann gleich zu dir." Mit einigen der Arzthelferinnen war ich bereits per du. Ich tat brav was man mir sagte und wartete. Die positive Anspannung war kaum auszuhalten. Es hatte ein wenig von dem Gefühl, dass ich als kleines Kind empfand, wenn Nikolaustag war und ich angespannt auf dem Sofa neben meinen Geschwistern saß und darauf wartete, dass der Nikolaus höchstpersönlich erschien. Ja, so in etwa fühlte ich mich in Kabine 4. Und im Gegensatz zur Kabine des Rheumatologen war diese hier hell und freundlich. Und man hatte jederzeit eine der Arzthelferinnen in greifbarer Nähe. Als der Arzt dann kam, klärte er mich über mögliche Nebenwirkungen auf: Schwindelgefühle, Unwohlsein, Kreislaufprobleme. Alles Dinge, die ich gerne in Kauf nahm, bestand doch die Möglichkeit, dass es half. Vielleicht sogar heilte. „Nach etwa fünf Infusionen sollten Sie eine Besserung spüren. Und wenn Nebenwirkungen auftreten, dann müssen Sie Bescheid geben. Die Infusionen müssen täglich gegeben werden, sonst nützt es nichts." Ich nickte und krempelte meinen Blusenärmel nach oben. Seltsamerweise hatte ich an diesem Mittag kaum Schmerzen. Sie waren weit in den Hintergrund getreten. Hinter einem Vorhang verschwunden und sie schienen alle Zweifel der letzten Wochen mitgenommen zu haben. Sie waren da, aber weit entfernt. Es war so, als würde man jemanden am Horizont gehen sehen. Man weiß derjenige ist da, aber man kann ihn kaum erkennen. „Das muss jetzt sehr langsam laufen. Und dass Sie mir nicht an dem Rädchen drehen." zwinkerte der Arzt mir mit erhobenem Zeigefinger zu. „Keine Sorge. So was mache ich nicht." entgegnete ich. Dann legte ich mich auf die Liege und schloss die Augen.

Die Zeit nutzte ich für eine kleine Meditation. Was sollte ich sonst schon tun? Als ich die Augen wieder öffnete, war die Flasche fast leer. Ich setzte mich schon mal auf, doch kaum saß ich, zwang ein starkes Schwindelgefühl mich wieder zum Liegen. Alles drehte sich so seltsam. Ich atmete ruhig aus und ein. Das wird gleich wieder weg sein, sagte ich mir und wartete, bis eine der Arzthelferinnen den Vorhang beiseiteschob. „So, dann bist du auch schon fertig. Ich zieh' dir noch die Nadel." sagte sie und tat dies auch gleich. Schon fast automatisch griff ich nach dem Tupfer an der Einstichstelle und drückte feste zu. Das mit dem Hinsetzen wollte ich gleich wieder probieren. Diesmal konnte ich mich sitzend halten, doch mir war immer noch furchtbar schwindelig. „Wenn es dir nichts ausmacht und ich den Betrieb nicht aufhalte, dann würde ich gerne noch einen Moment sitzen bleiben." sagte ich zu der Arzthelferin. „Sicher. Ist denn alles in Ordnung?" fragte sie nach. „Nur etwas schwindelig." spielte ich die Situation herunter. Ich hatte Bedenken, dass der Arzt die Therapie abbrechen würde, wenn er erfuhr, wie sehr die Infusion mir auf den Kreislauf schlug. So stand ich nach einer kleinen Weile auf und war direkt gezwungen, mich wieder zu setzen. „Ich glaube ich warte noch einen Moment. Bevor ich mich hier noch lang mache." sagte ich witzelnd zu der Arzthelferin. „Klar. Wenn was ist, dann ruf mich. Ich bin nur zwei Schritte entfernt." sagte sie und bog um die Ecke. Ich gönnte mir noch ein bis zwei Minuten, bis ich es mit dem Stehen erneut versuchte. Und dieses Mal klappte es. Etwas wackelig, aber ich stand. Nach einigen Sekunden wagte ich den ersten Schritt nach vorne. Auch das funktionierte. Der Schwindel verging allmählich. Langsam ging ich in den Praxisflur und dann zur Rezeption. „Kann ich morgen um dieselbe Zeit wieder kommen?" fragte ich nach. „Komm' einfach rein." sagte die Arzthelferin. „Dann bis morgen!" sagte ich und verschwand durch die Tür. Nach einiger Zeit verschwand das Schwindelgefühl. Meine gute Laune war ungebrochen und fiel auch den Freundinnen im Wohnheim auf. „Was ist denn mit Dir los?" fragte eine fast ungläubig. „Darf man nicht mal gut drauf sein? Mir geht es heute eben gut." sagte ich und winkte mit der Hand beiläufig ab. Ich hatte niemandem von meiner neuen Hoffnung erzählt. Meine Freunde wussten nur, dass ich Infusionen bekam. Doch sie hatten keine Ahnung, dass mich dieses neue Medikament hoffen ließ, meine Schmerzen los zu werden. Vielleicht für immer. Auch am nächsten Tag ging es mir gut und meine Stimmung war ungetrübt. Das Schwindelgefühl stellte sich dieses Mal schon während der Infusionsgabe ein. Doch ich sagte nichts. Nichts sollte den möglichen Weg in die Freiheit bremsen. Und schon gar nicht etwas Schwindel. Wenn es weiter keine Nebenwirkungen geben würde, war das ein geringer Preis, den ich bereit war zu zahlen. Schnell lenkten mich meine Gedankengänge von dem Schwindelgefühl ab. Stell' dir vor, in ein bis zwei Wochen könntest du keine

Schmerzen mehr haben, könntest der Arbeit auf Station ohne Probleme nachgehen, könntest durchschlafen, müsstest die Tabletten zum Schlafen nicht mehr nehmen, hättest dieses Gefühl der Mundtrockenheit nicht mehr. Alles könnte um so vieles leichter werden. Keine Sorgen um die Zukunft mehr, kein Außenseitergefühl mehr. Ich fühlte mich, als könnte ich Bäume ausreißen und würde über den Wolken schweben. Alles einfach, alles unkompliziert. Was alles in meiner Fantasie möglich war. Und plötzlich sah ich zwischen den vielen, neuen Möglichkeiten eine Krankenschwester stehen, die keinerlei Verständnis für ihre Patienten mehr hatte. Sie hatte vergessen, wie es war, wenn man Schmerzen hatte und niemand einem helfen konnte. Sie kannte kein Einfühlungsvermögen und sensibel war sie auch nicht mehr. Zum ersten Mal sah ich eine positive Seite an den Schmerzen: Sie hatten aus mir einen Menschen gemacht, der mitfühlend und verständnisvoll war. Sie hatten aus mir jemanden gemacht, der nicht alles für selbstverständlich hielt. Sie hatten mich Geduld gelehrt. Ja, vielleicht hatten sogar sie aus der pubertierenden Chaotin eine reifere, junge Frau gemacht, als sie es ohne die Schmerzen je geworden wäre. Dieser neue Blickwinkel brachte mich sehr zum Nachdenken. Was war, wenn die Schmerzen etwas Gutes hatten? Andererseits war es ja nicht vorprogrammiert, dass ich ohne sie zu einem gefühlstechnischen Eisberg werden würde. Nein, auch ohne sie würde ich weiterhin einfühlsam sein können. Warum auch nicht? Ich brauchte sie nicht. Nicht mehr, womöglich. Aber ich brauchte sie nicht. Die Stimme der Arzthelferin riss mich aus meinen Gedanken. Ich hatte nicht bemerkt, wie sie in die Kabine gekommen war. Die Infusion war fertig. Und zurück von meiner Gedankenreise in eine mögliche Zukunft, kam auch das Schwindelgefühl wieder. Ich biss die Zähne zusammen und setzte mich hin. Alles drehte sich und es fühlte sich ähnlich an, als hätte ich zu viel Alkohol getrunken. „Ist alles in Ordnung?" fragte die Arzthelferin, als ich nach kurzer Zeit noch nicht aufgestanden war. „Mir ist ein wenig schwindelig. Ich möchte bitte noch kurz sitzen bleiben." erklärte ich. „Kein Problem. Lass' Dir so viel Zeit, wie Du brauchst. Nur bitte kurz Bescheid geben, wenn Du gehst." sagte sie. Ich nickte kurz und sie ging wieder. Nach einer Weile stand ich auf. Meine Knie fühlten sich wie Pudding an. Die ganze Angelegenheit war etwas wackelig. Doch ich wollte nicht wie angewurzelt stehen bleiben und ging in sehr langsamen, behäbigen Schritten in Richtung Rezeption. Dort angekommen meldete ich mich ab und verabschiedete mich mit einem „Bis morgen dann." Zurück im Wohnheim legte ich mich nochmal hin. Mir war zwar nicht mehr allzu schwindelig, doch ich fühlte mich irgendwie schlapp. Auf dem Bett liegend kamen die Gedanken wieder, die von der Stimme der Arzthelferin so jäh unterbrochen worden waren. Tja, was wäre wenn. Ich könnte so viel machen. Mir kam in den Sinn, wie gerne ich als Kind Tennis gespielt hatte und dass ich damit hatte aufhören müssen, weil mein Knie damals so sehr wehtat. Ich könnte wieder Tennis spielen. Dieses Mal vielleicht in einem Verein. Und ich könnte wieder Fahrradfahren. Das hatte ich aufgegeben, weil mir die Handgelenke dadurch noch mehr schmerzten, als sonst schon. Und ich könnte wieder Darten. Es war ein so ungewohntes Gefühl. Sah ich noch vor einigen Wochen nur eine graue, düstere Zukunft im Schatten der Schmerzen, sah ich an diesem Tag eine helle, von Möglichkeiten übersäte, Zukunft. Ein kaum zu bändigendes Freiheitsgefühl beflügelte mich. Doch mein Verstand begann mich zu bremsen. Wer hoch fliegt, der fällt tief. Ich sollte mir nicht zu große Hoffnungen machen. Es war nicht sicher, dass dieses Medikament helfen würde. Und wie enttäuscht könnte ich sein, wenn ich weiter solche Höhenflüge in meinen Gedanken hatte. Ich unterbrach meine Gedankengänge abrupt. Ich musste meinem Verstand zustimmen. Es war riskant, derart hoch zu fliegen. Und doch fiel es mir unglaublich schwer. Dann wieder kamen die Gedanken daran, dass die Schmerzen vielleicht auch eine gute Seite hatten. Wie hieß es in diesem Film noch? Schmerz ist dein Freund, denn er sagt dir, dass du noch lebst. Naja, zugegeben, der Film drehte sich um ein Ausbildungslager für Soldaten und sicher meinte der Ausbilder eine andere Art Schmerz, doch es erschien mir schon ein wenig plausibel.

Am nächsten Morgen war meine Laune gleich nach dem Aufwachen noch immer gut, doch ich spürte meine linke Schulter, wie sie stärker als in den zwei Tagen zuvor wehtat. Vielleicht hast du irgendwie verdreht geschlafen, beruhigte ich mich selbst und ging zur Arbeit. Nach der Arbeit ging ich wieder in die Arztpraxis und verschwand gleich darauf in Kabine 4. Dieses Mal hatte ich etwas zum Lesen mitgenommen. Ich wollte meine Gedankenträumerei über die Zukunft nicht aufkommen lassen. Wollte nicht zu hoch fliegen. Die Infusion lief noch nicht lange, als der Arzt hinter dem Vorhang herein lugte. „Und? Wie geht es ihnen? Irgendwelche Besserungen? Oder Nebenwirkungen?" fragte er. „Die letzten beiden Tage waren schmerztechnisch gut. Heute tut die Schulter mehr weh. Aber ich glaube ich habe heute Nacht falsch gelegen. Naja, von den Infusionen wird mir ein bisschen schwindelig, aber mehr nicht." antwortete ich. „Nun, das klingt doch soweit ganz gut. Und der Schwindel kommt allgemein öfter mal bei Infusionen vor. Kein Grund zur Sorge." sagte er. „Ich drücke ihnen die Daumen. Wir sehen uns morgen." fügte er noch hinzu und verschwand wieder. Ich wandte mich wieder meiner Zeitschrift zu. Jedenfalls so lange, bis die Buchstaben vor meinen Augen verschwammen und das Karussell sich zu drehen begann. Heute ist es aber besonders fies, dachte ich bei mir und begann mich auf einen tiefen und ruhigen Atem zu konzentrieren. Nach einigen Minuten wurde der Schwindel etwas besser, war aber noch nicht weg. Dafür fühlte ich mich insgesamt plötzlich schwach und so, als wäre ich stundenlang in praller Sonne gelaufen ohne etwas zu trinken. Mir wurde klar, dass mein Kreislauf sich vom Erdgeschoss in den Keller begab. Mir war, als würde es nicht mehr lange dauern und ich würde ohnmächtig werden. „Hallo?!" sagte ich laut in den Raum hinein. Kaum ausgesprochen, stand auch schon eine der Arzthelferinnen neben mir. „Mir ist nicht gut, mein Kreislauf beschwert sich." sagte ich. „Du bist ja ganz blass. Hier, leg mal die Beine nach oben." sagte sie und legte hastig ein dickes Keilkissen unter meine Beine. „Ich messe Dir mal den Blutdruck." erklärte sie, während sie auch schon die Manschette um meinen Arm wickelte. Ich fühlte meinen Puls rasen und versuchte die leise Angst, die sich in mir regte, zu unterdrücken. „Neunzig zu sechzig. – Das ist schon etwas niedrig." sagte sie. Ja, da musste ich ihr innerlich zustimmen. War mein Blutdruck doch sonst eher etwas höher, als er sein sollte. Ich bat um ein Glas Wasser und trank es in einem Zug aus. Mir fiel ein, dass ich im Frühdienst kaum etwas getrunken hatte. Und gegessen hatte ich seit der Pause auch nichts mehr. Ich war es also selbst schuld. Ich hätte es doch besser wissen müssen. Aber ich hatte nicht daran gedacht. Immerhin wurde mir langsam wieder etwas besser. Beim zweiten Messen war der Wert schon auf „Hundertzehn zu siebzig" gestiegen und die Infusion war auch fast fertig. Als die Arzthelferin die Nadel entfernte, riet sie mir noch einige Minuten liegen zu bleiben.

Ich fühlte mich auch noch nicht danach, aufzustehen. Beim dritten Messen war der Wert richtig gut: Hundertzwanzig zu siebzig. Das nahm ich zum Anlass, mich aufzurichten und hinzusetzen. Ich wollte schließlich nicht den Rest des Tages in der Praxis verbringen. Noch immer war mir schwindelig, doch nach weiteren fünf Minuten konnte ich stehen und ging, wie die Tage zuvor, langsam den Flur entlang. „Wieder besser?" fragte die Arzthelferin, als ich an der Rezeption angekommen war. „Ja, viel besser. Danke für Deine Hilfe. Bis Morgen dann." sagte ich und ging. Im Wohnheim angekommen ruhte ich mich erst noch ein wenig aus. Dann setzte ich mich an den Schreibtisch und widmete meine Aufmerksamkeit dem Lernen. Ich hatte Frau Keller ein Versprechen gegeben, dass ich halten wollte. Gegen Abend wurden die Schmerzen in der linken Schulter stärker. Sie zogen sich bis in den Nacken und zum Ellenbogen hin. Ich nahm eine Schmerztablette und verdrängte die anrauschenden Gedanken darüber, dass dies bedeuten könne, die neue Therapie würde nicht helfen. Als am späten Abend vor dem Zubettgehen die Schmerzen noch nicht besser waren, nahm ich eine weitere Tablette zusammen mit der Schlaftablette ein und kuschelte mich in mein Bett. Ich schaltete den Fernseher ein, um den Gedanken keine Chance zu bieten sich auszubreiten. Nach kurzer Zeit schlief ich ein.

Ein schmerzüberströmtes Aufwachen am anderen Morgen warf erste Zweifel auf, dass die Infusionen halfen. Ich fühlte mich grauenhaft, hatte Schmerzen in beiden Armen und Schultern. Ich quälte mich aus dem Bett, nahm eine Schmerztablette ein und machte mich für den Dienst fertig. Meine Stimmung war nicht mehr so gut, wie die Tage zuvor. Ich versuchte zwar, nicht schon die Hoffnung aufzugeben, doch immer wieder aufkeimende Zweifel stellten sich der Hoffnung gegenüber. Mittags ging ich zunächst ins Wohnheim, um vor der Infusion etwas zu essen und zu trinken. Die Schmerzen waren ungleich besser, als am Morgen. Ich nahm eine weitere Schmerztablette ein und machte mich auf den Weg zur Praxis. Das Legen der Nadel war schmerzhafter als sonst. Das erklärte ich mir dadurch, dass nur meine linke Armbeuge eine Vene anbot, die gut zu tasten und zu treffen war. Die Vene in der rechten Armbeuge hatte sich schon vor Monaten beim Rheumatologen als „Rollvene" bewiesen. Sie war einfach nicht zu treffen, denn sie verschob sich immer zur Seite, wenn man sie anstechen wollte. So musste eben der linke Arm her halten. Und dort immer wieder die gleiche Stelle. Und der Arm tat an diesem Tag ja ohnehin schon weh und so wunderte mich das nicht weiter. Ich klammerte mich an den hoffnungsvollen Gedanken der Zukunft ohne Schmerzen und ließ es über mich ergehen. Wenn es weiter nichts war, sollte es mir recht sein. An diesem Tag hatte ich den Entschluss gefasst, mich nicht hinzulegen, sondern bequem hinzusetzen, während die Infusion tröpfelte. Vielleicht würde es helfen. Und in der Tat ging es mir dieses Mal nicht so schlecht, wie am Vortag. Der Schwindel tauchte zwar wieder nach kurzem auf, doch mein Kreislauf blieb dort, wo er sein sollte. Nur die Schmerzen, die schon seit dem Morgen nicht gehen wollten, traten deutlich in den Vordergrund. Ich sprach mir selbst Mut zu und entgegnete meinem Zweifel, dass es vielleicht notwendig war, dass die Schmerzen noch einmal schlimmer wurden, bevor sie ganz verschwinden konnten. Zugegeben, man könnte auch sagen, dass ich mich selbst froh redete, aber ich wollte die Hoffnung einfach noch nicht los- und wieder hinter einer Nebelbank verschwinden lassen. Als die Infusion endlich leer war, verschwand ich, wie schon an den Tagen vorher mit einem „Bis morgen." aus der Praxis. Als ich das Wohnheim betrat, saßen einige meiner Freundinnen in der Sitzecke. „Wir wollen nachher noch in den Park gehen, bisschen auf der Wiese liegen. Kommst du mit?" Eine Ablenkung würde mir sicher nicht schaden und einen Tag ohne Lernen sicher auch nicht. „Klar. Bin gleich bei euch." sagte ich und verschwand in meinem Zimmer, um bequeme Kleidung anzuziehen und eine Decke einzupacken. Es war ein sonniger Tag und wir lagen im Schatten einer Tanne auf unseren Decken und beobachteten die vorbeigehenden Menschen. Wir hatten Spaß, lachten eine Menge und als wir am Abend zurück im Wohnheim waren, fühlte ich mich gut. Meine Stimmung war wieder besser, wenn ich das auch nicht von den Schmerzen behaupten konnte. Nach einem gemeinsamen Abendessen zog sich jeder in sein Zimmer zurück. Auf dem Schreibtisch lagen noch die Bücher, wie am Tag zuvor. Ich hatte ein schlechtes Gewissen und lernte noch etwa zwei Stunden, bevor ich ins Bett ging. In der Nacht fand ich mich wieder in der staubigen Trümmerstadt und dem ohrenbetäubenden Lärm von Feuersalven und Explosionen. Wieder hörte ich leise, fast wie ein Flüstern, die Stimme, die meinen Namen rief. Ich schaute mich um und sah den unbekannten Freund. Ich lief los, so schnell mich meine Füße trugen. Und wieder war ich nicht schnell genug. Wieder spürte ich plötzlich einen stechenden Schmerz in der linken Schulter. Ich stolperte und sank in die Arme des unbekannten Freundes, der feste auf die blutende Stelle drückte. Ich spürte den Schmerz, der dadurch noch stärker wurde, durch meine Glieder fahren, bis mich das Gefühl eines Falls in die Tiefe aufweckte. Ich hielt mir die linke Schulter und rief mich flüsternd in die Realität zurück: „Es war nur ein Traum. Nur ein Traum. Ein Traum. Ein Traum." Langsam beruhigten sich mein Puls und mein Atem wieder. Ich starrte auf den Wecker: 0:30 Uhr. Ich war doch erst vor einer Stunde ins Bett gegangen. Die Müdigkeit übernahm wieder die Kontrolle und zog mich zurück in den Schlaf. Mit dem ersten Klingeln des Weckers war ich hellwach. Und sofort spürte ich den Schmerz in der linken Schulter an eben der Stelle, wo ich im Traum getroffen worden war. Und dann fiel mir ein, dass ich an diesem Tag überhaupt nicht hätte so früh aufstehen müssen. Ich hatte doch frei. Daran hatte ich am Abend nicht gedacht. Nun saß ich dort auf der Bettkante, um 5:00 Uhr und war hellwach. Ich stellte die Kaffeemaschine an und kuschelte mich mit der Bettdecke in den Sessel. Das war mir noch nie passiert. Ich hatte noch nie vergessen, dass ich frei hatte. Seltsam. Ich machte mir einen Becher Kaffee fertig und nahm wieder auf dem Sessel Platz. So sah ich Kaffee schlürfend dem Sonnenaufgang zu. Der Himmel war frei von Wolken und es versprach ein schöner Tag zu werden. Nach weiteren zwei Tassen Kaffee und einer Schmerztablette zog ich mir etwas über und setzte mich an den Schreibtisch. Wenn ich schon an einem freien Tag so früh wach war, dann konnte ich auch noch etwas lernen, bevor ich später in die Arztpraxis gehen würde. Gegen 9:00 Uhr ging ich duschen und anschließend zum Arzt. Die Sonne schien bereits hell und der Himmel war traumhaft blau. Das steigerte meine Laune und als ich an der Rezeption stand, fragte ich scherzhaft: „Kabine 4?" „Genau. Geh' schon mal vor, ich bin gleich bei Dir." sagte die Arzthelferin. Kaum hatte ich mich hingesetzt, stand sie auch schon vor mir. Die Nadel war schnell gelegt und die Infusion begann zu tropfen. Der Schwindel war diesmal weniger stark. Als die Arzthelferin die Nadel gerade gezogen hatte, kam der Arzt dazu. „Und? Sind die Schmerzen besser?" fragte er. „Also die letzten beiden Tage waren sie wieder stärker. In den Schultern und den Armen." antwortete ich. „Aber ich habe ja auch noch nicht alle Infusionen bekommen." fügte ich hinzu. „Ja, das weiß ich, aber wenn sich bis jetzt noch keine deutliche Besserung gezeigt hat, dann macht es keinen Sinn, die anderen Infusionen auch noch zu nehmen. Tut mir leid." erklärte er kurz. In mir stürzte alles zusammen, wie ein großes Kartenhaus durch einen Windstoß. Aus der Traum von einer sorglosen Zukunft. Vorbei die großen Pläne und die Hoffnung. Ich schaute den Arzt an und nickte bloß. Er verabschiedete sich und ging wieder. Völlig geknickt und mit den Tränen kämpfend stand ich gedankenlos auf und musste mich direkt wieder setzen. Ich hatte nicht an den Schwindel gedacht, wollte nur noch aus der Praxis raus. Als ich mich einigermaßen sicher auf den Beinen fühlte, verließ ich die Praxis. Ich murmelte ein „Tschüss." und ging. Kein „Bis morgen.". Keine weitere Infusion. Nachdem die Zimmertür hinter mir ins Schloss gefallen war, brach ich in Tränen aus. Ich verschloss die Tür, denn ich wollte alleine sein, niemanden sehen. Ich ließ mich auf den Sessel fallen und weinte. Die Hoffnung der letzten Tage verwandelte sich in die gleiche Verzweiflung, die mich schon vor Wochen besetzt gehalten hatte. Alle Träume waren mit einem Mal wieder verschwunden. Im Nebel versunken. Fort. Ich zitterte vor Wut und Traurigkeit am ganzen Körper und konnte nicht aufhören zu weinen. Die Schmerzen in der Schulter pochten erbarmungslos. Und wieder meldete sich die „Stimme" in meinem Kopf zu Wort, ließ mich an meinem Verstand zweifeln. Ließ mich darüber nachdenken, ob ich dabei war, den Verstand zu verlieren, vielleicht psychisch krank sei. Nach einer ganzen Weile blieben die Tränen aus. Meine Augen brannten und ich saß noch immer regungslos auf dem Sessel. Es wurde still in mir. Ich lauschte meinen Gedanken und musste der „Stimme" in meinem Kopf zugestehen, dass ich mir nicht mehr sicher war, noch psychisch gesund zu sein. Das wiederum machte mir Angst. Was, wenn ich eines Tages wegen der Schmerzen in ein Krankenhaus eingewiesen werden würde? Was, wenn es kein Schmerzmittel mehr geben würde, dass mir half? Was wenn Morphium die letzte Option bleiben würde? Was wenn niemand auf die Idee kommen würde, dass ich möglicherweise gar nicht körperlich sondern psychisch krank sein könnte? Was dann? Würde ich in solch einer Situation den Mut finden und den behandelnden Arzt um eine Untersuchung auf eine psychische Ursache bitten? Immerhin war mir schon aufgefallen, dass die Schmerzen stärker wurden, wenn es mir nicht gut ging. So wie in diesem Augenblick. Die Schmerzen in der Schulter wurden immer stärker und breiteten sich aus. In den Arm, in die Hand. Fast hörte ich die „Stimme" ein „Siehst du!" flüstern. Und ich wusste, käme es einmal dazu, dass ich in eine Klinik müsste, mir würde der Mut fehlen, den Arzt anzusprechen. Dazu hatte ich zu viel Angst, dass meine Vermutung stimmen könnte. Was nur konnte ich tun? Ich steckte mir eine Zigarette an und sann nach. Als ich mich entschloss, den Sessel zu verlassen und mir einen Kaffee zu machen, war es bereits 12:00 Uhr. Und das Aufstehen gestaltete sich schwieriger, als mir zunächst bewusst war. Schmerzen in beiden Armen und im Nacken, Schmerzen im gesamten linken Bein. Mit einem lauten Seufzer brachte ich mich auf die Füße. Ich konnte mich nicht daran erinnern, derartige Schmerzen bisher gehabt zu haben. Nicht so stark. Ich griff nach den Schmerztabletten und nahm eine ein. Erst jetzt bemerkte ich, wie erschöpft und müde ich war. So legte ich mich aufs Bett, um einen Moment zu ruhen, schlief aber kurz darauf feste ein.

9 – Gratwanderung

Wir hatten wieder Blockunterricht. Getrübt von den Ereignissen der vorangegangenen Woche waren meine Stimmung und ebenso die Wiedersehensfreude. Trotz starker Schmerzen und düsteren Gedanken, beherrschte ich doch noch immer das Schauspiel der guten Miene. In mir hatten sich Wut und Traurigkeit eine Behausung zurechtgezimmert. Und sie wollten nicht weichen. Und ich verachtete mich zutiefst dafür, dass ich begann den Kampf gegen die Schmerzen und die Hoffnung zu verlieren. Als ich am zweiten Schultag im Büro von Frau Keller saß und sie mich fragte, wie es mir ginge, ließ mich die Scham wieder lügen: „Momentan geht es ganz gut." Mehr hatte ich ihr nicht zu sagen. Mehr wollte ich nicht sagen. Dem Unterricht folgte ich nur beiläufig. Ich hatte seit mehreren Nächten nicht mehr richtig geschlafen und war bemüht, nicht einzuschlafen. Als ich eine weitere Nacht durch den Traum geweckt wurde, der mich immer wieder sterben ließ, hatte ich es satt. Ich wollte endlich wieder eine Nacht schlafen können. Meine Nerven lagen blank und ich konnte nicht mehr. Gleich am nächsten Morgen machte ich einen Termin in der rheumatologischen Praxis. Und am Abend saß ich zerknirscht und übermüdet im Sprechzimmer des Rheumatologen. Um dem Arzt nicht die Möglichkeit zu geben, mir ein psychisches Problem zu diagnostizieren, verschwieg ich den immer wiederkehrenden Traum einfach und schilderte ihm nur die Dinge die er zu wissen brauchte: „Ich schlafe kaum noch, werde immer wieder wach, weil die Schmerzen so stark sind. Und ich kann nicht mehr, ich bin fertig." Als ich mich diese Sätze aussprechen hörte, stiegen Tränen in mir hoch. Meine Augen wurden feucht, doch ich konnte weitere Tränen unterdrücken. Wieder schämte ich mich, versuchte meine Gefühle zu verbergen, indem ich den Arzt nicht anschaute. „Dass sie nicht mehr können, glaube ich ihnen. Der Schlaf ist ungemein wichtig und ich denke hiermit wird es besser werden." Er reichte mir ein Rezept. Amitryptilin 25mg. „Nehmen sie eine davon, bevor sie schlafen gehen, genau wie zuvor mit der niedrigeren Dosis. Sie werden sehen, dann können sie auch wieder schlafen." Ich nickte nur. „Was nehmen sie denn gegen die Schmerzen ein?" fragte er. „Ich nehme Ibuprofen. Aber das wirkt in der letzten Zeit kaum noch. Und Tolperison. Die helfen zwar, aber auch nur noch wenig." erklärte ich. „Ja, ok. Ich schreibe ihnen Diclofenac 50mg auf. Als Tabletten zum Auflösen und Trinken. Nehmen sie davon dreimal am Tag eine. Und dazu weiter das Tolperison." sagte er und reichte mir ein weiteres Rezept. Er verabschiedete sich und wünschte mir eine gute Besserung. Die Rezepte löste ich noch am selben Abend ein und kaum war ich im Wohnheim, nahm ich auch schon die erste Schmerztablette zu mir. Ich trank das Glas in einem Zug aus, denn es schmeckte schlichtweg widerlich. Ich setzte mich in meinen Sessel und wartete darauf, dass die Wirkung eintrat. Als ich so ruhig da saß wurde mir erst bewusst, an welchen Stellen meines Körpers es schmerzte. Da waren das Ziehen in beiden Schultern, der dumpfe Schmerz im linken Ellenbogen, ein unruhiger Schmerz im linken Handgelenk und ein stechender Schmerz im Lendenwirbelbereich. Und dann ein alles umschlingendes Gefühl von Erschöpfung. Langsam wurden die Schmerzen in den Armen und Schultern weniger. Ich fragte mich, wie es sich wohl früher angefühlt hatte, so ganz ohne Schmerz. Wie war das? Wie fühlte es sich an, wenn nichts weh tat? Ich konnte mich nicht erinnern. Ich hatte es vergessen. Und obwohl ich wusste, dass ich vor vielen Jahren durchaus einmal keine Schmerzen gehabt hatte, kam es mir vor, als habe es diesen Zustand nie gegeben. Ich konnte mich einfach nicht an das Gefühl von Schmerzfreiheit erinnern. Und in mir kam wieder Traurigkeit auf, denn die Hoffnung auf Schmerzfreiheit war dahin. Ich war erst einundzwanzig und doch fühlte ich mich alt. Ausgepowert, verbraucht. Die unruhigen Schmerzen im Handgelenk waren inzwischen kaum noch vorhanden, so halfen die neuen Schmerztabletten wenigstens ein bisschen. Ich nahm das neue Amitryptilin ein und legte mich ins Bett. Innerlich sprach ich mit den Schmerzen. Könnt ihr mich nicht einfach in Ruhe lassen, einfach gehen? Und dann nie wieder kommen? Warum ich? Was sucht ihr ausgerechnet bei mir? Seht ihr nicht, dass es mir ohne euch besser gehen würde? Geht doch! Bitte! Und dann kamen wieder die Ängste vor der Zukunft in mir hoch. Was sollte ich nur tun? Wie sollte es weiter gehen? Welcher Arbeitgeber würde jemanden wie mich einstellen? Immerhin war ich mit der Fibromyalgie ein Risiko. Immer wieder würde ich nicht arbeiten gehen können, würde mich krank melden müssen. Was sollte ich nur tun? Was? Eine starke Müdigkeit sorgte dafür, dass ich über meine Gedanken einschlief. Als am nächsten Morgen der Wecker klingelte, konnte ich es kaum fassen. Ich hatte die ganze Nacht geschlafen. Die erste Freude darüber wurde schnell wieder getrübt, als ich die Schmerzen wahrnahm. Ich hatte Mühe aufzustehen. Jede Bewegung tat weh. Erst nach einigen Minuten war ich auf den Beinen und schleppte mich ohne einen Umweg zu den Schmerztabletten, löste eine in Wasser auf und spülte sie herunter. Der widerliche Geschmack machte die Mundtrockenheit, die an diesem Morgen besonders stark schien, nicht besser. Vielleicht hilft ja ein Kaffee, dachte ich bei mir und stellte die Maschine an. Ich klemmte meine Kleider unter den Arm und ging zur Dusche. Da ich nicht die einzige war, die an diesem Morgen duschen wollte, musste ich schnell machen. Und eine lange heiße Dusche hätte mir sicher gut getan, doch das war einfach nicht drin. Stattdessen duschte ich so schnell es eben ging und so heiß, dass ich es gerade noch aushalten konnte. Die Schmerzen wichen daraufhin ein wenig zurück. Wieder in meinem Zimmer putzte ich mir die Zähne, was jedoch gegen die Mundtrockenheit gar nicht half.

Im Gegenteil, es machte sie schlimmer. So versuchte ich es mit Kaffee. Auch das half nicht. So griff ich zu den bewerten Bonbons. Als ich mich einen Moment hinsetzte, um in Ruhe eine Zigarette zu rauchen, fiel mir ein, dass ich die Schmerztablette zum Mittag während der Schulzeit einnehmen musste. Aber ich wollte auf keinen Fall in der Mittagspause in der Kantine sitzen und dort eine Tablette in mein Wasserglas tun. Ich wollte das nicht vor meinen Freunden tun und ich wollte möglichen Fragen aus dem Weg gehen. Mir kam die Idee, die Tablette einfach in einer kleinen Wasserflasche aufzulösen. Ich stand auf und kramte in der Tüte mit den Pfandflaschen. Und dort fand ich eine kleine Plastikflasche. Ich füllte sie zur Hälfte mit Wasser und packte sie in meinen Rucksack zu der normalen Wasserflasche. Ich schnitt eine Tablette aus dem Blister und vergrub sie in meiner Hosentasche. So würde es sicher unauffällig gehen. Dann nahm ich den Rucksack auf die Schulter und atmete noch einmal tief ein und aus, bevor ich mein „Ausgehgesicht" aufsetzte und im Flur auf die Freundinnen wartete, um gemeinsam zur Schule zu gehen.

Dem Unterricht konnte ich an diesem Morgen etwas besser folgen, ich spürte, dass meine Konzentration dank des Schlafs wieder da war. Die Schmerzen versuchte ich in den Hintergrund zu drängen, was mir nicht immer gelang. Kurz vor der Mittagspause nahm ich die kleine Flasche aus dem Rucksack, klemmte sie zwischen meine Beine und schraubte sie auf. Dann fingerte ich in der Hosentasche die Tablette aus der Verpackung und ließ sie in die Flasche fallen. Ich griff die Flasche am unteren Ende, damit man die Tablette nicht sah und während ich wartete, schaute ich aufmerksam nach vorne. Während der ganzen Zeit schaute ich zur Tafel und mimte Aufmerksamkeit. Als die Tablette aufgelöst war, trank ich die Flasche in einem Zug aus und steckte sie wieder in den Rucksack. Ich spülte etwas Wasser aus der „normalen" Wasserflasche hinterher. Kurz schaute ich mich um und stellte beruhigt fest, dass wohl niemandem etwas aufgefallen war. Nach der Mittagspause hatten wir Unterricht bei unserer Klassenlehrerin. Es galt gemeinsam die anstehende Kursfahrt zu planen, die in der letzten Blockwoche stattfinden sollte. Das Ziel stand schon länger fest, es sollte nach Prag gehen. Frau Keller kannte sich dort gut aus, hatte dort studiert. Da die Kursfahrt im Rahmen der Ausbildung ebenso als eine Studienfahrt gelten sollte, waren Besuche unter anderem in einem Krankenhaus und einer Krankenpflegeschule geplant. Außerdem stand Kultur auf dem Programm. Wir alle freuten uns auf diese Kursfahrt, war es doch eine besondere Sache, in einem fremden Land zu lernen, statt bloß im Unterricht. Ich freute mich auch auf diese Fahrt, obwohl ich mir Gedanken machte, wie es damit aussah, meine Medikamente mitzunehmen. Hinzu kam die Tatsache, dass wir mit mehreren in einem Zimmer schlafen würden und somit kamen auch Bedenken und Sorgen auf, wie ich meine Schmerzen und die Einnahme der Medikamente verbergen konnte. Als der Unterricht endete, klopfte ich an der Bürotür von Frau Keller. Ich wollte mich erkundigen, ob ich meine Medikamente mitnehmen durfte, ohne mit dem Zoll in Konflikt zu geraten. Sie öffnete die Tür und lächelte mich mit einem „Ach Sie sind es, kommen Sie doch rein." an. Sie schloss die Tür und bat mich Platz zu nehmen, während sie sich an den kleinen Tisch setzte. „Wie kann ich Ihnen helfen?" sagte sie freundlich und goss mir ein Glas Wasser ein. Das hatte ich so nun nicht eingeplant. Ich hatte nur eine Antwort auf meine Frage haben und dann wieder verschwinden wollen. „Ich wollte nur kurz fragen, ob ich meine Medikamente mit nach Prag so ohne weiteres mitnehmen kann oder ob es da irgendwelche Zollbestimmungen gibt." erklärte ich meinen Besuch. „Oh. Das ist eine gute Frage. Aber auch eine wichtige. Ich erkundige mich und gebe Ihnen dann Bescheid, wenn es Ihnen recht ist. Schreiben Sie mir doch bitte gerade auf, um welche Medikamente es geht." sagte sie. Da war wieder diese Freundlichkeit, die ich an dieser Frau so schätzte. Sie hätte ebenso gut sagen können, dass sie es nicht weiß und dass ich mich selbst erkundigen solle. Aber sie war einfach anders und so schrieb ich ihr alles schnell auf. Ich wollte schon aufstehen und mich bedanken, als sie mich bat noch einen Moment zu warten. „Mir ist aufgefallen, dass Sie in den letzten Tagen häufig geistesabwesend waren. Geht es Ihnen im Moment nicht gut? Oder haben Sie andere Probleme, die Sie belasten?" fragte sie und wirkte besorgt. Ich überlegte kurz. Ich wollte sie nicht schon wieder anlügen, doch ihr sagen, wie schlecht ich mich in der letzten Zeit fühlte und welche Gedanken in meinem Kopf herum spukten konnte ich nicht. Wollte ich nicht. Ich schämte mich deshalb zu sehr und außerdem war sie meine Lehrerin und nicht eine Freundin. „Ich hatte in der letzten Zeit Schwierigkeiten zu schlafen, doch ich war gestern beim Arzt und er hat mir etwas verschrieben. Und ich habe in der letzten Nacht seit langem mal wieder durchschlafen können." sagte ich wahrheitsgemäß. „Sind die Schmerzen so schlimm? Nehmen Sie denn keine Schmerzmittel? Oder wirken die Mittel die Sie nehmen so schlecht?" fragte sie. Ich erzählte ihr, dass ich Schmerzmittel nahm und dass ich seit dem Abend zuvor ein anderes Schmerzmittel einnahm und ich daher noch nicht abschätzen könne, wie gut es wirken würde. Sie erkundigte sich noch danach, wie gut es denn mit dem Lernen funktionieren würde, da die Schmerzen mich sicher ablenken würden. „In der letzten Woche habe ich es an keinem Tag geschafft, etwas zu lernen, doch ich bleibe am Ball." versprach ich. „Das ist gut. Sie schaffen das, das weiß ich." sagte sie. Ich bedankte mich für die Zeit, die sie mir geschenkt hatte und verabschiedete mich. Schon auf dem Weg zum Wohnheim gingen in meinem Kopf die Gedanken wieder auf Reisen. Meine Lehrerin war so sicher, dass ich es schaffen würde. Und ich? Ich glaubte nicht mehr daran. Ich sah vor mir den Berg, den es zu erklimmen galt, um mein Examen zu bestehen und ich sah in mir keinen Funken Kraft, um bis zur Spitze zu klettern. Im Wohnheim verschwand ich in meinem Zimmer. Ich hatte das Gefühl, mein Kopf würde zerspringen, wenn nicht bald etwas geschah. So versuchte ich meinem Kopf Erleichterung zu verschaffen, indem ich meine Gedanken in den PC eintippte. Und während ich schrieb, fielen mir wieder die Gedanken von vor einigen Tagen ein: Was, wenn ich wegen der Schmerzen in eine Klinik käme? Würde ich den Mut haben, dem Arzt zu sagen, dass ich an meiner psychischen Gesundheit zweifelte? Auch diese Gedanken schrieb ich auf. Als ich endete, begann bereits die Dämmerung. Doch ich wusste noch immer keine Antwort auf die Frage mit dem Arzt. Und während ich so vor mich hin sann, kam mir eine Idee. Ich könnte einfach meine Niederschriften und mein Tagebuch in eine kleine Kiste packen, zusammen mit einem Schreiben an den dann eventuell behandelnden Arzt. Und diese Kiste würde ich verstecken und eine Freundin bitten, im Falle eines Falles diese Kiste dem Arzt zu übergeben. Bis tief in die Nacht hinein war ich damit beschäftigt, alle bisher niedergeschriebenen Sachen auf eine CD zu brennen und einen Brief an den Arzt zu verfassen. Auch einen Brief an Frau Keller schrieb ich. Ich verstaute alles sorgfältig in meinem Schreibtisch, um am nächsten Tag eine geeignete Kiste zu besorgen. Mit den Briefen und dem Zusammentragen meiner Notizen war ich derart beschäftigt gewesen, dass ich vergessen hatte, die Schmerztablette einzunehmen, ebenso die Schlaftablette. Und nun war es nach Mitternacht, die Schlaftablette konnte ich nicht mehr einnehmen, sonst würde ich am nächsten Morgen verschlafen. Die Schmerztablette nahm ich ein, denn die Schmerzen kämpften wieder unerbittlich um Aufmerksamkeit. Ich ging zu Bett, nur konnte ich nicht einschlafen. In meinem Kopf fuhren die Gedanken Karussell und wollten nicht zum Stillstand kommen. Und doch war ich so müde und erschöpft. Das letzte Mal schaute ich um 4:00 Uhr auf meinen Wecker. Als der am Morgen klingelte, fühlte ich mich gerädert. Daran hast du selbst Schuld. Du hättest auch einfach deine Medikamente rechtzeitig einnehmen können. Mit diesen Gedanken begann ein neuer Tag. Ein neuer Morgen. Ein besonders schmerzvoller Morgen. Zwar waren die Schmerzen nach dem Aufwachen immer heftig, doch gingen sie im Laufe der ersten halben Stunden meist ein wenig zurück. Nicht an diesem Morgen. Ich war wütend auf mich selbst und schimpfte mit mir. Du musstest ja auch unbedingt den ganzen Kram für den Fall der Fälle noch gestern Abend fertig machen. Wie kann man so dumm sein? Meine Güte. Und die Quittung, die ja nun prompt eingetroffen ist, musst du auch selbst bezahlen. Selbst Schuld. Wie kann man so dämlich sein? Ich stand vor dem Spiegel und schaute mich an. Man siehst du bescheiden aus, hörte ich mich denken. Ich starrte mein Spiegelbild an und flüsterte ein „Halt doch mal die Klappe!". Und kaum ausgesprochen musste ich wieder daran denken, dass so ein Verhalten sicher nicht normal war. Nicht normal sein konnte. Vielleicht übernahm wirklich Wahnsinn meinen Verstand. Vielleicht war mir einfach nicht mehr zu helfen. Ich trat von dem Spiegel zurück und versuchte mich wieder in der Realität einzufinden. Ich sagte mir, dass ich nur durchhalten müsse, dass jeder einmal kleinere Aussetzer haben könnte, wenn es ihm nicht gut ging und dass ich nicht verrückt war. Dann nahm ich die Schmerztablette ein und packte alles, wie schon am Tag zuvor, für die Mittagseinnahme zurecht. Gedankenleer schlürfte ich eine Tasse Kaffee und ging dann in den Flur, um wie üblich die anderen zu treffen. Es fiel mir an diesem Morgen schwer, gute Laune vorzutäuschen, doch ich biss die Zähne zusammen. Ich überstand den Unterrichtstag mit viel Kaffee und widmete mich, wieder im Wohnheim, meinem Projekt für den Fall der Fälle. Ich hatte im Schrank einen kleinen Karton entdeckt, in dem mein Handy damals geliefert worden war. Er war sehr gut geeignet, alles passte hinein und dennoch war er handlich. Als ich alles eingepackt hatte, umwickelte ich ihn sorgfältig mit viel Klebefilm und klebte ihn unter die Schreibtischplatte. Doch wem sollte ich mich anvertrauen? Wem konnte ich derart vertrauen, dass er oder sie diesen Karton auch wirklich im Fall der Fälle dorthin brachte, wo er hin sollte. Ich überlegte eine Weile und entschied mich dann dazu, sowohl Johanna, als auch einen anderen Freund darum zu bitten. So wäre es sicherer, dass der Karton den richtigen Weg finden würde. Von Hand schrieb ich einen Brief an sie und ihn und brachte ihn direkt auf dem Karton an. Ich wollte keine weitere Zeit verlieren und verließ mein Zimmer, um Johanna aufzusuchen. Ich klopfte an ihre Tür und fragte nach, ob sie etwas Zeit habe, ich müsse etwas mit ihr besprechen. Ich erklärte ihr, dass ich ihr vertrauen würde und dass ich eine Bitte an sie hätte. Sie schaute mich unsicher an. „Ist etwas Ernstes? Ist alles in Ordnung?" fragte sie. Ich beteuerte, dass alles bestens sei und sagte ihr, dass sie mir einen Gefallen tun solle. „Falls ich mal im Krankenhaus liegen sollte, kannst du dann bitte bei mir meinen Zimmerschlüssel holen kommen und etwas aus meinem Zimmer holen?" fragte ich vorsichtig an. „Warum Krankenhaus? Musst du in eins? Ist doch irgendwas?" hakte sie nach. „Nein, es ist nur für den Fall der Fälle. Also würdest du das tun?" fragte ich erneut. „Ja klar. Was genau willst du denn?" erwiderte sie. „Naja, also, ich muss dich bitten, mit niemandem darüber zu sprechen, also ein Geheimnis für dich zu bewahren." sagte ich. Sie nickte und ein „Natürlich." kam über ihre Lippen. „Gut. Also unter meinem Schreibtisch, unter der Platte, klebt ein kleiner Karton. Den sollst du nehmen. Auf dem Karton ist ein Brief, was du mit dem Karton machen sollst. Mehr ist es nicht. Könntest du das für mich tun, wenn es nötig wäre?" endete ich. Sie schaute mich ungläubig an, nickte aber. „Klar. Mache ich. Versprochen. Und ich sage auch niemandem was. Wir sind doch Freunde." sagte sie. Ich war erleichtert und bedankte mich. Wir unterhielten uns noch eine Weile über dies und das. Danach verschwand ich wieder hinter meiner Zimmertür. Am nächsten Tag würde ich den Freund ebenfalls fragen und dann wäre ich diese Sorge los.

Die kommenden Wochen zogen schnell ins Land, während die Schmerzen sich nur schwer beherrschen ließen. An Lernen war meist nicht zu denken. Immer mehr zog ich mich in mein Zimmer zurück, verbrachte Stunden damit, meinen Gedanken nach zu hängen oder versuchte die Schmerzen zu behandeln. Zu dem Schmerzmittel und den Tolperison brachte ich Salben auf oder die Tinktur, die so fürchterlich roch. War ich am Wochenende Zuhause, zog ich mich ebenso in mein Zimmer zurück oder suchte auf Spaziergängen die Einsamkeit. Selbst der Kontakt zu Manuel war nur noch minimal vorhanden, was bei den vielen Streitereien vielleicht auch besser war. So alleine konnte ich ungestört darüber nachdenken, was ich tun sollte. Und ich musste mich meiner nicht schämen, brauchte keine Maskerade, konnte einfach ich sein. An manchen Abenden versuchte ich die Schmerzen in Alkohol zu ertränken. Auch wenn es nur wenig half, so konnte ich im Rausch doch wenigstens ein wenig der Realität entfliehen. Trotz der neuen Schmerztabletten waren die Schmerzen immer präsent. Nur wenn ich schlief, bemerkte ich sie nicht. Doch ich konnte wohl kaum nur schlafen, zudem war das Aufwachen jedes Mal eine Qual. In der Schule versuchte ich mich krampfhaft auf den Unterricht zu konzentrieren, während ein Teil meines Verstandes damit beschäftigt war, sich vorzustellen, dass die Körperteile, die besonders weh taten nicht zu mir gehörten. Ich versuchte sie auszublenden, sie weit in den Hintergrund zu drängen.

In den vielen Stunden, die ich alleine in meinem Zimmer verbrachte und meinen Gedanken lauschte, kam ein Gedanke immer wieder in mir auf: Wenn ich nicht mehr lebe, dann spüre ich auch keine Schmerzen mehr. Doch ich sträubte mich gegen diesen Gedanken. Ich wollte doch leben. Nur nicht so, wie ich es offenbar musste. Ich wollte doch nur frei sein dürfen, schmerzfrei, angstfrei, ohne Scham, ohne Maskerade, ohne Lügen. Ohne all das, was ich so an meinem Dasein verabscheute. Manchmal fasste ich ein wenig Mut, wenn ich im Forum mit den anderen Frauen sprach und sie mir versicherten, dass es auch wieder bessere Zeiten geben würde. Doch meist sah ich diese Zeiten nicht im Entferntesten vor mir liegen. Vielmehr hatte ich den Eindruck, dass mein Leben vom Schmerz eingekesselt, umzingelt war. Hohe, unüberwindbare Mauern um mich herum. Und so sehr ich mich auch windete und Ausschau nach einer Fluchtmöglichkeit hielt, ich sah sie nicht. Und mein Unvermögen, aus dieser Situation herauszukommen, machte mich wütend. Wütend auf mich selbst. Und zu all den düsteren Gedanken gesellte sich immer wieder die Frage, ob ich die Ausbildung nicht besser beenden sollte. Es waren nur noch einige Monate, doch andererseits waren das noch eine Menge Arbeitstage. Dienste, die mir mehr Kraft abverlangten, als ich entbehren konnte. Und immer wieder beschäftigte mich die Frage, ob ich vielleicht „nur" psychisch krank war.

Endlich war es soweit: Wir standen am Bahnhof und warteten auf den Zug. Die Klasse war gut gelaunt und sogar in mir stieg Freude auf die bevorstehende Reise auf. Und mit ihr die Hoffnung, dass die Fremde und neue Eindrücke meine Gedanken lichten könnte und ich wieder Ordnung in mein Gedankenchaos bringen konnte. Die Zugfahrt dauerte etwas mehr als vierzehn Stunden. Die Nacht verbrachten wir in einem Schlafwagen. Trotz der Schlaftablette schlief ich kaum. Die ungewohnte Umgebung und das unbequeme Bett sorgten ebenso dafür, wie die Schmerzen, die sich seit dem Morgen verschlechtert hatten. Als wir vormittags unser Ziel erreicht hatten, war ich erschlagen und hatte Schwierigkeiten mich zu bewegen. An allen erdenklichen Körperstellen pochten, hämmerten und stachen die Schmerzen. Vom Bahnhof aus fuhren wir mit der Straßenbahn weiter, mussten jedoch die letzten 500 Meter zur Pension zu Fuß zurücklegen. Meine Tasche schien tonnenschwer und mir standen Schweißperlen auf der Stirn, denn jeder Schritt schmerzte und strengte mich an. Tanja und Hannah war das aufgefallen, immerhin wussten sie um meine Krankheit und in der Ausbildung lernte man nun mal, Menschen zu beobachten. Sie halfen mir beim Tragen der Tasche, wofür ich ihnen unheimlich dankbar war, mich jedoch auch wieder schämte und mir hilflos vorkam. Und wieder stiegen die Gedanken in mir auf: Ich bin noch keine dreißig und doch kann ich nicht einmal meine Tasche alleine tragen. Und als ich bemerkte, dass Frau Keller gesehen hatte, was die beiden taten, schämte ich mich umso mehr. Am liebsten wäre ich im Boden versunken und nie wieder aufgetaucht.

Nach einer gefühlten kleinen Ewigkeit waren wir in der Pension angekommen. Wir teilten uns die Zimmer jeweils mit vier Personen. Wer mit wem in ein Zimmer zieht hatten wir bereits vor der Fahrt untereinander ausgemacht. Mit mir im Zimmer waren Tanja, Johanna und Hannah. Ich nahm meine Tasche wieder entgegen und ließ mich erst einmal auf mein Bett fallen. Ich war erschöpft von der Reise und den Schmerzen. Die anderen taten es mir gleich und so lagen wir alle vier erst einmal auf unseren Betten. Während die anderen sich unterhielten und Pläne schmiedeten, war ich bereits am überlegen, was ich tun sollte, um mein Wohlbefinden zu steigern. Ich ging erst einmal ins Bad und nahm eine Schmerztablette ein. Die hatte ich in der Hosentasche griffbereit verstaut. Inzwischen waren die anderen bereits mit dem Pläneschmieden fertig. Ich hatte schon vor der Abfahrt beschlossen, mich Piercen zu lassen. Ich teilte den anderen meinen Wunsch mit. So wurde die

Suche nach einem Piercingstudio mit in den Tagesplan aufgenommen. Der erste Tag stand uns allen zur freien Verfügung. Es war noch früh und wir beschlossen, uns erst noch ein wenig auszuruhen, bevor wir uns „ausgehfertig" machen wollten. Ich hatte das Bedürfnis nach einer heißen Dusche und wohlwissend, dass ich etwas länger brauchen würde, nahm ich Handtücher und frische Kleidung aus der Tasche und verschwand im Badezimmer. Heißes Wasser rieselte mir auf den Kopf und die Schultern. Ich hatte die Augen geschlossen und ermahnte mich innerlich dazu, mich nicht hängen zu lassen und den anderen die Stimmung nicht zu verderben. Die Schmerzen in den Schultern ließen ein wenig nach, dennoch fühlte ich mich grausam. Die Arme und Hände taten weh und da half auch das heiße Wasser nicht. In meinem Kopf kamen wieder die düsteren Gedanken zum Vorschein. Doch ich wollte um keinen Preis, dass die anderen erfuhren, wie es mir ging. So verließ ich das Bad mit scheinbar guter Laune. Einige Zeit später erkundigten wir uns in der Pension danach, welche Straßenbahn uns zur Innenstadt bringen würde und verließen dann zusammen mit einigen anderen aus dem Kurs die Pension. Die Stimmung war ausgelassen, alle waren neugierig auf die Stadt. Auch ich freute mich auf ein neues Piercing und die vorgetäuschte gute Laune begann sich langsam in eine ehrliche zu wandeln. Nach einer kurzen Wartezeit an der Haltestelle und einer kurzen Fahrt standen wir mitten in der Stadt. Inzwischen war ich nicht mehr die einzige, die sich neuen Körperschmuck wünschte und so suchten wir in einer völlig unbekannten Stadt nach einem Studio. Nach etwa eineinhalb Stunden hatten wir eins gefunden und stürmten den Laden mit sieben Mädels, die sich ein Piercing machen lassen wollten. Der Studiobesitzer wusste sicher nicht, wie ihm geschah. Da saßen wir wie die Hühner auf der Stange und eine nach der anderen ließ sich piercen. Die Aufregung und der steigende Adrenalinspiegel hatten eine ausgelassene Stimmung zur Folge. Selbst ich hatte eine derart gute Laune, wie schon lange nicht mehr. Nachdem wir alle zufrieden das Studio verlassen hatten, galt es eine Apotheke zu finden, um die desinfizierende Salbe einzukaufen, die der Studiobesitzer uns aufgeschrieben hatte. Wieder liefen wir über eine Stunde suchend durch die Innenstadt. Mit sinkendem Adrenalin wurden die Schmerzen mir wieder bewusst, und sie breiteten sich aus. Meine Schultern schmerzten erneut sehr stark. Ich hatte zwar die Tabletten dabei, jedoch kein Getränk, in dem ich sie hätte auflösen können. Nachdem wir die Apotheke gefunden und die Salbe eingekauft hatten, machte ich den Vorschlag, in einem der Cafés Platz zu nehmen. Ich war froh, dass mein Vorschlag angenommen wurde und so saßen wir wenig später in der warmen Sonne und schlürften Kaffee. Ich hatte ein Wasser dazu bestellt und warf eine der Tabletten in das Glas. Den anderen war dies natürlich nicht entgangen, doch ich konnte wohl kaum mit dem Wasserglas auf der Toilette verschwinden. Das wäre noch seltsamer gewesen. Und den Freundinnen war ja auch nicht neu, dass ich Schmerztabletten einnahm. Doch was sie nicht wussten war, dass ich sie regelmäßig einnahm und dass ich mich nicht gut fühlte. Wie sollten sie es auch wissen, war meine Stimmung doch offensichtlich gut. Als eine von ihnen fragte, was ich denn da nehmen würde, erklärte ich knapp, dass ich Kopfschmerzen hätte und dass es eine Schmerztablette sei. So war die Situation schnell erklärt und niemand stellte weitere Fragen. Und das war mir nur recht. Wäre es nach mir gegangen, dann hätten wir das Café so schnell noch nicht verlassen. Die Tablette dämpfte zwar die Schmerzen etwas, doch ich fühlte mich noch immer ausgelaugt und müde. Doch die anderen hielt es nicht lange an dem Tisch. Und sie hatten auch recht: Wir waren in einer fremden Großstadt und die sollte man erkunden und nicht in einem Café sitzen und die Menschen beobachten. Wir schlenderten noch einige Stunden durch die Stadt, bevor wir uns wieder zur Pension begaben. Die Taschen und Rucksäcke waren mit allerlei Alkohol aufgefüllt und es war geplant, den Rest des Abends mit Trinken zu verbringen. Die anderen aus dem Kurs wurden über den Plan informiert und so saßen wir etwas später bei Wodka mit Orangensaft in unserem leicht überfüllten Zimmer. Es war ein lustiger Abend, doch es wurde, mit steigendem Alkoholspiegel, immer stiller in mir. Ich schaute den Freundinnen zu, lauschte ihren Erzählungen, doch ich trug nichts mehr zu all dem bei. In mir regte sich neben den Schmerzen und Traurigkeit der Wunsch, alleine zu sein. Da letzteres unmöglich war, zog ich mich in mir selbst zurück. Die Traurigkeit nahm mich ganz und gar ein und die Schmerzen, die wellengleich in allen Gliedern strömten, ließen die bekannte Verzweiflung aufkeimen. Ein Gefühl von Gleichgültigkeit gesellte sich dazu. Ein „Alles-sch...-egal-Gefühl" ließ mich meine Schmerztablette einnehmen und mit einem Glas Wodka nachspülen. Ich wusste es besser. Kein Alkohol zu Medikamenten! Innerlich verspottete ich mein Gewissen: Was soll schon noch passieren? Was könnte schlimmer sein? Und was willst du mir Moral predigen? Nicht heute. Alles war mir einfach egal. Und ich trank weiter. Ein Glas nach dem anderen. Erst als sich die Welt um mich herum zu drehen begann, wechselte ich von Wodka zu Wasser. Ich trank noch einige Gläser und legte mich dann zu Bett. Mein besseres Wissen hatte mich davon abgehalten, nach so viel Alkohol, die Schlaftablette einzunehmen. Und mit dem Wissen darum, wie ich mich am Morgen fühlen würde, schlief ich ein.

Am frühen Morgen wachte ich durch die Schmerzen auf. Die Sonne begann gerade erst damit, hinter dem Horizont hervor zu blinzeln und die anderen schliefen tief und fest. Ich drehte mich auf die Seite und schaute aus dem Fenster. Es war recht still dort draußen. Die Schmerzen hatten sich, wie schon geahnt, großzügig ausgebreitet und pochten erbittert.

Und so meldete sich nun mein Gewissen voller Hohn zurück: Tja, wie kann man auch nur so dumm sein? Du wusstest es doch besser und nun? Ich müsste lügen, würde ich sagen, du hättest es anders verdient. Ich drängte diesen Gedanken bei Seite, nahm eine Tablette ein und positionierte mich dann so bequem es eben ging. Ich war müde und wollte noch schlafen, doch es ging einfach nicht. Ich versuchte es mit einer der Meditationsübungen. Langsam entspannte ich mich und schlief dann nach einiger Zeit endlich wieder ein. Als mich Tanja weckte, hatte ich das Gefühl, gerade erst eingeschlafen zu sein, doch inzwischen waren drei Stunden vergangen. An diesem Tag stand die kulturelle Seite der Stadt auf dem Programm. Um 10:00 Uhr trafen wir uns alle vor der Pension. Wir besichtigten die Burg und den Dom hoch über der Stadt, waren einige Stunden zu Fuß unterwegs. Die Schmerzen waren nicht mehr so schlimm, wie noch am frühen Morgen, doch sie trugen sehr dazu bei, dass ich nach dem Fußmarsch bereits vollkommen erschöpft war. Hinzu kam die Hitze, denn die Sonne stand hoch am Himmel und strahlte ohne Unterlass. Wie eine tonnenschwere Last drückte es mir auf den Schultern. Als die Führung vorüber und wir noch einige Zeit für eigene Erkundungen hatten, suchte ich mir einen schattigen Platz und setzte mich auf den Boden. Nicht nur die Schmerzen und die Hitze drückten mir auf das Gemüt. Hinzu gesellte sich noch die Angst vor dem Rückweg, den weiten Weg wieder hinunter in die

Stadt. Und ich konnte jetzt schon kaum noch. Ich war fertig, erschöpft und meine Füße brannten, während die Arme immer mehr wehtaten. Doch was blieb mir anderes übrig. Dort sitzen zu bleiben, war keine Option. Als die Zeit gekommen war, da wir uns alle wieder zusammenfinden sollten, rappelte ich mich auf und schlurfte zum Treffpunkt. Das gute am Rückweg war, dass es bergab ging und der Weg nicht so mühselig zu bestreiten war, wie der Hinweg. Als wir die Stadt erreichten, sehnte sich jede Faser in mir nach einem Sofa oder einem Bett. Nur mein Mund nicht. Der sehnte sich nach Feuchtigkeit. Der Geschmack, der gerade auf meiner Zunge lag, war einfach widerlich. Das nächste Ziel unserer Reise war ein besonderes Restaurant in einem Gewölbekeller. Und wieder hieß es: Auf die Zähne beißen und weiter laufen. Ich versuchte gedanklich aus meinem Körper zu flüchten und ließ meine Beine einfach nur noch funktionieren. Einen Schritt vor den anderen. Einfach den anderen folgen. Schritt um Schritt. Ich zog mich in die hinterste Ecke meiner Gehirnwindungen zurück, so dass ich nicht einmal mehr fähig war, einen klaren Gedanken zu fassen. Nur ein Gedanke blieb im Vordergrund: Weiterlaufen! Als wir das Restaurant erreichten, hatte ich Mühe, mich wieder in das hier und jetzt zu holen. Es war, als würde ich träumen. Einer jener Träume, in denen man sich selbst beobachten kann. Man sehen kann, wie man irgendwelche Dinge tut. So sah ich mich den Stuhl unter dem zugewiesenen Tisch hervorziehen und mich hinsetzen. Ich hörte mich eine Cola bestellen und ich sah mich dort sitzen, still und erschöpft. Es dauerte einige Minuten, bis ich wieder zu mir kam. Die anderen waren munter am Plappern und ich nahm meine Rolle wieder ein und tat es ihnen gleich. Endlich wurden die Getränke serviert und endlich konnte ich diesen Geschmack aus meinem Mund spülen. Die Schmerzen beruhigten sich nach einiger Zeit etwas und als das Essen gebracht wurde, hatte ich wenigstens nicht mehr Angst darum, Gabel und Messer nicht halten zu können. Auch meine Stimmung begann sich zu bessern. Die gute Laune meiner Mitschüler war ansteckend und als wir nach einiger Zeit das Restaurant verließen, ging es mir deutlich besser. Zu meinem Glück war ich nicht die einzige, die in die Pension zurückkehren und sich ein wenig ausruhen wollte. Als ich endlich in unserem Zimmer angekommen war, ließ ich mich hinterrücks auf das Bett fallen und versank in geistiger Abwesenheit. Als mich mein Verstand wieder erreichen konnte, stand ich kurz auf, löste im Badezimmer eine der Tabletten in Wasser und nahm sie ein. Nur um anschließend wieder auf das Bett zu sinken. Und wieder schlichen in meinen Gedanken jene herum, die einfach keine Ruhe geben wollte. Was, wenn du doch besser mal einen Psychologen aufsuchst? Was, wenn du doch „nur" psychisch krank bist? Was bist du noch wert, so wie du dich gerade fühlst? Was macht das Leben so noch für einen Sinn? Gib' doch zu, dass du so nicht weiter machen willst. Ich schrie mich innerlich an: Haltet den Mund! Seid still! Ich will meine Ruhe! Doch wie schon so oft, wollte keine Ruhe einkehren, nur Traurigkeit, Bitterkeit, Verzweiflung. Ich erhob mich vom Bett und setzte mich in einen der Sessel. Eine Ablenkung musste her. So schaltete ich den Fernseher ein und starrte auf den Bildschirm.

Gegen Abend fühlte ich mich besser. Und meine Freundinnen auch. Wir hatten geplant, in eine der Diskotheken zu gehen und machten uns am Abend auf den Weg in die Innenstadt. Kaum waren wir in der Diskothek angekommen, bemerkte ich, wie Müdigkeit über mich hereinbrach. Da ich ohnehin keinen Alkohol trinken wollte, füllte ich meinen leeren Akku mit Cola und Kaffee auf. Es war ein schöner Abend, obgleich ich mich damit begnügte, den anderen beim Tanzen und den bunten Lichtern zuzuschauen. Doch das reichte mir vollkommen. Zudem waren meine Gedanken einfach mal still. Erst spät kamen wir in der Pension wieder an. Dank der Schlaftablette brauchte ich nicht lange, um ins Land der Träume zu versinken. Als ich am Morgen die ersten Geräusche wahrnahm, die eine der anderen im Badezimmer verursachte, fühlte ich mich besser, als am Vortag. Die Schmerzen begannen zwar langsam an mir herauf zu kriechen, doch meine Gedanken waren nicht so düster. Sie waren ruhig und schwiegen. Ich döste noch eine Weile vor mich hin, bevor ich mich aus dem Bett pellte und mich an die Bettkante setzte. Ich nahm meine Tabletten ein und wartete, bis das Bad frei war, um heiß zu duschen. An diesem Tag stand die Besichtigung einer Krankenpflegeschule und eines Krankenhauses auf dem Programm. Ein kleiner Funke Angst kam in mir auf, im Gedanken daran, dass wir wieder viel zu Fuß unterwegs sein würden. Doch andererseits wollte ich diese Besichtigungen nicht verpassen, ganz zu schweigen davon, dass ich hätte jemandem sagen müssen, dass es mir nicht gut ginge. Auf diese Idee wäre ich nicht gekommen, mein Stolz hätte das nicht zugelassen. Für einen Moment stellte ich mir vor, dass ich Frau Keller sagen würde, dass ich so starke Schmerzen hätte, dass ich nicht mitgehen könne. Ich spürte fast die Peinlichkeit, die mir ein solches Geständnis einbringen würde. Und außerdem wäre es gelogen gewesen. Die Schmerzen waren an diesem Morgen nicht so stark, wie am Morgen zuvor, auch wenn sie da waren. Und wie sollte ich erklären, dass ich davon ausgehe, dass die Schmerzen stärker werden, wenn ich viel zu Fuß unterwegs bin. Wer glaubt denn sowas? Und vor allem, woher wollte ich das denn wissen? Vielleicht verlief dieser Tag ja ganz anders, als der letzte. Die Schmerzen waren schließlich immer für eine Überraschung gut. Nur für eine nicht: Vollkommen abwesend zu sein. Mit einer großen Portion Selbstironie musste ich lachen. Niemals den Humor verlieren! Das war eigentlich ein gutes Rezept. Ich hatte bereits schwerkranke Patienten erlebt, die eben jenen Satz von sich gegeben hatten. „Man darf niemals den Humor verlieren. Denn wenn man den erst einmal verliert, dann ist es aus." Ich kann mich sogar noch heute an das Gesicht des Patienten erinnern, der diesen Satz zuerst zu mir sagte. Mit einem stillen Lächeln hatte er mich angeschaut und ich hatte einfach nur genickt. Erst jetzt begriff ich, was er gemeint hatte. Und ich war bei weitem nicht so krank, wie er es gewesen war. „Du siehst, es ist alles halb so schlimm. Nun schwing deinen Paradekörper unter der Dusche raus und mach dich fertig für den Ausflug!" feuerte ich mich selbst gedanklich an. Wie heißt es so schön? Erstens kommt es anders…. Die Krankenpflegeschule und auch das Krankenhaus lagen unweit einer Straßenbahnhaltestelle. So waren die Fußmärsche doch eher kurz. …und zweitens als man denkt…: Die Schmerzen begannen stärker zu werden, ohne dass wir weit gegangen waren. Schon in der Straßenbahn bemerkte ich, wie sie anfingen zu revoltieren. Dieses Mal hatte ich eine kleine Flasche Wasser mitgenommen und die Schmerztabletten auch. Ich ließ mich in der Gruppe langsam ans Ende fallen und als ich mich unbeobachtet fühlte, versenkte ich die Tablette in der Flasche. Dazu nahm ich zwei Tolperison und trottete den anderen nach geleerter Flasche hinterher. Die Besichtigungen waren unheimlich interessant. Besonders im Krankenhaus kam der gesamte Kurs aus dem Staunen nicht mehr heraus. Es war im Vergleich zu „unserem" eine andere Welt. Die Ärztin, die uns herum führte, erzählte von den regulären 24-Stunden-Diensten der Krankenschwestern, dem Gehalt, zeigte die Station. Und wir alle begannen zu begreifen, wie gut wir es hatten. Wie gut es uns doch ging. Als wir die Klinik wieder verließen, herrschte relative Ruhe unter uns. Auch der anschließende Besuch in der Krankenpflegeschule verursachte schnell offen stehende Münder. Wieder wurde schnell klar, wie gut wir es hatten und wie verwöhnt wir doch eigentlich von Fortschritt und Technologie waren. Und während wir uns allein auf den Lehrstoff zur Ausbildung konzentrieren mussten, so war es in Tschechien üblich, dass man zur Ausbildung auch gleichzeitig parallel das Abitur machte.

Als wir später in der Straßenbahn in Richtung Innenstadt saßen, war ich erschöpfter, als noch am Tag zuvor. Wieder musste ich erkennen, dass die Schmerzen keinen festen Regeln folgten. Wir waren an diesem Tag nicht einmal halb so weit zu Fuß gelaufen, als am Vortag. Und hatte ich in der Nacht zuvor nur durch immensen Alkoholkonsum geschlafen, war ich in der letzten Nacht doch „brav" gewesen und hatte meine Schlaftablette eingenommen und keinen Tropfen Alkohol angerührt. Und doch pochten die Schmerzen so stark, dass ich es kaum ertrug. Ich saß in der Straßenbahn in mich gekehrt und versuchte mit den Schmerzen zu reden. In Gedanken. Ich versuchte zu ergründen, warum sie so tobten. Doch ich erhielt keine Antwort. Ich redete ruhig auf sie ein, als wollte ich ein schreiendes Kind beruhigen. Ich massierte meine linke Handfläche, die sich besonders schlimm anfühlte. Alles vergebens. Nur der Schmerz in der Schulter schien ein wenig zurückzugehen, doch nicht zu verschwinden. An unserem Ziel angekommen verließen wir die Straßenbahn und kehrten in einem kleinen, gemütlichen Restaurant ein. Die Tischgespräche drehten sich um die besichtigten Gebäude, um die Menschen, die dort arbeiteten oder dort behandelt wurden. Zu sehr hatte es uns alle tief beeindruckt und berührt. Ich lauschte den Gesprächen und versuchte, in Gedanken, weiter mit den Schmerzen zu kommunizieren. Doch mir erschien es, als würden sie mich nicht hören. Als würden sie einfach nicht auf mich reagieren, mich vielleicht sogar ignorieren. Und so gab ich es nach einer Weile auf. Vielleicht würde es mich ablenken, wenn ich an den Gesprächen der anderen teilnehmen würde. Dies funktionierte wenigstens solange, bis das Essen serviert wurde. Frau Keller hatte uns ein Nationalgericht empfohlen: Eine Suppe in einem ausgehöhlten Laib Brot. Und kaum nahm ich den Löffel in die Hand, war es um die Ablenkung geschehen. Meine Hände taten weh und ich konnte den Löffel nur mit viel Konzentration ruhig halten. Das essen der Suppe wurde zu einer Qual, wollte ich mich doch auf keinen Fall durch Kleckereien blamieren. Ich machte den Löffel gerade nur halb voll, stützte meinen Ellenbogen feste auf den Tisch und versuchte nicht angestrengt auszusehen. Das Essen war wirklich lecker, doch es konnte mich nicht von meinen Gedanken ablenken. Wie peinlich. Nicht einmal eine Suppe konnte ich ohne Probleme essen. Ich wurde wütend auf mich selbst und schimpfte innerlich. So löffelte ich wütend und mit weniger guten Tischmanieren die Suppe in mich hinein. Selbst das Abbrechen des Brotes von den Seiten, wurde zu einer Zerreißprobe. Meine Finger wollten einfach nicht so funktionieren, wie ich es ihnen befahl und sie zitterten, als gehörten sie einer alten Frau. Schau dich an. Das ist doch einfach nur peinlich. Wenn das jemand sieht. Was soll man dann von dir denken? In mir spottete ich über meine Unfähigkeit und meine Schwäche. Hinzu kamen die Angst und die Traurigkeit, die sich fragten, wohin das noch führen würde. Was, wenn ich in absehbarer Zeit nicht mal mehr in der Lage war, in Gesellschaft zu speisen. Jedenfalls ohne mich selbst bloß zu stellen. Und was, wenn ich es in ein paar Jahren nicht mehr selbst konnte? Was, wenn ich jemanden brauchen würde, der mir das Essen reichte? Nun, das war übertrieben, aber wer konnte mir schon sagen, dass es nicht soweit kommen würde? Wer würde mich vom Gegenteil überzeugen? Gedanklich schrie ich ein lautes „Nein!" in mich hinein. Solche Gedanken wollte ich nicht haben und ich wollte auch auf gar keinen Fall so enden. Ich war doch noch jung. Stand mitten im Leben. Was für ein Leben das war, stand auf einem anderen Papier. Ich legte den Löffel beiseite, pflückte noch ein Stück Brot und kaute gedankenversunken darauf herum. „Bist du schon satt?" fragte eine meiner Freundinnen. „Nein, ich habe es satt!" wäre eine Antwort gewesen, die ich gerne gegeben hätte. „Ja. Es war richtig lecker, schade, dass ich nicht alles packe." antwortete ich stattdessen freundlich.

Eigentlich war ich es so satt, mich zu verstecken, doch ich brachte es einfach nicht über mich, offen und ehrlich zu sagen, wie es mir ging. Und schon gar nicht, was ich so dachte. Jeder, der ein bisschen Verstand besaß, würde mich sofort einweisen, wenn ich von meinen Gedanken erzählen würde. Ich selbst, spielte ja oft genug mit dem Gedanken, dies zu tun. Warum sollte jemand anderes also zögern. Die Tischgespräche wechselten von einem nachdenklichen Ton über in verschiedene, meist lustige Gespräche. So musste ich, wollte ich nicht auffallen und mich lästigen Fragen stellen, meine Gedanken beiseiteschieben und wieder mit dem üblichen Schauspiel beginnen. Und das beherrschte ich inzwischen derart gut, dass ich mir manchmal nicht einmal sicher war, ob ich nun gute Laune hatte oder nicht. Aber immerhin war so auch sicher, dass niemandem etwas auffallen würde.

Am Abend, als die anderen schon in ihren Betten lagen und schliefen, lag ich trotz der Schlaftablette noch wach im Bett. Ich starrte in die Dunkelheit und fühlte mich mies. Die Schmerzen trugen einen großen Teil dazu bei, doch besonders meine Gedanken waren schuld daran. Sie drehten sich im Kreis. Sie sogen alles um sich herum in tiefe Dunkelheit, verursachten Traurigkeit und Verzweiflung. Was ist das für ein Leben, das ich führe? Wie soll es nur weitergehen? Würden die Schmerzen immer schlimmer werden? Wäre ich irgendwann soweit, dass ich mich kaum noch bewegen könnte? Würde ich eines Tages an ein Bett gefesselt liegen und hoffen, dass einer der Ärzte Erbarmen hatte? Ich sah es vor meinen Augen, als sei es real. Ich sah mich dort in einem Krankenbett liegen, sah mich immer wieder auf den Knopf der Schmerzmittelpumpe drücken. Ich fühlte beinahe, wie starke Betäubungsmittel mir jeden klaren Gedanken raubten. Angst bemächtigte sich meiner. Meine Zukunft lag in einer dichten Nebelwolke, in die kein Licht mehr durchdrang. Eine andere Version meiner Zukunft tat sich vor mir auf. Ich saß in einem Zimmer der Psychiatrie. Ich sah mich dort sitzen und mich fragen, wie es soweit kommen konnte. Ich sah die Psychologen um mich herum, die versuchten, mich mit neuen Medikamenten einzustellen, so dass ich wieder einen klaren Gedanken fassen könne. Und ich sah, dass nichts mir helfen würde. Dann sah ich mich in der Examensprüfung sitzen und versagen. Ich sah meinen Traum zerplatzen. Der Traum, einmal eine gute Krankenschwester zu werden, die anderen half, wieder gesund zu werden. Tränen stiegen in mir hoch. Um die anderen nicht zu wecken, ging ich ins Badezimmer und weinte. Ich weinte um meine verlorene Zukunft, weinte der Schmerzen wegen, die sich seit dem Morgen immens gesteigert hatten, weinte vor Verzweiflung. Tränenleer kroch ich spät in der Nacht unter die Bettdecke und schlief unruhig ein.

Schlaftrunken hörte ich die anderen leise im Zimmer auf und ab laufen. Ich wollte meine Augen nicht öffnen, ich fühlte mich benommen und müde. Ehrlich gesagt war ich nicht sicher, ob ich nicht vielleicht doch noch schlief. Doch ich hörte die Dusche im Badezimmer laufen, hörte die Gespräche der anderen und ich hörte eine der Freundinnen, wie sie meinen Namen sagte und mich wecken wollte. „Ich stehe gleich auf. Bin gleich da." sagte ich, während meine Augen noch immer geschlossen waren. Nur noch fünf Minuten dachte ich bei mir und dreht mich noch einmal auf die andere Seite. Langsam verschwand das benommene Gefühl und machte dem Rest in mir Platz. Plötzlich war die Erinnerung an die dunkle Nacht wieder da. Und dazu gesellten sich die ersten Schmerzen in linker Hand und linkem Arm und der ekelhafte Geschmack im Mund. Zerknirscht erhob ich mich und setzte mich auf. Ich griff nach einem Bonbon und schob es in den Mund. Als das Badezimmer frei wurde, verschwand ich mit den Schmerztabletten dort und ließ sie sich auflösen, während ich duschte. In meinem Kopf herrschte eine seltsame Leere. Alles war irgendwie grau. Vernebelt. Und ich hatte dieses unheimliche Gefühl in mir, dass mir sagte, alles sei bedeutungslos und egal. Nichts sei mehr wichtig. Ich fühlte mich, als habe ich eine wichtige Entscheidung getroffen, die alle Last von meinen

Schultern nehmen konnte. Nur wusste ich nicht, welche das war. Bevor ich die Badezimmertür öffnete, nahm ich tief Luft. Ich ging ins Zimmer und begrüßte die anderen mit einem freundlichen, gut gelaunten „Guten Morgen!". Manchmal erschrak ich über mich selbst, wie unverfroren ich lügen konnte, ebenso an diesem Morgen. Doch anders als sonst, kümmerte es mich nicht weiter. Irgendetwas ging in mir vor und ich konnte nicht erkennen, was es war. Diese unheimliche Ruhe, dieses seltsame Gefühl. Unfähig zu ergründen, was genau unheimlich und seltsam an etwas Ruhe in mir war, versuchte ich das Positive daran zu entdecken. Es war ruhig. Hatte ich nicht schon mehr als einmal meine Gedanken eben darum gebeten? Ich ignorierte die Angst, die sich fragte, ob etwas mit mir nicht in Ordnung sei und unterhielt mich mit meinen Freunden.

Am Abend wurde es in mir etwas unruhiger. Frau Keller hatte schon vor der Anreise Karten für ein Musical eingekauft. Ich freute mich auf das Musical, zumal es um Johanna von Orleans ging. Ich hatte noch vor nicht allzu langer Zeit einen Film über sie gesehen und ich erinnerte mich, wie gefesselt ich ihn angeschaut hatte. So erklärte ich mir die leise Unruhe durch die Vorfreude auf den Musical-Besuch. Wir fuhren mit der Straßenbahn in die Innenstadt und waren nach einem kleinen Fußweg schon an unserem Ziel angekommen. Wer schon einmal ein Musical gesehen hat, der weiß, wie schnell man sich in eine andere Welt versetzt fühlt, wie schnell man die Welt um sich herum vergisst. Ebenso erging es mir. Ich verstand zwar nicht ein Wort der Gesänge, denn die Lieder wurden in Tschechisch vorgetragen. Dennoch fesselten mich die Handlung und die Stimmung. Es war gar nicht nötig, die Sprache zu verstehen. Als sich das Musical dem Ende neigte, wurden die Lieder schwermütiger, passten sich der traurigen Handlung von Folter, Schmerz und Hinrichtung an. Ich spürte den Schmerz, den die Lieder ausdrückten, spürte die Verzweiflung Johannas und ihre Angst. Tränen liefen mir über die Wangen, als sie starb. Und als ihre Seele dann, befreit von Schmerz und Angst, gen Himmel steigen konnte, sehnte ich mich nach eben einer solchen Freiheit. Ich weinte noch, als wir den Saal verließen. Das Stück hatte mich tief berührt. Ich wischte die Tränen beiseite und rief mir ins Bewusstsein, dass es nur ein Musical war, dass ich wieder auf den Boden der Tatsachen kommen musste. Wieder im Hier und Jetzt stellte ich fest, dass ich nicht die einzige war, die den Saal mit feuchten Augen verlassen hatte. Auch einige meiner Freundinnen waren durch die Musik zu Tränen gerührt gewesen. Wir sammelten uns vor dem Eingang und besprachen die weitere Abendplanung. Da es unser letzter Tag in Prag sein würde, beschlossen wir, alle gemeinsam, mit Frau Keller und Frau Hart, in einen Biergarten zu gehen und gemeinsam etwas zu trinken. Nach einer kurzen Unterredung beschloss der Kurs, den Weg dorthin zu Fuß zurückzulegen. Die Luft war angenehm, es war nicht kalt und die Hitze des Mittags war verschwunden. Wir gingen entlang der Moldau. Während die anderen ausgelassener Stimmung waren, ließ mich die Traurigkeit nicht aus ihren Fängen und die Gedanken der vergangenen Nacht kamen wieder. Ich verlangsamte meine Schritte, so dass die Gruppe unweigerlich an mir vorbei ziehen konnte und ich endlich alleine war. Ich wollte alleine sein, zumal mir die Kraft für Schauspielerei einfach fehlte. Nach einigen Minuten waren meine Klassenkameraden etwa fünfzig Meter voraus. Und auch die Lehrerinnen, die ein wenig hinter der Gruppe liefen, waren an mir vorbei gegangen. Endlich Ruhe, endlich allein. Endlich konnte ich meine Maskerade fallen lassen, konnte sein, wie ich mich fühlte. Und dann kamen die seltsame Ruhe und das Gefühl vom Morgen wieder in mir auf. Sie vermischten sich mit den Gedanken der letzten Nacht. Mir liefen einige Tränen herab und in meinem Kopf nahm eine Gedankenformation eine immer klarere und stärkere Gestalt an: Warum dieses Leben nicht einfach beenden? Warum noch weiteren Schmerz ertragen? Warum noch weiter verstecken? Warum nicht hier und jetzt dem Ganzen ein Ende setzen? Diese vier Fragen drehten sich in meinem Kopf immer und immer wieder. Ich kehrte in mich und spürte den Schmerzen nach, die sich in diesem Moment aufbauschten: In meinen Schultern, meinen Armen, meinen Händen, meinem Rücken, meinen Beinen. Alles tat weh und ich wünschte, ich könne zerbersten. Zerbersten und mich dann wieder ohne den Schmerz zusammensetzen. Wie ein Puzzle. Hämisch lachten meine Gedanken über mich: Du weißt das geht nicht. Es geht nicht und den Schmerz wirst du nie wieder los. Nie wieder. Diese Einsicht ließ mich auf die vier umher kreisenden Fragen nur eine einzige Antwort finden: Warum nicht! Ich schaute der Gruppe meiner Freunde nach und sah sie fröhlich voranschreiten, hörte sie lachen. Und dennoch kreisten die Gedanken weiter. Ich war es leid die Schmerzen zu fühlen. Ich war meines sogenannten Lebens so satt. Ich schaute auf den Fluss und fragte mich, ob ich mich nicht hinein springen sollte. Ich konnte nicht schwimmen und warum nicht im schönen Plätschern des Flusses versinken und nie wieder auftauchen. Nie wieder Schmerz, nie wieder Angst, nie wieder Sorgen. Für einen Moment herrschte vollkommene Ruhe in mir, doch auf einmal hörte ich Schritte neben mir. Für einen Augenblick dachte ich, dass es ein normaler Fußgänger wäre, doch als die Schritte nicht an mir vorbei gingen, schaute ich neben mich und sah Frau Hart, unsere Praxisanleiterin. „Ist alles in Ordnung bei Ihnen?" fragte sie mich. In Sekundenschnelle rasten meine Gedanken: Was sollte ich antworten? Die Wahrheit sagen? Was tun? Und dann hörte ich auch schon meinen Mund ein „Nein." sagen. Was hatte ich auch zu verlieren? Warum nicht mit jemandem reden? Und ehe ich meiner knappen Antwort noch etwas hinzufügen konnte, fragte sie: „Ist es wegen der Schmerzen?" Ich nickte nur stumm und kämpfte mit den Tränen. Ich schluckte sie herunter und brachte ein „Ich fühle mich nicht gut." hervor. „Wenn Sie reden möchten, ich bin hier." sagte sie und ging einfach weiter neben mir her. Diese Worte klangen nach einem Rettungsring, den man mir zuwarf. Sie drängte mich zu nichts und ich überlegte, wie ich ihr erklären konnte, was in mir vorging. „Ich habe das Gefühl wahninnig zu werden. Ich habe das Gefühl im Dunkel zu stehen und sehe nirgends ein Licht, sehe keinen Ausweg. Die Schmerzen werden immer schlimmer. Alles in meinem Leben dreht sich nur noch um die Schmerzen, darum, wie ich welche Bewegung wie ausführe, damit ich nicht noch mehr Schmerzen habe. Und so wie es mir momentan geht, weiß ich nicht, wie ich mein Examen schaffen soll. Ich weiß nicht, was ich machen soll." purzelten die Sätze aus mir heraus. Sie hörte einfach nur zu. „Ich habe den Eindruck, dass ich mit niemandem darüber reden kann, dass niemand mich versteht." erzählte ich weiter. Ich sprach über die Ärzte, meine vergeblichen Therapien, meine Auseinandersetzungen mit meinem Partner und dem Ende der Beziehung, die Probleme, die sich durch die Schmerzen im Praxisalltag ergaben, die Probleme im Alltag. Meine Angst davor, psychisch krank zu sein. Nur die Gedanken der letzten Minuten, bevor sie mich angesprochen hatte, behielt ich für mich. „Und ich finde es so furchtbar, dass niemand versteht, wie ich mich fühle." fügte ich hinzu. „Aber das kann doch auch niemand. Niemand kann sich in Ihre Lage hinein versetzen. Verstehen Sie das? Selbst wenn Sie versuchen es jemandem zu erklären, so wird es nicht möglich sein, es so zu verstehen, wie Sie es fühlen." sagte sie. Über diese Aussage musste ich einen Moment lang nachdenken. Und dann musste ich mir eingestehen, dass sie Recht hatte. Und das wiederum vereinfachte die Situation irgendwie. Plötzlich erkannte ich, dass mein Anspruch an andere, mich verstehen zu können, zu hoch gesteckt war. Es konnte nicht gehen. Je länger wir uns unterhielten, desto mehr kam ich zu der Einsicht, dass ich mit meiner Umwelt völlig falsch umgegangen war. Vor allem, weil ich über meine Schmerzen mit kaum jemandem sprach. Und dann gab sie mir einen entscheidenden Tipp: „Haben sie mal überlegt in eine Schmerztherapie zu gehen? Unser Haus hat eine ambulante Schmerztherapie, vielleicht sollten sie sich dort anmelden. Die haben einen sehr guten Ruf und ich habe schon von vielen gehört, dass man ihnen dort helfen konnte. Die Therapie dauert allerdings sechs Wochen. Sie könnten das doch direkt nach der Ausbildung machen. Und gehen Sie vorher schon einmal hin und lassen Sie sich untersuchen." erklärte sie. „Denken Sie mal darüber nach." fügte sie an. Wir erreichten den Biergarten und so endete unser Gespräch. Als ich mich hinsetzte bemerkte ich erst, dass die Schmerzen weniger geworden waren und meine düsteren Gedanken sich gelichtet hatten. Sie waren zwar nicht verschwunden, doch ich konnte spüren, dass die Last auf meinen Schultern nicht mehr ganz so schwer drückte, wie noch vor dreißig Minuten. Ich schob die Gedanken beiseite und nahm an den fröhlichen Gesprächen der anderen teil. Als wir spät in der Nacht die Pension erreichten, bemerkte ich, dass sich etwas in mir drin verändert hatte. Ein kleiner Funken Hoffnung glühte wieder in mir. Schwach, aber er glühte. Und das hatte er schon so lange nicht mehr getan.

10 – Spiel auf Zeit

Ich war wieder mittendrin im Arbeitsalltag. Der Urlaub nach der Studienreise war schnell vergangen und so stand ich wieder Morgen für Morgen auf der Station. Es sollte der letzte Einsatz in der Ausbildung sein. In ein paar Wochen würde ich hier mein praktisches Examen machen. Schon montags hatte ich direkt in der rheumatologischen Praxis angerufen und einen Termin vereinbart. Ich wollte mit dem Arzt sprechen und ihn bitten, mich an die ambulante Schmerzklink zu überweisen. Als ich dann donnerstags vor ihm saß und ihm mein Anliegen erklärte, reagierte er, anders als ich es erwartet hatte, verständnisvoll und bestärkte mich sogar in meiner Entscheidung. Kaum hatte ich die Praxis wieder verlassen, meldete ich mich in der Schmerzklinik an. Ich erklärte, dass ich die Therapie erst nach Beendigung der Ausbildung beginnen könne und stieß auch hier auf Verständnis. Etwa eine Woche später erhielt ich einen Brief von der Schmerzklinik. Darin waren ein Termin für eine Voruntersuchung und der Termin für den Beginn der Schmerztherapie. Es würde noch etwa fünf Monate dauern, bis es soweit war, doch ich sagte mir, dass ich auch diese Zeit rumbekäme. Was waren schon ein paar Monate, wenn man seit Jahren Schmerzen hatte. Doch stand hinter all der Hoffnung, die diese Therapie mit sich brachte auch die Angst, dass man mir auch dort nicht helfen konnte. Es war ein Fragebogen mit im Umschlag, den ich bitte ausfüllen und dann in der Klinik abgeben sollte. Ich kochte mir einen Kaffee, verschloss meine Zimmertür und nahm mir Ruhe und Zeit, um den Fragebogen auszufüllen. Die Fragen gingen detailliert auf die Schmerzen ein, auf die Situationen, in denen sie vorkamen, auf die Stärke der Schmerzen in bestimmten Situationen, auf die Einnahme von Medikamenten. Die Schmerzstärke sollte ich in Zahlen zwischen 0 und 10 beschreiben. Eine 0 bedeutete keinerlei Schmerz, die 10 stand für die schlimmsten Schmerzen, die man sich vorstellen konnte. Meine Antworten lagen meist zwischen 7 und 8. Auch bei den Fragen um die Häufigkeit der Schmerzen, eingeteilt von „selten" bis „sehr häufig", musste ich meist das „sehr häufig" ankreuzen. Der Bogen war wirklich sehr spezifisch und ich fühlte mich zum ersten Mal gut aufgehoben. Noch war ich zwar nicht in Behandlung, doch der Bogen traf durch seine Fragen eine eindeutige Aussage: Hier haben Sie es mit jemandem zu tun, der sich in Sachen Schmerzen sehr gut auskennt. So war ich etwas beruhigter darüber, ob man mir helfen konnte, oder nicht. Eine Woche später hatte ich den Untersuchungstermin für die Voruntersuchung. Die Ärztin stellte mir auch sehr spezifische Fragen und untersuchte mich gründlich. Als ich mich wieder angezogen hatte, folgte ein kurzes Gespräch. Die Ärztin fragte mich, ob ich schon einmal versucht hatte, die Schmerzen mit einem Tens-Gerät zu behandeln. Ich ließ mir zunächst erklären, was denn ein Tens-Gerät sei. „Nun, man klebt auf schmerzende Stellen zwei oder vier Elektroden, durch die Reizstrom fließt. Dadurch verringern sich die Schmerzen an diesen Stellen, denn die Weiterleitung des Schmerzes wird unterbrochen. So ein Gerät würde ich ihnen empfehlen. Machen sie doch gleich einen Termin an der Anmeldung aus, dann können sie es einmal ausprobieren. Und wenn es ihnen hilft, dann bekommen sie ein Tens-Gerät verschrieben." „Gut, das mache ich." sagte ich und verabschiedete mich von ihr. An der Anmeldung tat ich, was die Ärztin mir empfohlen hatte. Eine Woche später hatte ich morgens einen Termin. Ein netter Mann begrüßte mich, stellte sich kurz vor und bat mich, es mir auf der Krankenliege in dem kleinen Raum bequem zu machen und ihm zu zeigen, an welcher Stelle ich momentan Schmerzen hatte. Wie sollte es anders sein, tat auch an diesem Morgen die linke Schulter wieder sehr weh. Er ließ sich die Stelle der Schmerzen von mir genau zeigen und klebte schließlich zwei Elektroden auf. Das Kabel steckte er in ein kleines Gerät, dass er mir in die Hand drückte. Es folgte eine kurze Erklärung zu den einzelnen Knöpfen, Rädchen und den jeweiligen Funktionen. Ich schaltete das Gerät auf sein Geheiß hin ein und spürte ein leichtes Kribbeln an den Stellen, wo die Elektroden klebten. Ich drehte es stärker auf und tatsächlich verging der Schmerz langsam in diesem Areal. Das Kribbeln war gleichmäßig, konnte aber auch so eingestellt werden, dass es sich langsam auf- und abbaute, oder aber dass es kleinere Stöße waren, ein leichtes Klopfen. Am besten fühlte sich das langsame Auf und Ab an. Es entspannte mich an dieser Stelle und nach einigen Minuten waren die eben noch starken Schmerzen kaum spürbar. Ich musste lächeln. Ich konnte gar nicht anders. Eine kleine Zaubermaschine. Als der nette Mann die Elektroden wieder abnahm, hielt die Wirkung noch ein paar Minuten an, bis die ersten Schmerzen langsam wieder kamen. „Und hat es ihnen geholfen? Wie sind die Schmerzen während der Behandlung gewesen?" fragte er nach. „Sie waren nach kurzer Zeit fast vollkommen weg." sagte ich und musste noch immer grinsen. Es war ein kleines Hochgefühl in mir, zu wissen, dass es eine recht einfache Methode gab, die Schmerzen verschwinden zu lassen. „Schön. Dann begleite ich Sie mal zur Anmeldung und dann bekommen Sie ein Rezept für ein solches Gerät. Es kann aber sein, dass Ihre Krankenkasse Ihnen ein anderes Modell zusendet." erklärte er. Ich folgte ihm zur Anmeldung und nach ein wenig Wartezeit, befand ich mich mit dem Rezept auf dem Weg ins Wohnheim. Ich musste mich etwas beeilen, denn ich hatte noch Spätschicht, doch das Rezept wollte ich noch einlösen. Eine Woche später erhielt ich von der Krankenkasse ein Schreiben, dass sie mir ein anderes, günstigeres Modell zusenden würden. Es dauerte eine weitere Woche, bis ich schließlich eines Morgens endlich das ersehnte Gerät in den Händen hielt. Ich musste nur noch entsprechende Batterien einkaufen. Am Morgen danach klebte ich mir noch vor dem

Dienst zwei Elektroden auf die linke Schulter und steckte das Gerät mit dem dazugehörigen Gürtelklipp an meine Hose. In der Umkleide achtete ich darauf, dass ich alleine war, um lästigen Fragen aus dem Weg zu gehen und zog mich dann um. Die Elektroden und auch die Kabel sah man unter meiner Arbeitskleidung nicht hindurch und so konnte ich das Gerät den ganzen Dienst lang tragen. Verkabelt lief ich über die Station und erledigte fast ohne Schmerzen in der linken Schulter meine Arbeiten. Zwar konnte ich mir kaum die Elektroden auf die Unterarme kleben, solange ich arbeitete, aber immerhin waren die Schmerzen nun in einem Teilgebiet fast nicht vorhanden. Einfach nicht da. Der einzige Nachteil den die ganze Sache hatte, war der Sommer und das damit unweigerlich verbundene Schwitzen während der Arbeit. Die Elektroden hielten zwar sehr gut, doch sie begannen nach einigen Stunden unverschämt zu jucken. Und kratzen konnte ich nicht, denn es juckte genau unter den Elektroden. In der Pause nahm ich die Elektroden kurz ab, um sie ein wenig zu versetzen und mich endlich zu kratzen. Eine Wohltat. Neu verklebt machte ich meinen Dienst weiter und wiederholte das Versetzen etwa alle zwei Stunden, bis ich endlich Feierabend hatte. Wieder im Wohnheim, klebte ich die Elektroden auf meinen Unterarm, um auch die Schmerzen dort zum Schweigen zu bringen. Ein zweites Paar Elektroden klebte ich an eine neue Stelle an der Schulter. Das Gerät war so konzipiert, das man gleichzeitig zwei Areale unterschiedlich behandeln konnte. Auch am nächsten Tag ging ich wieder verkabelt zur Arbeit. Am Tag zuvor hatte ich mich wie immer bewegt, doch ich sollte an diesem Tag eines besseren belehrt werden. Ich hatte einen Moment lang nicht an das Gerät gedacht und so kam ich unbeabsichtigt gegen den Regler. Und wie sollte es anders sein, er drehte sich natürlich in die Richtung, mit der man den Strom stärker stellte. Und so wurde der Strom plötzlich und völlig unerwartete so stark, dass sich die Muskeln in dem beklebten Areal zusammenzogen. Und das schmerzte. Ganz zu schweigen von dem Schreck, den mir dieser Schmerz versetzte. Ich war gerade dabei, mit einer Schwester zusammen, die Betten in den Zimmern frisch zu beziehen, als es passierte und ich zusammenzuckte und mit einem verzerrten Gesicht ein „Scheiße!" von mir gab. Ich ließ die Bettwäsche los und kramte das Gerät vom Gürtel. Als der Regler wieder in einer normalen Position war, steckte ich das Gerät in die Hosentasche und bemerkte erst jetzt den fragenden Blick der Schwester. „Ich bin aus Versehen gegen den Regler gekommen. Das ist ein Tens-Gerät und mein Muskel hat sich gerade zusammengezogen." versuchte ich mein Verhalten zu erklären. Ihrer Reaktion nach zu urteilen, war ich inzwischen hochrot angelaufen. Kein Wunder, denn die Situation war mir einfach peinlich. „Ah, ok. Ich habe schon sonst was gedacht. Aber das braucht dir ja nicht peinlich zu sein." sagte sie und begann zu lächeln. „Das wird nicht wieder vorkommen. Ich fixiere den Regler gleich mit etwas Pflaster. So was Blödes aber auch." sagte ich. „Das mit dem Pflaster ist eine gute Idee. Obwohl dein Gesichtsausdruck zum Schießen war." fügte sie an und lachte. Und dann musste ich auch lachen. Und schon war das Gerät vergessen. Und meine Bedenken vor weiteren Fragen wie weggeblasen. Sie hatte keine Ahnung wie unglaublich dankbar ich war, dass sie nicht fragte, warum ich im Dienst mit einem Tens-Gerät umherlief. Das ersparte mir umständliche Erklärungen und eine Bloßstellung vor den anwesenden Patienten.

So ging ein paar Wochen lang alles in relativ geregelten Bahnen weiter. Ich verkabelte mich vor dem Dienst, verklebte den Regler und brachte meine Dienste bedingt schmerzfrei hinter mich. Nach den Diensten klemmte ich mich an den Schreibtisch, ebenfalls verkabelt, und versuchte den Lernstoff für die bevorstehenden Prüfungen in meinen Kopf zu bekommen. Doch als eines nachts jener Traum, der mich einige Zeit nicht heimgesucht hatte, wieder kam, brachte er auch einen großen Teil der düsteren Gedanken mit sich, die sich seit dem Abend in Prag gelichtet hatten. Mitten in der Nacht saß ich schweißgebadet und kerzengerade in meinem Bett und hielt mir die linke Schulter. Die Stelle, in der mich noch vor einigen Sekunden die Kugel getroffen und mich sterben lassen hatte. Wieder kamen diese „Was, wenn doch…"-Fragen auf. War ich nun doch auf dem Weg, psychisch krank zu werden. Oder war ich es bereits? Und was sollte dieser Traum? Warum war er nicht weg geblieben? An Schlaf war nicht mehr zu denken. In meinem Kopf herrschte wieder rege Unordnung. Nur ein Gedanke kam nicht auf. Ein Gedanke war in Prag zurückgeblieben: Ich sah keinen Sinn darin, mein Leben zu beenden, um keine Schmerzen mehr zu spüren. Aber umso heftiger wüteten die anderen Gedanken. Und wieder hatte ich Angst um meine Zukunft, hatte Angst, das Examen nicht zu bestehen. Doch anders als einige Monate zuvor, sah ich einen hellen Punkt, den es zu erreichen gab: Die Behandlung in der ambulanten Schmerzklinik. Doch bis dahin war es noch weit. Ich konnte den langen Weg fast vor mir liegen sehen. Und in dieser Nacht erschien er mir endlos. Ich kritzelte meine Gedanken auf ein Stück Papier und legte mich wieder zu Bett. Ich spürte, dass ich müde war, doch weder die Gedanken, noch die Schmerzen wollten mich schlafen lassen. Als am Morgen der Wecker klingelte, war es mir, als hätte ich nur ein paar Minuten geschlafen. Doch es half nichts, ich musste aufstehen. Ich nahm die Schmerztabletten ein und ging zur Arbeit. Der Dienst wollte nicht enden und die Elektroden juckten furchtbar. Und trotz des Tens-Gerätes waren die Schmerzen am restlichen Körper an diesem Morgen sehr stark. Als der Dienst zu Ende war, schleppte ich mich in den Umkleideraum. Die Schmerzen hatten sich ausgebreitet und ich konnte kaum einen klaren Gedanken fassen. Nur die Stellen, an denen die Elektroden klebten, waren schmerzfrei.

Es war mühselig, die Kleidung zu wechseln und als ich nach einer gefühlten Ewigkeit endlich in meinem Zimmer stand, kullerten Tränen über meine Wangen. Ich griff nach den Schmerztabletten und nahm sie hastig ein. Dann klebte ich die Elektroden auf eine andere Stelle und wartete darauf, dass die Schmerzen weniger wurden. Doch ich wartete umsonst. Ihnen schien nicht der Sinn danach zu stehen, weniger zu werden. Sie schienen um jeden Zentimeter zu kämpfen. Hatte ich die Elektroden an der einen Stelle weggenommen, um sie an eine andere zu kleben, so dauerte es nur sehr kurz, bis die eben noch schmerzfreie Stelle auch wieder weh tat. Und wieder begannen meine Gedanken düster zu kreisen. Wie sollte ich nur die Monate hinter mich bringen? Und wie sollte ich so mein Examen bestehen? Wenn ich am Morgen des praktischen Examens solche Schmerzen hatte, dann konnte ich gleich einpacken. Und meine Angst wandelte sich wieder in Wut. Ich war wütend und wusste nicht so recht worauf. Auf die Schmerzen? Auf mich? Alles schien in diesem Moment so zwecklos. Und ich. Ich fühlte mich nutzlos, unfähig mir selbst zu helfen. Da hast du es mal wieder: Du kannst dir nicht einmal selbst helfen. Und so soll eine gute Krankenschwester aus dir werden? Dieser Gedanke brachte mich zum Verzweifeln und ließ mich erneut weinen. Plötzlich tippte mir jemand auf die Schulter. Ich erschrak kurz und sah dann Johanna hinter mir stehen. „Ich hatte angeklopft, aber du hast nicht geantwortet. Ist alles in Ordnung bei dir?" fragte sie.

Ich wischte die Tränen hastig beiseite und murmelte, ohne sie anzuschauen, ein „Nein, ist es nicht." vor mich hin. „Also wenn du reden willst…" sagte sie, als ich sie auch schon unterbrach: „Hast du etwas Zeit? Ich brauche jemanden, mit dem ich reden kann." „Klar. Ich gehe nur eben meine Zigaretten holen." sagte sie und war auch schon durch die Tür verschwunden. Einen Augenblick später saß sie auch schon neben mir und wartete darauf, dass ich etwas sagte. „Ich habe heute einen echt miesen Tag erwischt." begann ich zu erzählen. Ich erzählte ihr, wie schlecht es mir an jenem Tag ging und berichtete ihr von der Anmeldung in der Schmerzklinik, von dem Tens-Gerät, von meinen Sorgen, das Examen nicht zu bestehen. Mehr nicht. Die anderen Gedanken behielt ich für mich. Nach kurzer Zeit fühlte ich mich besser und wir wechselten das Gesprächsthema. Als es Abend wurde, verabschiedeten wir uns und ich setzte mich an die Bücher.

Einige Tage später klopfte Johanna nachmittags wieder an meine Zimmertür. Sie war gerade vom Dienst zurück und musste mich, wie sie sagte dringend sprechen. „Ich habe meiner Stationsleitung von dir erzählt, aber keine Angst, ich habe ihr nicht Deinen Namen gesagt. Und sie meinte, dass Du, wenn Du möchtest, gerne mal zu ihr kommen und mit ihr sprechen kannst. Sie meinte, sie könne Dir vielleicht helfen." erzählte sie. Für einen Moment wusste ich nicht, was ich sagen sollte. Johanna war zu dieser

Zeit in der psychiatrischen Tagesklinik eingesetzt und ihre Stationsleitung kannte ich aus dem Unterricht. Sie war eine sympathische Frau, aber ob ich mich ihr anvertrauen sollte, das wusste ich nicht. Was, wenn sie meiner Befürchtung, psychisch krank zu sein, zustimmen würde? Was, wenn sie der Meinung war, dass ich eher auf ihre Station gehörte, als in eine Schmerzklinik? Andererseits wäre ein Gespräch mit ihr vielleicht ganz hilfreich. Und was hatte ich schon zu verlieren? Tausend Gedanken schossen mir durch den Kopf. „Sie sagte, Du kannst einfach vorbeikommen, wenn Du willst. Und Du musst Dich auch nicht dazu verpflichtet fühlen, falls Du nicht möchtest." sagte Johanna. „Danke, dass Du an mich gedacht hast. Ich überlege es mir." sagte ich. Nach einer Zigarette verließ sie wieder mein Zimmer und ich hing wieder meinen Gedanken nach. Sollte ich das wirklich tun? Was hatte ich zu verlieren? Naja, eine mögliche Einweisung würde bedeuten, dass ich meine Ausbildung zunächst nicht weiter machen konnte. Und die drei Jahre waren schon in ein paar Monaten um. Nein, ich wollte das nicht riskieren. So schlimm geht es mir dann auch wieder nicht. Ich warte noch. Mit dem Gefühl, eine gute Entscheidung getroffen zu haben, legte ich mich früh schlafen. In dieser Nacht kam der bestimmte Traum nicht. Doch ein anderer riss mich aus dem Schlaf: Ich stand in der Eingangshalle des Krankenhauses. Alles war leer, niemand war da. Ich spürte Angst, denn irgendetwas stimmte dort nicht. Wo waren alle hin? Und warum hatten sie mich dort zurückgelassen? Ich rief ein zögerliches „Hallo?" und so, als ob ich es durch ein Mikrofon in eine riesige Halle hinein geschrien hätte, hallte mein „Hallo?" von den Wänden. Immer und immer wieder. Dann hörte ich einen lauten Knall, der ebenso laut hallte und spürte in meiner linken Schulter einen stechenden Schmerz. Ich fasste reflexartig dort hin und spürte warmes Blut zwischen meinen Fingern rinnen. Ich schaute mich völlig verängstigt in der Eingangshalle um und sah am anderen Ende jemanden auf mich zugehen. Die Person war mir fremd, doch sie lachte hämisch. Dann sank ich zu Boden und wieder spürte ich, wie ich in die Tiefe fiel – und wachte auf. In jener Nacht war ich für einen Moment davon überzeugt, dass ich nun meinen Verstand verlieren würde. Jetzt ist es soweit, dachte ich bei mir. Kurz darauf begannen meine Gedanken wieder zu kreisen. Erst als Erschöpfung sich ausbreitete, standen sie still und ich schlief wieder ein.

Die Arbeit wurde, so schien es mir, immer anstrengender. Jeden Morgen fiel es mir schwerer, das Bett zu verlassen, meine Medikamente einzunehmen, mich an das Tens-Gerät anzuschließen und mich anzuziehen. Jeden Morgen wurde der Fußweg zur Arbeit anstrengender. Eines Morgens glaubte ich, ich würde das Krankenhaus nicht mehr pünktlich erreichen. Meine Beine schmerzten und meine Füße waren bleischwer. Jeder Schritt kostete mich Überwindung. Als ich die Tür des Umkleideraums hinter mir schloss war ich schweißgebadet. Ich regte mich innerlich über mein Unvermögen auf. Das waren eigentlich nur zehn Minuten, die man locker zu Fuß zurücklegen konnte und ich hatte fast dreißig gebraucht. Gegen besseres Wissen und den Rat des Beipackzettels, nahm ich eine weitere Schmerztablette ein. Es nutze mir nichts, wenn ich mich im Dienst nicht einmal richtig bewegen konnte. Erst danach schlüpfte ich in die Arbeitskleidung und machte mich auf den Weg zur Station. Ich kam noch gerade pünktlich und zu meinem Glück dauerte die Übergabe des Nachtdienstes an diesem Morgen etwas länger, als gewohnt. So konnten sich meine Beine ein wenig erholen. Im Laufe des Morgens wurden die Schmerzen in den Beinen weniger und so fiel es mir leichter, meine Arbeit zu erledigen. Dennoch war ich froh, als der Dienst vorüber war. Am nächsten Tag hatte ich Spätdienst. Eine der Aufgaben des Spätdienstes bestand darin, die Patienten, die morgens operiert worden waren, nachmittags aus dem Bett zu mobilisieren, um den Kreislauf wieder in Schwung zu bringen. So begleitete ich gerade mit einer der Schwestern einen Patienten bei seinen ersten Schritten im Zimmer. Er schlug sich tapfer und so lobte ich den Patienten: „Nun, das klappt doch schon ganz gut." Er schaute mich zerknirscht an: „Haben Sie eine Ahnung wie sehr mir die Wunde weh tut? Jeder Schritt schmerzt und Sie haben nichts Besseres zu tun, als mir zu sagen, wie gut ich das hier mache? Was wissen Sie schon? Sie sind noch jung und gesund. Und jetzt bringen Sie mich bitte wieder in mein Bett zurück." Ich tat, was er verlangte. Als ich das Zimmer verließ entschuldigte ich mich bei der Schwester zu einem Toilettengang. Auf der Toilette angekommen, musste ich erst einmal tief einatmen. Dieser Satz des Patienten hatte mich getroffen. Jung und gesund. Was hatte *er* denn für eine Ahnung? Ich versuchte mich zu beruhigen, indem ich mir immer wieder sagte, dass der Patient ja nicht wissen konnte, dass ich nicht gesund war. Woher sollte er das auch wissen? Es stand mir ja schließlich nicht auf die Stirn geschrieben. Und er konnte auch nichts dafür, dass er mich mit diesem Satz auf dem falschen Fuß erwischte. Ich schaute mich im Spiegel an und fragte mich, warum ich von diesem kleinen Satz so verletzt worden war. Und natürlich fand ich, wie schon so oft, keine Antwort. Stell dich nicht so an, sagte ich mir und verließ dann das WC wieder. Ich musste mir Recht geben, ich brauchte mich nicht so anstellen. Das hatte doch auch keinen Zweck. Ich wusste doch, warum der Patient so reagiert hatte. Ich wusste doch, dass er das nicht persönlich gemeint hatte. Und gerade ich wusste doch auch, wie schnell man bei Schmerzen gereizt reagieren konnte. Ein wenig stolz auf meine Selbsterkenntnis machte ich mich wieder daran der Schwester bei der Arbeit zu helfen.

Inzwischen war der Termin für mein praktisches Examen nah heran gerückt. Es war Samstag und montags und dienstags sollte es soweit sein. Mir war wohl die jetzt schon langsam aufsteigende Aufregung und Nervosität anzumerken, denn eine der Krankenschwestern versuchte mich zu beruhigen: „Das am Montag und Dienstag wirst Du schon einwandfrei hinbekommen. Da habe ich keinen Zweifel. Versuch einfach nicht, Dir zu viele Gedanken zu machen, dann klappt das schon." „Danke. Ich bin nur etwas nervös. Wenn es dann soweit ist und ich erst mal dran bin, dann wird sich das schon legen." erwiderte ich. In meinem Kopf herrschten jedoch ganz andere Bedenken, als die Nervosität, doch ich behielt sie für mich. Denn selbst wenn ich über meinen Schatten hätte springen können und ihr erzählt hätte, wie meine Sorgen aussahen, sie hätte mir aber nicht helfen können. Ich war nicht nur nervös, sondern angespannt. Ich hatte Angst, dass ausgerechnet am Montag- und Dienstagmorgen die Schmerzen besonders stark sein würden. Oder dass ich Probleme haben könnte, den Kugelschreiber zu halten, während ich den schriftlichen Teil der praktischen Prüfung erledigte. Oder dass ich durch die Schmerzen abgelenkt sein könnte und somit relevante Kleinigkeiten vergessen würde. So beschloss ich, an beiden Abenden vorher früh zu Bett zu gehen. So konnte ich wenigstens sicher sein, dass ich ausreichend geistig erholt sein würde und mit einem klaren Verstand hatte ich mich immerhin auch besser unter Kontrolle.

Am Montagmorgen war ich pünktlich in der Schule. Die Aufregung ließ meine Schmerzen scheinbar in den Hintergrund treten und sorgte dafür, dass ich an die Schmerzen keinen Gedanken verschwendete. Ich erfuhr, welche Patienten ich am Dienstag pflegen sollte. Für das praktische Examen hatte man insgesamt sechs Stunden Zeit. Das bedeutete, dass die Zeit, die ich am Montagmorgen brauchte, um den schriftlichen Teil dieser Prüfung zu erledigen, von den sechs Stunden abgezogen wurden und somit die übrige Zeit für den praktischen Teil am Dienstagmorgen zur Verfügung stand. Um den schriftlichen Teil bearbeiten zu können, musste ich zunächst eine Informationssammlung auf der Station über die Patienten erstellen, um dann in der Schule den schriftlichen Teil erfüllen zu können. So war es mir an diesem Morgen, als würde ich im Schnellvorlauf lesen, Notizen machen und dann schreiben. Ich nehme an, dass das Adrenalin in meinen Adern durch die Nervosität dafür sorgte. Als ich den schriftlichen Teil Frau Keller in die Hand drückte, blieben für mich am nächsten Tag noch satte viereinhalb Stunden übrig, um einen Patienten zu pflegen, einen Verband anzulegen, eine Injektion zu verabreichen und eine Infusion vorzubereiten. Als ich nach getaner Arbeit im Wohnheim ankam, fiel die Aufregung einfach von mir ab und schon nach kurzer Zeit kamen die Schmerzen wieder, als seien sie nie weg gewesen. Ich bemühte mich, den Tag so ruhig und entspannt zu verbringen, wie es irgendwie möglich war und vertrieb aufkommende Gedanken an ein etwaiges Versagen. Ich ging, so wie ich es mir vorgenommen hatte, sehr früh zu Bett und wachte am nächsten Morgen viel zu früh auf. Mit dem Aufwachen kamen die ersten Schmerzen und gleich darauf stellte sich die Nervosität wieder ein. Nur war sie an diesem Morgen noch größer, als am Montagmorgen. Der rein praktische Teil der Prüfung war viel entscheidender, als der schriftliche Teil und in Gedanken ging ich alle geplanten Abläufe noch einmal durch und überlegte, welche Fehler ich machen könnte und was ich unter keinen Umständen tun sollte. Ich machte mich fertig und so stand ich eine ganze Stunde zu früh auf der Station. Die Nachtschwester schaute mich etwas verwirrt an: „Was machst Du denn schon hier?" „Ich konnte nicht mehr schlafen und ich wollte noch mal alle Materialien auf dem Pflegewagen überprüfen." antwortete ich. Den Wagen hatte ich schon freitags fertig gemacht. Hier waren alle Dinge drauf, die ich brauchen könnte: Waschschüssel, Handtücher, Waschhandschuhe, Waschlotion, Hautpflegelotion, Desinfektionsmittel für Hände und Flächen und noch einige andere Sachen. Ich schaute noch einmal alles durch und dann las ich mir noch einmal die Akten der Patienten durch, für die ich während der Prüfung zuständig sein würde. Schließlich musste ich Frau Keller und Frau Hart eine Übergabe machen, soll heißen, ich musste ihnen alle Informationen über die Patienten vermitteln, so als würden beide zum Team der Frühschicht gehören. Danach machte ich mich auf den Weg in den Raucherraum, um meine Nervosität durch Zigaretten zu senken.

Als die Lehrerinnen auf der Station eintrafen, hatte meine Aufregung ihren Höhepunkt erreicht. Ich zitterte und meine Hände waren verschwitzt. Nach der Informationsweitergabe, erklärte ich mein geplantes Vorgehen und dann machte ich mich an die Arbeit, immer unter den Augen der Lehrerinnen. Es verlief alles recht reibungs- und problemlos und als ich mich nach drei Stunden mit einer der Schwestern zu einer Übergabe hinsetzte (auch ein Teil der Prüfung) war die Aufregung verschwunden. Nach einer Selbsteinschätzung, ebenfalls Teil der Prüfung, mit den beiden Lehrerinnen zusammen, folgte ein kurzes Abschlussgespräch und dann verabschiedeten sie sich. Die Prüfung war vorüber. Ich hatte ein gutes Gefühl, wenn ich auch erst im September erfahren würde, ob ich diese Prüfung bestanden hatte oder nicht. Nach einer Zigarettenpause arbeitete ich wieder auf der Station mit und verließ mit der Frühschicht das Krankenhaus. Als ich aus der Umkleide kam, wollte mir nicht mehr einfallen, auf welchem Parkdeck ich mein Auto abgestellt hatte. Ich hatte es vergessen, aus reiner Aufregung vergessen. Nachdem ich Parkdeck für Parkdeck abging, fand ich mein Auto, wie sollte es anders sein, natürlich auf dem Deck, wo ich zuletzt nachschaute. Bis zum Juli würde nun wieder Alltag einkehren, denn erst dann war die schriftliche Prüfung.

Die Tage verstrichen und so stellte sich schnell das alte Spiel zwischen Verstand und Gefühl wieder ein. Die Schmerzen hatten an ihrer Intensität nicht nachgelassen, nur hie und da ließen sie mich einige Momente in Ruhe. In den Nächten waren sie weniger präsent, doch wurden die Träume, in denen ich erschossen wurde, immer mehr zur Last. Ließen sie mich doch an meinem gesunden Verstand zweifeln und bescherten mir Schmerzen in der linken Schulter, die oft genug noch am Abend dafür sorgten, dass ich den Traum der Nacht nicht vergaß. Immer tiefer rissen mich meine Gedanken und die damit verbundenen Ängste in Traurigkeit. Die Schmerzen taten ihr Übriges dazu. Das Tens-Gerät legte ich nur noch nachts ab. Und natürlich zum Duschen. Inzwischen hatte ich mir bereits angewöhnt, immer eine Ersatzbatterie bei mir zu tragen, um zu verhindern, dass ich die Tens-Behandlung unterbrechen musste. Mit dem Tens-Gerät hielt ich die Schmerzen wenigstens an den intensivsten Schmerzpunkten in Schach, doch um alle schmerzenden Stellen abzudecken, reichten vier Elektroden einfach nicht aus. Nach stundenlangem Tragen der Elektroden, besonders bei der Arbeit, juckte die Haut unter den Elektroden fürchterlich. Ein weiterer Punkt, der an meinem Nervenkostüm zerrte. Meist war ich am frühen Abend so erschöpft, dass ich nur noch auf dem Bett lag und in den Fernseher starrte. Und ich hätte dringend für die Prüfungen lernen müssen, doch mir fehlten Kraft und Konzentration. An anderen Abenden saß ich im Zimmer und weinte vor Schmerzen und Verzweiflung. Nur die Gedanken daran, dieses elende Dasein einfach zu beenden wurden nur von dem kleinen Funken Hoffnung auf Hilfe durch die Schmerzklinik verdrängt.

Eines Mittags kam ich von einem besonders anstrengenden Frühdienst im Wohnheim an. Selbst die Heimfahrt von etwa fünf Minuten hatte mir Schwierigkeiten bereitet: Das Lenkrad fest zu halten schmerzte und meine Beine fühlten sich müde und schwer an. Das Treten von Gas und Kupplung tat ebenfalls weh. Ich ließ mich kraftlos in den Sessel sinken und starrte ins Leere. „Ich kann nicht mehr." hörte ich mich flüstern. Meine Gedanken kreisten nur noch um eins: So geht es nicht weiter. Ich war in einer Sackgasse gelandet, unfähig umzukehren und einen neuen Weg zu finden. Ich hatte mich verloren. Sah keinen Ausweg mehr aus diesem Kreislauf von Schmerzen, Traurigkeit, Angst, Verzweiflung, Wut und Aggression. Mein Stolz war gebrochen und so beschloss ich die Stationsleitung der psychiatrischen Tagesklinik aufzusuchen. Ich rappelte mich auf, klebte die Elektroden an eine andere Körperstelle und zog mich um. Vor der Haustür steckte ich mir eine Zigarette an und machte mich auf den Weg. Bevor ich die Station betrat, nahm ich noch einmal tief Luft und öffnete die Tür. Im Stationszimmer fragte ich nach der Stationsleitung Frau Maler. Die Schwester piepste sie an und einige Minuten später stand Frau Maler dann vor mir. „Hallo. Haben Sie einen Moment Zeit? Johanna hat mir gesagt, dass ich mich an

Sie wenden könne." brachte ich hervor. Sie schaute mich kurz an und meinte dann: „Ja natürlich. Kommen Sie mit, wir gehen in mein Büro." Ich ging ihr hinterher. In ihrem Büro angekommen, bot sie mir einen Sitzplatz und ein Glas Wasser an. „Sie sind dann wohl die Freundin, von der Johanna mir erzählt hat. Was kann ich denn für Sie tun?" fragte sie und setzte sich zu mir. Mir fehlten die Worte. Ich wusste nicht, wo ich anfangen sollte. In meinem Kopf war alles so unglaublich durcheinander und doch so leer. Frau Maler machte auf mich einen sehr vertrauenswürdigen Eindruck, gerne hätte ich ihr mein Leid geklagt, doch ich wusste nicht wie. Aber immerhin fühlte ich mich plötzlich gut aufgehoben. Sie schaute meinem Schweigen zu und sagte dann mit einem Mal, als wüsste sie genau, was ich denke: „Ist schon gut. Für mich fällt alles was Sie sagen unter die Schweigepflicht. Und wenn Sie nicht wissen, wo Sie anfangen sollen, dann sagen Sie doch einfach, was Ihnen gerade in den Sinn kommt." Ich schaute sie an und der erste vernünftige Satz, den ich herausbrachte, war der gleiche, den ich noch vor einer Stunde im Wohnheim vor mich hin geflüstert hatte: „Ich kann nicht mehr." Im gleichen Moment wurden meine Augen feucht, Tränen brachen heraus. „Lassen Sie es raus. Sie brauchen sich nicht zu schämen. Was liegt Ihnen denn so schwer auf der Seele?" sagte sie. Ich versuchte meine Tränen zu bändigen, obgleich es mir nur schlecht gelang. Ich nahm einen Schluck Wasser und sagte dann, was mir in den Sinn kam: „Ich habe

Schmerzen." Weiter kam ich nicht, denn wieder überströmten mich meine Gefühle und damit auch die Tränen. Unter Tränen und Schluchzen redete ich weiter: „Ich habe Fibromyalgie. Und ich habe ständig Schmerzen. Die Schmerztabletten helfen nur wenig und die Arbeit fällt mir immer schwerer. Und das kurz vor dem Examen. Ich habe das Gefühl, wahnsinnig zu werden. Fast jede Nacht kehrt ein und derselbe Alptraum wieder, weckt mich, bereitet mir Schmerzen und lässt mich an meinem Verstand zweifeln. Ich habe auf der einen Seite Angst zu schlafen, andererseits sind die Schmerzen nur dann weniger, wenn ich schlafe. Nach dem Aufwachen habe ich das Gefühl, als hätte ich die ganze Nacht lang gefeiert, die Schmerzen sind überall und rauben mir den Verstand. Ich weiß nicht mehr weiter, weiß nicht mehr was ich tun soll. Direkt nach der Ausbildung gehe ich hier in die Schmerzklinik, doch das sind noch fast vier Monate und ich weiß beim besten Willen nicht, wie ich diese Zeit überstehen soll. Ich habe keine Kraft mehr. Ich müsste für das Examen lernen, doch ich bin ständig erschöpft und kann mich kaum konzentrieren. Ich habe das Gefühl mich zu verlieren. Ich weiß nicht mehr wer ich bin, was ich machen soll. Wenn ich an die Zukunft denke, dann sehe ich da keine." Frau Maler griff in eine der Schreibtischschubladen und reichte mir Papiertaschentücher. „Nun, das ist eine ganze Menge Last, die Sie da mit sich herumtragen. Haben Sie denn jemanden, mit dem Sie reden können?" fragte sie nach. Ich schüttelte den Kopf und fügte an: „Ich weiß nicht, mit wem ich darüber reden soll. Es ist mir einfach zu peinlich." „Zu peinlich? Nun, Sie sind krank, das muss Ihnen doch nicht peinlich sein. Das haben Sie sich ja nicht ausgesucht." sagte sie. „Ich schäme mich so, weil ich so schwach bin. Wenn ich sehe, wie leicht den anderen die Arbeit fällt, dann schäme ich mich, dass ich es ihnen nicht gleich tun kann. Das fängt mit kleinen Dingen im Alltag an und zieht sich bis hin zu den schwierigen Dingen auf der Arbeit. Ich schäme mich, wenn ich beim Umblättern eines Blattes in der Dokumentation beginne zu zittern, wenn ich Schwierigkeiten habe, einen etwas längeren Text niederzuschreiben. Wenn ich nur an das schriftliche Examen denke, dann vergeht mir schon alles. Ich habe keine Ahnung, wie ich das machen soll. Ich schaue den anderen in meinem Leben zu und beneide sie. Und dann schäme ich mich wieder. Ich weiß nicht, wie ich es anders erklären soll." versuchte ich es zu erläutern. Sie hörte mir aufmerksam zu und fragte dann nach den erwähnten Alpträumen. Ich schilderte ihr diese und sie gab mir einen Rat: „Heute Abend, wenn Sie im Bett liegen, stellen Sie sich vor, dass ihre Schulter von einer undurchdringlichen Metallplatte geschützt ist, wenn Sie diesen Traum wieder haben sollten. Eine Art Talisman, wenn Sie so wollen. Und dann legen Sie sich bequem hin und schlafen." Ich schaute Sie wohl ungläubig an, denn sie fügte hinzu: „Versuchen Sie es einfach mal. Versprochen?" „O.K., ich versuche es." Ich schaute auf die Uhr, inzwischen war schon mehr als eine Stunde vergangen. Ich bedankte mich fürs Zuhören und den Rat und verabschiedete mich. „Kommen Sie einfach morgen noch mal rein, wenn Sie Zeit haben. Bis 16:00 Uhr bin ich hier." sagte Sie und verabschiedete sich ebenfalls. Schon auf dem Heimweg fühlte ich mich wesentlich besser, als auf dem Hinweg. Ich fühlte mich ein wenig erleichtert, vielleicht auch, weil sie keinerlei Bedenken geäußert hatte, dass ich psychisch krank sein könnte. Die Schmerzen waren etwas weniger geworden, aber die Traurigkeit war nicht ganz verschwunden. Aber inzwischen wusste ich ja, dass so etwas wie Wunder nicht zu erwarten waren. Weder durch die Gespräche mit Frau Maler, noch durch die Schmerzklinik.

Als es Zeit war, zu Bett zu gehen, befolgte ich den Rat von Frau Maler. Ich stellte mir vor, dass meine linke Schulter von einer golden, glänzenden Metallplatte umgeben war, die nichts durchdringen konnte. Kurz darauf schlief ich ein. Ich erinnere mich, dass mich der Traum aufsuchte, in dem ich in der Eingangshalle des Krankenhauses stand. Alles war wie sonst auch, nur dass meine linke Schulter von einer golden glänzenden Metallplatte, einer Rüstung ähnlich, umgeben war. Während ich mir meine neue Rüstung anschaute, hörte ich einen lauten Knall und es geschah… - nichts. Meine Schulter war unversehrt. Kein Schmerz, kein Blut, kein tiefer Fall. Und der Traum war auch nicht abrupt zu Ende. Ich sah in einem der oberen Geschosse eine Gestalt aufspringen und weglaufen. Mein Blick verfolgte sie, bis sie nicht mehr zu sehen war. Als ich mich dann umschaute, stand ich nicht länger in der Eingangshalle des Krankenhauses. Ich war plötzlich auf einer Waldlichtung. Die Sonne schien warm und angenehm. Ich spürte einen leichten Windhauch auf der Haut. Dann wachte ich durch das Piepsen des Weckers auf. Ich hatte durchgeschlafen. Kein böses Erwachen. Und die Schulter schmerzte auch nicht so stark, wie sonst immer. Meine Stimmung war allein dadurch so gut, wie schon lange nicht mehr. An diesem Morgen brauchte ich kein Schauspiel, um den Patienten gute Laune vorzutäuschen. Ich war einfach gut gelaunt. Ja, die Schmerzen waren ebenso da, wie sie es immer waren, aber ich hatte gut geschlafen, ich war nicht erschossen worden und ich hatte einen kleinen Kampf für mich entschieden.

Am frühen Nachmittag ging ich wieder in die Tagesklinik, um Frau Maler von der vergangenen Nacht zu berichten und über andere Dinge mit ihr zu sprechen. Ich meldete mich im Dienstzimmer und eine der Schwestern begrüßte mich: „Hallo. Frau Maler lässt Dir ausrichten, Du sollst erst einmal in den Snoozle-Raum gehen und Dich etwas entspannen. Sie kommt dann in einer halben Stunde zu Dir. Ich begleite Dich und zeige Dir alles. In dem Raum angekommen, stellte die Schwester die Musikanlage an, es erklang Meditationsmusik. Dann schaltete sie einen Projektor an und verabschiedete sich mit den Worten: „Einfach auf dem Bett bequem machen und ausruhen. Viel Spaß." Der Raum war abgedunkelt. Nur das bunte Lichtspiel des Projektors an der Wand direkt vor dem Bett erhellte ihn ein wenig. Das Bett war groß und als ich mich darauf setzte, stellte ich zu meiner Überraschung fest, dass es ein Wasserbett war. Es war leicht warm und sehr bequem. Ich legte mich auf den Rücken und schaute den bunten Lichtern zu. Es war so ähnlich, als würde man in ein Kaleidoskop schauen. Und die Musik beruhigte ungemein, die dunklen Töne ließen das Wasser in der Matratze sanft vibrieren und nach einigen Minuten döste ich ein. Als ich aufwachte, stand Frau Maler in der Tür: „Na? Haben Sie sich entspannen können?" „Ich weiß nicht. Ich bin schon nach einigen Minuten eingeschlafen." antwortete ich, während ich mir die Schuhe anzog und aufstand. „Nun, das klingt doch gut. Wenn man so entspannt ist, dass man einschläft, dann ist es doch vollkommen in Ordnung." erklärte sie auf dem Weg zu ihrem Büro. Dort angekommen erkundigte sie sich nach der letzten Nacht. Ich berichtete ihr von meinem Traum und was passiert war. „Sehen Sie, es war doch einen Versuch wert." Nach einer kurzen Pause fuhr sie fort: „Ich habe mir überlegt, dass Sie mir erst einmal alles erzählen, was sie bedrückt, mir ihre Probleme im Zusammenhang mit den Schmerzen schildern und dann werden wir gemeinsam nach Lösungen suchen." Sie schaute mich abwartend an und ich nickte. So erzählte ich an diesem Nachmittag von den Problemen, die ich während der Arbeit hatte, von der Aussage des einen Patienten, die mich so getroffen hatte, von meinen Ängsten und von meinen zwischenmenschlichen Schwierigkeiten. Sie machte sich einige Notizen und stellte ab und an einige Verständnisfragen. Mit meinen Erzählungen stieg der Pegel von Traurigkeit und Verzweiflung wieder. Und so kamen mir immer wieder Tränen, ich konnte sie nicht zurückhalten. Als ich nach etwa einer Stunde wieder auf dem Nachhauseweg war, war meine Stimmung gedämpft. Ich dachte über die ganzen Dinge nach, von denen ich gesprochen hatte und musste mir eingestehen, dass mein Leben von den Schmerzen bestimmt war, eingenommen wurde.

Die Zeit rannte vorwärts, während ich stillzustehen schien. Ich besuchte Frau Maler etwa einmal die Woche, sprach mit ihr über die vergangenen Tage, über Erlebtes und Gefühltes, über meine Gedanken und meine Schmerzen. Doch so sehr es mir half, die düsteren Gedanken nicht nur für mich zu behalten, es änderte nichts an den Schmerzen. Sie waren ständig da, mal schlimmer, mal weniger stark. Doch immerhin sorgten die Gespräche dafür, dass in meinem Kopf Platz für Konzentration und damit für das Lernen wurde. Auf einen Rat von Frau Maler hin, notierte ich mir Gedanken, wenn ich den Eindruck hatte, sie würden mich nicht loslassen und lernte anschließend. Es waren nur noch zwei Wochen bis zum schriftlichen Examen. Unter der Woche hatten wir ein bis zwei Tage Unterricht, in dem wir hauptsächlich auf die Prüfungen vorbereitet wurden. Wir übten Probearbeiten, sprachen die Abläufe für die beiden Tage durch, organisierten uns in kleinen Lerngruppen. Die Tatsache, dass die Prüfungen mit Kugelschreiber geschrieben werden mussten, um dokumentenecht zu sein, bereitete mir Kopfzerbrechen. So stand ich eines Morgens vor dem Büro von Frau Keller. Sie bat mich herein und ich schilderte ihr meine Besorgnis darum, dass ich mit einem Kugelschreiber Schwierigkeiten haben würde, die Arbeiten zu schreiben. „Ich werde mich beim Ministerium erkundigen, ob schwarze Tinte in den Arbeiten erlaubt ist. Die kann man nicht einfach mit einem Löschstift entfernen. Ich gebe Ihnen dann Bescheid. Machen Sie sich keine Sorgen. Wir finden da schon eine Lösung." sagte sie und klopfte mir leicht auf die Schulter. Ein wenig ihrer Gelassenheit hätte ich gerne, dachte ich bei mir. Wir verabschiedeten uns und ich ging zur nächsten Unterrichtsstunde. Einige Tage später erzählte sie mir, dass das Ministerium es genehmigte, wenn ich mit schwarzer Tinte die Prüfung schreibe. Eine Sorge weniger.

Die restlichen Tage bis zur Prüfung verbrachte ich nach dem Unterricht oder dem Dienst damit, über einem dicken Ordner namens Lern-Kompendium zu sitzen und so viel wie möglich vom Gelesenen zu behalten.

Dann war es auch schon so weit. Der gesamte Kurs saß im Klassenzimmer, während Frau Keller und Frau Mühl jedem einen geschlossenen Umschlag aushändigte, der erst geöffnet werden durfte, wenn es uns erlaubt wurde. Jede Arbeit hatte einen Zeitrahmen. Musste man zur Toilette, durfte man das nur in Begleitung. War der erste fertig, durfte er nur dann den Raum verlassen, wenn niemand mehr in der verbleibenden Zeit zur Toilette musste. Zwischen den einzelnen Prüfungen hatten wir immer eine Pause, in einem kleinen Klassenraum waren Getränke und Snacks für uns bereit gestellt. Und ehe wir uns versahen, war der erste Tag des schriftlichen Examens vorüber. Aufgeregt tauschte man sich über die Fragen und die gegebenen Antworten aus. Zufrieden war man, wenn man feststellte, dass die anderen gleiche oder ähnliche Antworten gegeben hatten. Und nur bei ein paar Fragen stellte ich für mich fest, dass meine Antworten falsch gewesen waren. Ich war mit meiner Leistung zufrieden, auch wenn wir auch dieses Prüfungsergebnis erst im September erfahren würden. Auch das Schreiben mit dem Füllfederhalter hatte wunderbar funktioniert. Zurück im Wohnheim verkroch sich jeder, mich eingeschlossen, in sein Zimmer, um noch einmal das Wissen für den nächsten Tag aufzufrischen oder zu vermehren. Der zweite Prüfungstag ähnelte dem ersten, es waren nur andere Themengebiete, die geprüft wurden. Und als wir am Nachmittag die Schule verließen, galt es die Einkäufe für die geplante Party am Abend zu tätigen. Denn jetzt stand uns nur noch die mündliche Prüfung bevor und die harte Arbeit der letzten Wochen musste einfach durch eine Feier belohnt werden. Selbst ich war guter Dinge, froh auch diesen Teil des Examens hinter mich gebracht zu haben. Die Feier war ausgelassen und erst als ich deutlich zu viel Alkohol im Blut hatte, zog ich mich in mein Zimmer zum Schlafen zurück.

Nach der lockeren Stimmung der vergangenen Woche und das Wissen darum, dem Examen und auch der Schmerzklinik ein kleines Stück näher gerückt zu sein, kehrte die gewohnte Stimmung wieder ein. Wir hatten Urlaub und ich war nach Hause gefahren, verbrachte Zeit mit meinen Freunden und meinem Vater. Obwohl ich bei Frau Maler gelernt hatte, wie wichtig es war, mit meinen Mitmenschen über meine Krankheit zu sprechen, brachte ich es nicht fertig, mit meinem Vater darüber zu sprechen. Er fragte mich immer mal wieder, wie es mit den Schmerzen in den Handgelenken sei, doch ich antwortete immer nur kurz und knapp. Meist mit einem „Es geht." Ich machte mir nicht die Mühe, ihm zu erklären, dass die Schmerzen nicht nur in den Handgelenken vorhanden waren. Warum weiß ich heute nicht mehr. Vielleicht hatte ich Angst, dass er sich zu viele Sorgen machen könnte. Vielleicht war ich aber auch zu stolz, zuzugeben, dass ich kränker war, als damals, mit vierzehn. Ein paar Mal stritt ich mit ihm. Denn er konnte nicht verstehen, dass ich nicht, wie die anderen in meinem Kurs, bereits Bewerbungen verschickte. In einer Diskussion gab ich dann schnippisch von mir, dass ich zum einen erst einmal in die Schmerzklinik gehen würde und niemand jemanden in meinem Alter einstellt, der noch vor Antritt der neuen Stelle in eine Klinik geht, zudem ungewiss war, ob ich überhaupt Vollzeit arbeiten gehen könne. Wütend darüber, dass mein Vater mich dazu gebracht hatte Dinge von mir Preis zu geben, die ich mir noch nicht einmal selbst eingestanden hatte, ließ ich ihn nach dieser Aussage stehen. Ich hatte die Sorge in seinem Gesicht gesehen und dennoch ging ich. Was war ich nur für ein aggressives Etwas?

Am nächsten Morgen stöberte ich im Fibromyalgie-Forum und schaute nach, was es an Neuigkeiten und neuen Beiträgen gab. Eine der Frauen hatte davon geschrieben, dass sie nun abends immer ein Schmerztagebuch in Form eines kleinen Tagesprotokolls ausfülle und sie so inzwischen herausgefunden hatte, dass bestimmte Dinge die Schmerzen verstärkten. Ich wurde neugierig und suchte im Internet nach einem solchen Tagebuch. Schnell wurde ich fündig und druckte mir dieses ein paar Mal aus. Es konnte ja nicht schaden herauszufinden, welche Dinge die Schmerzen verstärkten, denn dann könnte man sie immerhin meiden. Jeden Tag/Abend füllte ich den Bogen aus und machte meine Kreuze unter den Fragen. Immer mehr kristallisierte sich für mich heraus, dass ich kaum in der Lage war, die Schmerzen zu beeinflussen. Wieder ein Punkt, der mir meine Hilflosigkeit klar machte.

Kaum hatte der Urlaub angefangen, war er auch wieder vorüber. Die Zeit ohne die Arbeit auf der Station hatte mir gut getan, wenn auch die Schmerzen sich dadurch nicht hatten beeindrucken lassen, so war ich doch weniger müde und erschöpft.

11 – Kurvenreiche Zielgerade

Vor mir lagen noch einige Wochen Stationseinsatz, bevor der Blockunterricht wieder beginnen und diesem dann das mündliche Examen folgen sollte. Die Arbeit ging ihren gewohnten Gang, der übliche Schichtwechsel. Und je näher der Blockunterricht rückte, desto größer wurde meine Angst, das Examen nicht bestehen zu können. Nachts träumte ich zwar nun nicht mehr davon, erschossen zu werden, dafür zeigten mir meine Träume des Öfteren mein Versagen bei der letzten Prüfung. Ich versuchte jene Träume zu ignorieren und zu lernen, wann immer ich mich dazu in der Lage sah. Viel zu oft war ich jedoch nach den Diensten wieder erschöpft und müde, die Schmerzen tobten wieder in allen erdenklichen Formen in mir und so kam ich mit dem Lernen nur mühsam voran. In der Prüfung wurden sechs verschiedene Themengebiete verlangt, zu jedem Themengebiet gab es etwa zehn bis fünfzehn Unterpunkte. Und zu jedem dieser Unterpunkte wurde ein Referat geschrieben. Der Kurs hatte sich diese Arbeit untereinander aufgeteilt, so dass nicht jeder alle Referate schreiben musste. Hatte man diese fertig, wurden sie kopiert und an die anderen Mitschüler verteilt. Auch ich hatte fünf Referate zu schreiben. Ich hing deutlich dem Zeitplan hinterher. Die anderen hatten zum Teil ihre Referate schon fertig, während ich noch drei zu schreiben hatte. So saß ich an einigen Abenden, wenn ich am nächsten Tag Spätschicht hatte, bis weit nach Mitternacht an meinem Schreibtisch. Ich wollte unter keinen Umständen, dass die anderen auf die Themen warten mussten. Im Unterricht, der auch jetzt einmal in der Woche während des Stationseinsatzes stattfand, besprachen wir dann mit den Lehrern die Referate, ergänzten oder änderten hier und da etwas. Es war ein Marathonlauf zwischen Arbeit und Lernen.

Ich wollte um jeden Preis das Examen bestehen, wollte etwas in meinem Leben erreicht wissen und so setzte ich mich selbst unter Druck, war er auch ohnehin schon groß genug. Ich wollte bestehen, sollte es kosten, was es wolle. An den freien Tagen unter der Woche machte ich mir einen strikten Zeitplan. Bis 7:00 Uhr schlafen, etwas frühstücken, Kaffee kochen, an den Schreibtisch setzen und lernen. Alle 45 Minuten machte ich eine kleine Pause. Da die Tolperison- und die Schmerztabletten müde machten, nahm ich zusätzlich zum Kaffee Koffeintabletten ein. Und dennoch hatte ich das Gefühl, dass ich all das Wissen nicht in meinen Kopf bekam. Es waren nur noch vier Tage, dann würde der Blockunterricht beginnen und nach weiteren vier Wochen war die mündliche Prüfung. Streng Dich mehr an, sagte ich mir immer wieder selbst.

Am ersten Tag des Blockunterrichts war ich vollkommen müde. Ich hatte das gesamte Wochenende gelernt, hatte nichts anderes getan. Hatte sogar meinen Freunden abgesagt, um keine Zeit zu verlieren.

In meinem Kopf schwirrten unzählige Fachbegriffe, Symptome, Diagnosen, Krankheitsbilder und noch viel mehr umher. Und dann mischten sich auch noch die düsteren Gedanken dazwischen. In diesem Gedankenchaos, so hatte ich den Eindruck, verlor ich die Übersicht. Die Schmerzen gönnten sich ebenso wenig eine Pause, wie ich es am Wochenende getan hatte. Als wollten sie sagen: „Was Du kannst, können wir schon lange!" Fast schon hörte ich sie hämisch kichern. Ich schüttelte diese Gedanken beiseite und versuchte wieder dem Unterricht zu folgen. Aber die Schmerzen hatten scheinbar andere Pläne mit mir. Das Sitzen wurde zu einer reinen Geduldsprobe, mein Rücken schmerzte und meine Beine waren von unruhigen Schmerzen durchzogen. Immer wieder änderte ich meine Sitzposition, doch es half nichts. Ich griff schon nach nicht einmal einer Stunde zu der kleinen Flasche mit dem Schmerzmittel. Das Schreiben strengte furchtbar an. Die Hand tat mir weh und zitterte. Und ich musste ordentlich schreiben, immerhin musste ich es später zum Lernen noch lesen können. Ich schimpfte innerlich mit mir: Jetzt reiß Dich zusammen! Das kann ja wohl nicht wahr sein, Du überlässt ihnen das Spielfeld und kriegst nichts auf die Reihe. Ich ärgerte mich über mich. Aber was sollte ich tun? Ich konnte wohl kaum die Tabletten einnehmen, als seien es Bonbons. Auch nicht, wenn ich manches Mal den Eindruck hatte, dass sie eben genauso wirkten, wie ein Bonbon; nämlich gar nicht. Ich riss mich aus meinen Gedankengängen und zwang mich zur Konzentration auf die Worte des Lehrers. Als die Unterrichtsstunde endete, war ich nur noch müder. Nicht, dass ich hätte schlafen können, nein, dafür hatte ich inzwischen genug Kaffee getrunken. Aber ich fühlte mich erschöpft und ich war gereizt. Ich stand mit den anderen Rauchern vor der Schule und zog nervös an meiner Zigarette, während ihre Gespräche an meinen Ohren vorbeisausten. Ich trat von einem Fuß auf den anderen, versuchte eine Position zu finden, die nicht ganz so schmerzte. Vergebens. Egal was ich auch anstellte, alles tat weh. Die Schmerzen hatten an diesem Morgen etwas unruhiges, machten mich nervös. Gegen besseres Wissen und meine Vernunft entschied ich mich dazu, noch eine Schmerztablette einzunehmen. Denn so hatte es ja auch keinen Zweck. Ich hatte noch einige Stunden Unterricht vor mir und wenn ich auch nur vorhatte, diesem zu folgen, dann blieb mir eigentlich keine Wahl. So versuchte ich mein schlechtes Gewissen zu beruhigen, welches mir von einer weiteren Tablette abriet. Etwa die Hälfte der zweiten Unterrichtsstunde war vorüber, als die Schmerzen in den Beinen und dem Rücken weniger wurden. Die in der rechten Hand blieben. Um die Schmerzen etwas zu umgehen, veränderte ich immer wieder den Griff um den Füller. Das half ein wenig.

Als ich am Nachmittag die Schule mit den anderen verließ, war ich froh, dass ich an diesem Tag nicht selbst, sondern mit einer der Freundinnen gefahren war. Beide Hände taten inzwischen so sehr weh, dass ich sicher Schwierigkeiten gehabt hätte, das Lenkrad fest zu halten. In meinem Kopf herrschte eine seltsame Leere. Ich hatte den Eindruck, dass die Schmerzen jeden klaren Gedanken gelöscht hatten.

Die folgenden Tage hielten sich die Schmerzen etwas zurück, so konnte ich wenigstens lernen, was mir am Montag nicht gelungen war.

In der darauffolgenden Woche wachte ich Montagmorgen um 5:30 Uhr durch einen übermäßig starken Schmerz in der linken Hand auf. An ein Wiedereinschlafen war nicht zu denken. Der Schmerz pochte und klopfte. Ich nahm meine Medikamente ein und wartete, dass der Schmerz nachließ. Doch das trat nicht ein. Als um 7:00 Uhr noch immer keine Besserung eingetreten war, nahm ich eine weitere Schmerztablette ein. Inzwischen hatten sich die Schmerzen in den Schultern dazu gesellt, nicht so stark, wie in der linken Hand, aber äußerst störend. Um 8:00 Uhr würde der Unterricht beginnen. Ich versuchte, das T-Shirt auszuziehen, doch allein dieser Versuch trieb mir Tränen in die Augen. An Unterricht war nicht zu denken. Ich konnte mich ja nicht einmal anziehen. Die linke Hand fühlte sich nicht mehr wie meine Hand an. Sie war ein einziger Schmerz, eine Mischung aus pochen, stechen, ziehen. Nur nach einer Hand fühlte sie sich nicht an. Ich unterdrückte die Tränen und griff um 7:30 Uhr zitternd nach meinem Handy, um in der Schule anzurufen und mich krank zu melden. Nachdem ich das erledigt hatte, schlürfte ich in den Flur und sagte Tanja, dass ich an diesem Morgen nicht mit zur Schule fahren würde. Langsam ging ich wieder in mein Zimmer zurück und schaute auf die Uhr. Es waren noch dreißig Minuten, bis die Praxis des Rheumatologen öffnen würde. Ich legte mich vorsichtig auf das Bett und starrte die Uhr an. Die Zeit schien besonders langsam voranzuschreiten. Der Zeiger der Uhr bewegte sich scheinbar zögernd. Ich versuchte meine Gedanken von der Uhr abzuwenden. Ich kam mir unwirklich vor. Es war als sei ich in einem bösen Traum gefangen. Wie ein einziges, großes Bündel, das nur aus Schmerzen bestand. Und in mir keimte die Angst, dass diese starken Schmerzen nicht mehr vergehen könnten. Dass sie bleiben könnten. Ich konnte mich nicht erinnern, dass die Schmerzen schon einmal so schlimm gewesen waren. Eine erneute Schmerzwelle trieb durch meine linke Hand und wieder standen mir Tränen in den Augen. Ein Blick auf die Uhr machte es nicht erträglicher. Gerade mal fünf Minuten waren vergangen. Als es endlich 8:00 Uhr war, kam es mir vor, als sei eine Ewigkeit vergangen. Ich raffte mich auf, denn ich musste mich, ob ich wollte oder nicht, anziehen. Ich konnte wohl kaum im Schlafdress zum Arzt gehen. Es kostete mich unendlich wirkende Mühe, den BH, das T-Shirt, Socken, Hose und Schuhe anzuziehen. Als ich nach satten zwanzig Minuten alles angezogen hatte, war ich nass geschwitzt. In meinem Kopf herrschte Wut und Verzweiflung: Sieh Dich an! Nicht einmal normal anziehen kannst Du Dich! Was ist bloß aus Dir geworden? Ein Wrack. Tränen bahnten sich wieder ihren Weg. Ich konnte nicht mehr. Und dann kam aus meinem Mund ein Schrei. Ich schrie und begann zu weinen. Ich nahm meinen Kopf zwischen meine Hände und monoton betete ich innerlich einen einzigen Satz: Hör auf zu denken. Hör auf zu denken. Ich steckte mir eine Zigarette an und versuchte zur Ruhe zu kommen. Ich holte tief Luft und rief in der Arztpraxis an. Ich erklärte der Arzthelferin, wie stark die Schmerzen waren und bat darum gleich kommen zu dürfen. „Kommen Sie einfach rein. Wir sind da." sagte sie und verabschiedete sich. Ich stand auf und schlurfte langsam voran. Die fünfhundert Meter bis zum Gebäude des Arztes schienen meilenweit. Als ich die Praxis betrat, war ich erneut verschwitzt und vollkommen erschöpft. „Guten Morgen. Gehen Sie doch gleich schon nach hinten zur Kabine durch, der Arzt ist gleich bei Ihnen." begrüßte mich die Arzthelferin. Robotergleich tat ich, was sie sagte. Angekommen in der senfgelben Kabine, ließ ich mich langsam auf dem Stuhl nieder und wartete. Kurz darauf kam der Arzt, ließ sich meine Beschwerden und die eingenommenen Medikamente schildern und erklärte, dass er mir eine Infusion geben würde. Die gleiche, wie schon beim letzten Mal. Bis einschließlich Freitag würde er mich krankschreiben und ich solle jeden Morgen zu einer neuen Infusion kommen. Ich nickte nur noch. Im Grunde war mir alles vollkommen egal, Hauptsache die Schmerzen ließen nach. Der Einstich der Nadel tat ungewöhnlich weh, ich schob es darauf, dass mein linker Arm in diesem Augenblick ohnehin schon besonders schmerzte. Der Arzt stellte die Infusion an und verließ die Kabine. Erst jetzt bemerkte ich, wie müde und abgekämpft ich war. Es war ruhig in der Praxis und mir fielen trotz der Schmerzen die Augen immer wieder zu. Ich ließ es geschehen. Es war mir einerlei. Die Infusion würde mich ohnehin gleich noch müder machen, warum also nicht ein wenig eindösen, bis die Infusion leer gelaufen war. Als die Arzthelferin die Kabine betrat, wurde ich wach. „Und? Ist es jetzt etwas besser?" fragte sie. Ich schaute an mir herunter. Das seltsame Gefühl von Schweben und Benommenheit hatte sich eingestellt. Das kannte ich ja schon. Ich blickte die Arzthelferin an und nickte. Immerhin war der Schmerz in der linken Hand gedämpfter und auch die Schulterschmerzen waren weniger geworden. Vorsichtig erhob ich mich. Das Aufstehen tat zum einen weh und war auch von leichtem Schwindel begleitet. Die Arzthelferin reichte mir die Krankmeldung und ich fragte nach, wann ich am nächsten Tag wieder da sein solle. „Kommen Sie einfach rein, wenn sie sich dazu in der Lage fühlen. Die Kabine ist nur selten besetzt." erklärte sie. Ich verabschiedete mich und wankte zum Ausgang. Wieder in meinem Zimmer, legte ich mich so bequem als möglich hin und versuchte mich zu entspannen. In diesem Zustand konnte ich sowieso nicht lernen. Kurze Zeit später schlief ich ein.

Gegen Mittag wurde ich wach und fühlte mich klarer im Kopf. Die Schmerzen waren weiterhin gedämpft, nur in der linken Hand begann der Schmerz wieder stärker zu werden. Ich versuchte ihn zu ignorieren und verließ das Bett. Ich holte vom Schreibtisch einige Referate, die ich noch nicht gelernt hatte und legte mich wieder aufs Bett zurück. Mit den Händen konnte ich die Blätter nicht ruhig halten und so legte ich sie neben mich und las im Liegen. Weit kam ich nicht, denn ich schlief kurz darauf wieder ein. Durch ein Klopfen an der Tür wurde ich wach. Ich schaute zur Uhr: Es war bereits nach 16:00 Uhr. „Herein!" sagte ich und schon standen Tanja und Johanna in der Tür. „Hey. Wie geht's Dir?" fragte Johanna, während Tanja ein „Was genau ist denn los?" von sich gab. Ich erklärte kurz, dass ich starke Schmerzen gehabt hatte und dass ich diese Woche krankgeschrieben sei und täglich zur Infusionstherapie musste. Die Beiden setzten sich zu mir und erzählten von der Schule und ihrem Tag. Ihnen zuzuhören war eine Ablenkung, die ich gerne annahm. Kurz darauf klopfte es wieder an der Tür. Hannah gesellte sich nun auch zu der kleinen Runde und als alle drei wieder gingen, war es schon fast 19:00 Uhr.

In mir war es ruhiger geworden. Es fegten keine Gedankenfetzen in meinem Kopf umher und die Schmerzen waren, bis auf die in der linken Hand, auf ein erträglicheres Maß gesunken. Ich knüpfte mir die Referate vor und lernte noch bis mich Müdigkeit überkam. Ich nahm die Schlaftablette ein und legte mich schlafen. Am Morgen waren die Schmerzen in der linken Hand fast verschwunden, doch stattdessen spürte ich einen starken, reißenden Schmerz in der Schulter. Ich quälte mich aus dem Bett und horchte in mich hinein. Ich fühlte jedes Körperteil nach und kaum eines tat mir nicht weh. Ich stand auf und musste feststellen, dass jede noch so kleine Bewegung unangenehm zu spüren war. Ich wartete, bis meine Mitschülerinnen aus dem Haus waren und ging dann erst einmal heiß duschen. Zurück in meinem Zimmer zog ich mich langsam an. Wieder ein Kraftakt, ebenso wie am Vortag. Doch ich war wacher. So nahm ich eines der Referate mit in die Arztpraxis. Während die Infusion gemächlich vor sich hin tröpfelte, kämpfte ich gegen die beginnende Müdigkeit an. Ich wollte wach bleiben, ich hatte noch so viel zu lernen. Nach der Infusion ging ich mit weichen Knien wieder nach Hause. Ich machte es mir auf dem Bett bequem, lehnte mich sitzend an die Wand und zwang mich das Referat zu lesen. Als ich am Seitenende ankam und den Inhalt gedanklich wiederholen wollte, ärgerte ich mich. Ich hatte kaum etwas behalten. Also begann ich wieder von vorne, doch das Ergebnis blieb gleich. Es hatte keinen Zweck, das Schmerzmittel benebelte mich zu sehr. So konnte ich mich nicht richtig konzentrieren. Ich stellte mir den Wecker für zwei Stunden später, legte mich nieder und schlief auch gleich ein. Der Wecker riss mich aus dem Schlaf. Und dazu kamen die Schmerzen, die gleich mit ihrer „Arbeit" begannen. Mit einer Tasse Kaffee versuchte ich mich munter zu machen, doch das Gefühl, eine durchzechte Nacht hinter mir zu haben, blieb. Als die anderen von der Schule nach Hause kamen, hatte ich nur zwei Referate durchgearbeitet. Diese aber wenigstens so, dass ich ihren Inhalt auch wiedergeben konnte. Hannah brachte mir drei neue, überarbeitete Referate mit. Ich legte sie zu dem Stapel der anderen, die ich noch lernen musste. Nach einem kurzen Gespräch zog auch sie sich zum Lernen in ihr Zimmer zurück. Gegen 20:00 Uhr beschloss ich für diesen Tag mit dem Lernen aufzuhören. Ich fühlte mich ausgelaugt. Ich vergrub mich wieder in mein Bett und schaute noch etwas fern, bevor die Müdigkeit mich wieder in die Traumwelt zog. Die anderen Tage der Woche verliefen kaum anders, als die ersten beiden Tage. Wach werden, Schmerzen empfinden, zum Arzt gehen, schlafen, lernen, schlafen, lernen, schlafen. Samstagmorgen waren die Schmerzen immerhin nicht mehr so stark, wie zu Beginn der Woche, doch gut fühlte ich mich noch nicht. Ich hatte entschieden übers Wochenende nicht nach Hause zu fahren und stattdessen im Wohnheim so viel zu lernen, wie möglich. Um der Erschöpfung entgegen zu wirken, trank ich jede Menge Kaffee und nahm, wenn ich dennoch müde wurde noch eine Koffeintablette dazu. Mein Magen beschwerte sich zwar gehörig, doch ich musste lernen. Wenn ich das Examen bestehen wollte, und das war mein erklärtes Ziel, dann musste ich tun, was ich in der vergangenen Woche nicht hatte tun können. Mir blieben nur noch elf Tage Zeit, dann musste ich beweisen, ob ich das Zeug dazu hatte eine Krankenschwester zu werden. Ich lernte vom frühen Morgen an und gönnte mir nur am Abend eine Pause vor dem Fernseher, um etwas abzuschalten. In den Nächten schlief ich unruhig, welch Wunder, bei meinem Koffeinkonsum. Die Schmerzen wanderten die beiden Tage über immer wieder an verschiedene Stellen, hier mal stärker, da mal schwächer. Nur eins taten sie nicht: Mich in Ruhe lassen. Sonntagabend war der Stapel der noch zu lernenden Referate deutlich kleiner geworden. Ich war ein kleines bisschen stolz auf mich. Um 19:00 Uhr erlaubte ich mir, die Unterlagen beiseite zu legen und etwas Freizeit zu genießen. Da am nächsten Tag die Schule wieder losgehen würde, wollte ich auch nicht zu spät ins Bett. Ich schaute mir ein Video an und legte mich dann schlafen. Da ich am Abend nicht absehen konnte, wie die Schmerzen am Morgen sein würden und wie lange ich dann fürs Duschen und Anziehen brauchen würde, hatte ich den Wecker für 6:00 Uhr gestellt.

Mit dem Wecker wachten auch die Schmerzen wieder auf. Ich fühlte mich zerknautscht und mies. Aber mein Plan stand fest. Ich konnte es mir nicht erlauben, noch ein paar Tage nicht zur Schule zu gehen. Wie hoch der Preis auch sein mochte, ich würde am Unterricht teilnehmen. Alles in allem brauchte ich etwas weniger als eine Stunde, um mich fertig zu machen, so dass ich ohne mich zu schämen, das Haus verlassen konnte. An diesem Morgen fuhr Tanja mit dem Auto. Hannah, Johanna und ich fuhren mit. Ich bemühte mich beim Einsteigen ins Auto, nicht so auszusehen, als würde es mir schwer fallen. Tatsächlich war das Hineinklettern auf die Rückbank hinter den Fahrersitz schmerzhaft. Ich biss die Zähne zusammen. Auch das Aussteigen kurze Zeit später, war nicht gerade angenehm. Als die anderen bemerkten, dass ich ihren Schritt nicht mithalten konnte, warteten sie. Es war mir peinlich, doch ich fand es auf der anderen Seite nett von ihnen, dass sie Rücksicht nahmen. Vor der Eingangstür zur Schule machten wir Halt und gesellten uns zu den anderen Rauchern. Ich fühlte mich ein wenig unwohl, denn jeder erkundigte sich, wie es mir ging. Als es Zeit war, gingen wir hinein. Im Flur stand Frau Keller und rief mich zu sich. Sie lächelte mich an und sagte: „Es ist schön, dass Sie wieder da sind. Wie geht es Ihnen denn?" „Ich fühle mich noch etwas mitgenommen, aber es geht schon." antwortete ich. „Darf ich fragen, warum genau es Ihnen nicht gut ging? Die Schmerzen wieder?" fragte sie. Sie schien ehrlich besorgt. Und ich? Ich schämte mich, dass Frau Keller sich Sorgen um mich machte. „Die Schmerzen waren heftig, ich musste täglich zum Arzt und bekam Infusionen." erklärte ich. „Wenn Sie sich noch nicht so recht fühlen, dann bleiben Sie lieber noch Zuhause. Sie sollen sich nicht in den Unterricht quälen." sagte sie und legte ihren Arm um mich. Es war schon außergewöhnlich, wie sehr sie sich kümmerte. Und das tat sie mit allen im Kurs, die ein Problem hatten. Sie war so etwas wie die Mutter des Kurses. „Nein, nein. Ich kann am Unterricht teilnehmen. Das wird schon wieder." sagte ich. „Gut. Aber wenn etwas ist, dann kommen Sie zu mir. Ja?!" sagte sie und verabschiedete sich. Ich ging in den Klassenraum, denn der Unterricht begann jeden Augenblick. Der Tag in der Schule war anstrengend. Das lange Sitzen auf dem Stuhl machte mir Schwierigkeiten, denn so sehr ich mich auch um eine Sitzposition bemühte, die weniger schmerzte, ich fand keine. Ich rutschte hin und her, legte meine Arme mal dahin, mal dorthin, verschränkte die Beine, streckte die Beine. Für den Lehrer sah es bestimmt so aus, als müsse ich dringend zur Toilette, wolle aber nicht gehen und hampele deshalb so herum. Als wir wieder im Wohnheim ankamen, war ich froh, dass ich in meinem Zimmer zwischen Bett, Stuhl und Sessel wählen konnte. Und ich konnte umherlaufen. Den restlichen Tag verbrachte ich, zwischen den Sitzgelegenheiten hin- und herwechselnd mit Lernen. Ich hatte fünf Tage verloren, die es einzuholen galt. Vor Mitternacht ging ich nicht ins Bett. So verfuhr ich die gesamte Woche lang. Nach der Schule Lernen und erst um Mitternacht ins Bett gehen, dann wieder um 6:00 Uhr aufraffen und zur Schule gehen. Es kostete mich einige

Kraft, doch ich wollte unter keinen Umständen aufgeben. Ich wollte das Examen bestehen. Am Wochenende fuhr ich nach Hause zu meinem Vater. Samstag schlief ich aus. Das musste sein, hatte ich doch unter der Woche auf Schlaf verzichtet. Um 12:00 Uhr pellte ich mich aus dem Bett und frühstückte, bevor ich mich wieder an die Unterlagen setzte. Als ich tief in der Nacht, eigentlich schon am frühen Morgen die Müdigkeit in allen Gliedern spürte, legte ich mich schlafen. Für Sonntagmittag hatte mir ein Freund versprochen, rein zu schauen und mich abzufragen. Er blieb bis in den Nachmittag hinein und half mir bei einigen kniffligen Dingen Eselsbrücken zu bauen, damit ich mir auch diese Sachen merken konnte. Um 17:00 Uhr verabschiedeten wir uns, er wünschte mir viel Glück und ich fuhr zurück ins Wohnheim. Am Abend saß ich mit Tanja und Hannah zusammen. Wir gönnten uns alle drei eine Auszeit vom Lernen, schauten zusammen einen Film und kochten gemeinsam.

Montagmorgen wurde mir immer mehr bewusst, dass es nun nur noch zwei Tage waren, bevor am Mittwochmorgen die Prüfung stattfand. Dachte ich an Mittwoch, dann spürte ich eine hochgradige Nervosität in mir. Aufregung, Angst. Ich knüpfte mir nach der Schule wieder die Referate vor, las alle noch einmal durch. Ich sortierte jene aus, von denen ich glaubte, sie gut gelernt zu haben und begann mit den anderen wieder von vorne.

Dienstags besprachen wir in der Schule noch einmal mit Frau Keller den Ablauf der Prüfung. Das mündliche Examen war unterteilt in vier Prüfungen. Eine in Krankenpflege, eine in Krankheitslehre, Innere oder Chirurgie, eine in Hygiene und eine in Psychologie oder Rehabilitation. In jeder Prüfung zog man ein Kärtchen, auf dem das Prüfungsthema vermerkt war. Dann hatte man fünf Minuten Zeit sich Gedanken und Notizen zu machen, bevor man zu referieren begann. Um sich zum Thema zu äußern hatte man zehn bis fünfzehn Minuten. Sollte man nicht wissen, wie man anfangen oder was man zu dem Thema sagen sollte, dann sollte man die Lehrer um Fragen bitten. Dies gab natürlich Abzüge in der Note, doch es war besser, als nichts zu sagen. Nach Abschluss aller Prüfungen sollte der Kurs sich im Aufenthaltsraum versammeln, Frau Keller würde nach der Beratung aller Lehrer zu uns kommen und uns in den Klassenraum bringen, wo die Verkündung der Ergebnisse durch eine Prüferin des Ministeriums stattfinden würde. Sollte jemand das Examen nicht bestanden haben, ganz gleich ob praktisch, schriftlich oder mündlich, würde Frau Keller denjenigen vorher abholen und zu einem Gespräch bitten. Wir bekamen einen Plan ausgehändigt, auf dem genau stand, wer um welche Uhrzeit zu welchem Gesamtthema geprüft wurde. Mit dem Besprechen all dieser Abläufe, stieg die Aufregung und Nervosität bei allen an. In mir fühlte es sich an, als würde direkt unterhalb meines Brustbeines ein großes Knäuel aus Aufregung,

Nervosität und Angst sitzen und impulsartig Pochen. Wieder im Wohnheim notierte ich mir einen Zeitplan für den Rest des Tages: Hose und Bluse bügeln, etwas essen, duschen, lernen, um 21:00 Uhr das Amitryptilin einnehmen, um 22:00 Uhr schlafen gehen. Um 6:00 Uhr klingelte der Wecker und holte mich aus einem real wirkenden Traum: Der Kurs saß versammelt im Aufenthaltsraum der Schule. Alles war drückend und still, einzelne flüsterten untereinander. Ich hörte plötzlich die Schritte von Frau Keller mit ihren Absatzschuhen im Flur und als sie den Raum betrat, schaute sie mich an und bat mich mit nach oben zu kommen. Ich wusste, ich hatte nicht bestanden, hatte versagt. Dann hatte der Wecker geklingelt und ich wurde wach. Das Knäuel unter meinem Brustbein wuchs zu einem großen Klumpen heran und in mir breitete sich Angst aus. Für einige Minuten saß ich wie gelähmt auf der Bettkante und rieb mir mein linkes Handgelenk. Der Schmerz darin überdeckte die anderen, eher gedämpften Schmerzen. In meinem Kopf bemühte sich meine innere Stimme darum, mir Mut zu machen: „Du schaffst das! Du kannst das! Das wird schon! Das war nur ein Traum." Gerne hätte ich mir selbst geglaubt, doch die Angst war einfach zu groß. Um meine Konzentration nicht zu beeinträchtigen, verzichtete ich sowohl auf Tolperison, als auch auf die Schmerztabletten. Ich sagte mir, dass ich da jetzt durch musste und stand auf. Ich kochte mir einen Kaffee und steckte mir eine Zigarette an. Ich sah meine Hand zitternd nach dieser greifen, doch ich konnte rein gar nichts dagegen tun.

Um 7:45 Uhr kamen wir in der Schule an. Wir setzten uns zu den anderen in den Aufenthaltsraum und warteten darauf, dass man uns zu den Prüfungen rief. Es war sehr still. Alle waren aufgeregt und mit meiner Angst zu Versagen war ich nicht alleine. Wir sprachen uns gegenseitig Mut zu und wünschten uns Glück. Dann kam Frau Keller uns abholen und die ersten Prüfungen begannen. Gemeinsam standen und saßen wir im Flur der Schule. Jeder, der an der Reihe war, wurde nochmals durch die anderen bestärkt, dass man es schafft, dass alles gut wird. Und jeder der einen Prüfungsraum verließ wurde sofort interviewt. Die Stimmung lockerte sich langsam ein wenig, als die ersten lächelnd aus den Prüfungen kamen. Sie erzählten, welche Themen sie gezogen hatten, welche Antworten sie gegeben hatten. Mit einem Ohr lauschte ich auch den Erzählungen, doch vor meinem geistigen Auge lief immer wieder der Traum der letzten Nacht vorbei. Kurz vor meiner ersten Prüfung war meine Aufregung beinahe übermächtig. Ich stand versteinert an die Wand gelehnt und betete innerlich: „Wenn es dort draußen irgendwo eine höhere Macht geben mag, dann möge sie mir beistehen." Dann öffnete sich auch schon die Tür des Prüfungsraumes und ich wurde hereingebeten. Um nicht von den Schmerzen abgelenkt zu werden, ballte ich meine linke Hand in der Hosentasche feste zusammen und zog eines der Kärtchen. In meinem Kopf kramte ich nach dem Referat zu diesem Thema, doch mir fiel nur wenig ein. Als ich ein paar Sätze von mir gegeben hatte, musste ich darum bitten, dass man mir Fragen stellte. Als ich den Prüfungsraum verließ, wurde ich von den anderen umringt und befragt. Ich hatte kein gutes Gefühl, berichtete von den Fragen und meinen Antworten. Bis zur nächsten Prüfung hatte ich etwas Zeit und ging vor die Tür, eine Zigarette rauchen. Ich lief um die eigene Achse und wiederholte leise für mich den einen Satz: „Du schaffst das!" In der zweiten Prüfung lief es deutlich besser. Ich begann zu erzählen, bis die Lehrerin mich lächelnd unterbrach und meinte, dass nun die Zeit vorüber sei. Meine Aufregung wurde langsam weniger, nur die Angst blieb. Aber ich hatte seit der zweiten Prüfung das Gefühl, dass noch nichts verloren sei. Auch die dritte Prüfung verlief, für mich, soweit zufriedenstellend. Die vierte Prüfung wiederum war nicht so, wie ich es mir vorgestellt hatte. Auch hier musste ich um Fragen bitten. Es war ein Auf und Ab der Gefühle. Und dann begann das Warten. Ich hatte zwar schon alle Prüfungen hinter mir, doch noch längst waren nicht alle fertig. Diejenigen, die ebenfalls alle Prüfungen absolviert hatten, sammelten sich im Aufenthaltsraum. Als wir alle versammelt waren, kam Frau Keller und erklärte uns, dass die Lehrer sich nun besprachen und sie uns dann abholen käme, so wie es am Vortag besprochen worden war. Als sie den Raum verließ, herrschte in mir eine panische Stille.

Der Traum der letzten Nacht wollte aus meinen Gedanken nicht wieder gehen. Ich rauchte eine Zigarette nach der anderen. Das Zigarettenpäckchen, das ich am Morgen geöffnet hatte, war inzwischen fast leer. Auch den anderen war Beklemmung und Sorge anzumerken. Jeder horchte auf, wenn sich im Flur Schritte in unsere Richtung bewegten. Als Schritte von Absatzschuhen in unsere Richtung kamen, hielten wir alle den Atem an. Und als dann eine unsere Klassenkameradinnen den Raum betrat, erntete sie Schimpfe. Ich weiß heute nicht mehr, wie lange wir dort wartend saßen, doch es erschien mir damals unendlich lange. Irgendwann waren leise Schritte im Flur zu hören und wieder hielten alle die Luft an. Als dann Frau Keller in der Tür stand, stieg die Anspannung auf ein Maximum. Mir wurde übel, denn es war fast genauso, wie in meinem Traum. Doch Frau Keller lächelte und bat uns alle nach oben. Sie hatte also niemanden vorher herausgerufen und dennoch hatte ich weiterhin Angst, dass ich nicht bestanden haben könnte. Oben im Klassenraum angekommen, warteten dort alle Prüfer. Wir stellten uns in einem Halbkreis auf. Die Dame vom Ministerium trat vor und sagte: „Herzlichen Glückwunsch Ihnen allen, Sie haben alle bestanden!" Das war nun zu viel des Guten für mich und meinen Kreislauf. Meine Knie wurden weich und hätte mich eine der Mitschülerinnen nicht von der Seite gestützt, dann wäre ich sicher einfach umgefallen. Ich konnte es noch nicht recht glauben. Einzeln wurden die Namen aufgerufen und jeder erhielt eine Urkunde über das bestandene Staatsexamen. Erst als ich die Urkunde überreicht bekam, glaubte ich es. Alle Last der letzten Wochen fiel von mir ab und strömte in Tränen aus mir heraus. Ich konnte mein Glück nicht fassen. Gegenseitig lagen wir uns weinend in den Armen. Die Lehrer beglückwünschten uns. Frau Keller nahm jeden dazu in den Arm. Sie flüsterte mir ins Ohr: „Sehen Sie! Ich habe Ihnen doch gesagt, dass sie es schaffen. Seien Sie stolz auf sich!" Dieser Satz trieb mir nur noch weitere Tränen in die Augen und sprachlos konnte ich nur nicken.

Etwas später war es an der Zeit, unsere Eltern zu informieren. Sie saßen Zuhause auf glühenden Kohlen. Weinend säuselte ich meinem Vater durch den Hörer zu, dass ich bestanden hatte. Ich konnte auf der anderen Seite der Leitung sinnbildlich einen Stein herabfallen hören. Er erzählte, dass er inzwischen schon zwei Mal mit der Mutter von Tanja telefoniert hatte, um nachzuforschen, ob sie vielleicht schon etwas gehört hatte. Er beglückwünschte mich und verabschiedete sich bis zum Nachmittag zum geplanten Gottesdienst und der anschließenden Feier.

Der Gottesdienst war sehr feierlich und ich konnte einfach nicht aufhören zu weinen. Immer wieder stiegen Tränen in mir hoch, mal wegen dem unglaublichen Glücksgefühl über das bestandene Examen, mal vor Traurigkeit, weil ich wusste, dass die Freunde im Kurs, die für mich eine kleine Familie geworden waren, sich in alle Winde verstreuen würden. Doch wenigstens war ich nicht die einzige, die immer wieder von neuem zu weinen begann. Erst, als auch die offizielle Feier des Krankenhauses vorbei war und wir uns alle, mitsamt Familienanhang, zur Party begaben, versiegten meine Tränen langsam. Wir feierten alle gemeinsam mit unseren Familien und Freunden ausgelassen bis in den Morgen hinein. Um 6:00 Uhr fiel ich erschöpft, sturzbetrunken und mit einem Glücksgefühl in mein Bett.

Am nächsten Morgen war es für mich immer noch schwierig zu realisieren, dass ich nun wirklich das Examen bestanden und meine Ausbildung geendet hatte. Naja, eigentlich dauerte sie noch bis zum letzten des Monats, doch diese Tage waren als Urlaub eingeplant. Dem Alkohol und den vielen Zigaretten sei Dank fühlte ich mich körperlich äußerst mies. Meinem Geist jedoch konnte an diesem Morgen nichts etwas anhaben. Das Glück darüber, dass ich mein großes Ziel erreicht hatte, durchströmte jeden Winkel in meinem Kopf. Etwas Wehmut gesellte sich dazu, aber überwiegend spukte Glück dort umher.

In den nächsten beiden Tagen wollte ich beginnen, meine ganzen Sachen in Kisten zu verstauen, um dann zurück nach Hause zu ziehen. Wohin sollte ich auch sonst. Ich hatte noch keine Arbeit und so konnte ich mir auch keine eigene Wohnung erlauben. Sicher war ich an dieser Situation teilweise mit Schuld, doch ich glaubte einfach nicht, dass ein Arbeitgeber jemanden einstellte, der erst einmal sechs Wochen lang krankgeschrieben sein würde. Zudem war ja auch noch ungewiss, wie viel oder ob ich überhaupt arbeiten gehen konnte. Ich wusste nur eins: So wie ich bisher gearbeitet hatte, konnte ich es in Zukunft nicht tun. Es waren noch drei Wochen bis zum Termin in der Schmerzklinik und den Urlaub wollte ich mit Erholung und Freunden verbringen. Ich hatte mich in meinem alten Zimmer bei meinem Vater wieder eingerichtet und genoss die Tage. Einfach mal weder arbeiten noch lernen. Die Schmerzen waren dafür auch scheinbar dankbar, denn sie hielten sich gedämpft. Dies hielt immerhin einige Tage lang an. Dann kamen sie wieder in heftigeren Schüben und mehr als nur einmal wirkten sie sich schlecht auf meine Stimmung aus. Diese schlechte Stimmung hatte zur Folge, dass sich in mir wieder Wut und Aggression aufbaute und das wiederum führte dazu, dass ich mich schon zu Beginn der zweiten Woche mit meinem Vater heftig stritt. Ich war extrem reizbar und das war alles andere als hilfreich. Die schlichte Frage meines Vaters, wann ich denn, wie versprochen, das Haus putzen würde, brachte mich auf die Palme. Er wollte nur eine einfache Antwort haben, ich jedoch verstand seine Frage als Vorwurf, dass ich noch immer nicht geputzt hatte. Das war zu viel für meine Nerven und so schrie ich ihn an, er solle mir nicht auf den Geist gehen und dass ich meine Arbeit machen würde, wenn ich Lust dazu hatte. Dann drehte ich mich um und ging in mein Zimmer. Heute weiß ich, ich hätte doch nur sagen müssen, dass ich mich nicht gut fühlte. Dafür hätte er sicher Verständnis gehabt, doch wie so oft stand mir damals mein Stolz im Weg. Mein Vater hingegen ließ mir einige Stunden Zeit und klopfte dann am frühen Abend an meine Zimmertür. Er fragte nach, wie es mir ginge und dass ich ruhig sagen könne, wenn ich mich nicht gut fühlte und lieber an einem anderen Tag putzen wolle. Ich war vollkommen überrumpelt davon, dass mein Vater mich wohl doch viel besser kannte, als ich es ihm zugestehen wollte. Ich entschuldigte mich für mein Verhalten und versprach Besserung. Die folgenden Tage waren ein Auf und Ab der Gefühle und Gedanken. Je stärker die Schmerzen waren, desto schlechter war meine Stimmung. In so mancher Stunde kam ich nicht einmal mit mir selbst zurecht, ging mir buchstäblich selbst auf die Nerven. Ich zählte die Tage bis zum Termin in der Schmerzklinik. Und immer wieder kam in mir die Frage hoch, was ich tun sollte, würde man mir dort auch nicht helfen können. Was würde ich tun? Wie würde meine Zukunft aussehen? Fragen, auf die ich keine Antwort fand und über die ich doch unentwegt darüber nachdenken musste. Auch die düsteren Gedanken schlichen sich immer öfter wieder in mir ein. Was würde aus mir werden, wenn man dort feststellte, dass ich psychisch krank sei? Was sollte ich dann beruflich tun? Die wenigen Tage, die es noch abzuwarten galt, zogen sich in die Länge.

12 – Zurück ins Leben

Ich hatte die Nacht unruhig geschlafen. Mit vielen offenen Fragen war ich am Vorabend des Termins in der ambulanten Schmerzklinik eingeschlafen. Der Wecker holte mich früh in den Tag zurück und ich wachte schon mit einer leichten Aufregung auf. Natürlich spukten schon am frühen Morgen jede Menge Fragen in meinem Kopf. Ich nahm meine Medikamente ein und machte mich für die Fahrt fertig. An Frühstück war nicht zu denken, mein Magen war mit der Aufregung beschäftigt. Ein Kaffee und ein, zwei Zigaretten mussten reichen. Je näher ich der Stadt kam, desto nervöser wurde ich. Endlich stand ich in der Eingangshalle des Krankenhauses, hatte verschwitzte Hände und einen besonders trockenen Mund. Als ich die Anmeldung betrat, war ich froh, dass ich an der Rezeption meinen Namen hervorbringen konnte. Die Sekretärin nickte freundlich und hieß mich einfach im Vorraum zu warten, die Ärztin käme gleich. Ich stellte mich zu den anderen Wartenden und fühlte mich unwohl. Ich war eindeutig die Jüngste und ich bildete mir ein, dass man mich neugierig und abweisend anstarrte. Ich konnte mir denken, was die anderen wohl so dachten: Was will dieses junge Ding hier? Aus meinen Gedanken riss mich eine Frau Anfang fünfzig: „Sind Sie auch für die Rückenschmerzgruppe hier?" Völlig überrascht nickte ich nur. Von dem Anschreiben der Klinik wusste ich, dass die Klinik ihre Patienten in zwei Gruppen unterteilte: die Rückenschmerzgruppe und die Kopfschmerzgruppe. Ich passte zwar meinen Beschwerden nach in keine der beiden, doch in die Kopfschmerzgruppe passte ich noch weniger, wie in die Rückenschmerzgruppe. Die freundliche Frau streckte mir ihre Hand entgegen und sagte: „Ich bin Charlotte." Ich schüttelte ihre Hand und stellte mich ebenfalls vor. „Ob wohl noch Zeit für eine Zigarette ist?" fragte Charlotte, drehte sich auch schon um und ging zur Rezeption. Nach einem kurzen Gespräch mit der Sekretärin kam sie zurück: „Rauchst Du? Frau Schneider an der Rezeption meinte es sei noch etwa eine viertel Stunde Zeit. Die Ärztin steckt wohl im Stau fest. Ich gehe noch eine rauchen. Kommst Du mit?" „Das klingt gut." antwortete ich kurz und war überrascht von Charlottes offener und auch herzlicher Art. Wir stellten uns vor die Eingangstür und rauchten. Charlotte erzählte, dass sie starke Rückenschmerzen hatte und die Schmerzen irgendwann nicht mehr gegangen waren. „Und Du? Auch Rückenschmerzen? Bandscheibenvorfall?" fragte sie. „Nein. Ich habe eher selten Rückenschmerzen. Ich habe Fibromyalgie. Aber in die Kopfschmerzgruppe passe ich damit noch weniger, als in die Rückenschmerzgruppe." antwortete ich. Charlotte schaute mich fragend an: „Fibro…, was? Das habe ich noch nie gehört. Ist das sowas wie Rheuma?" So kurz es eben ging, erklärte ich ihr meine Beschwerden und die Erkrankung. Sie hörte mir zu und als ich meine Ausführungen beendet hatte, sagte sie nur: „Tja, so scheint wohl jeder hier sein Päckchen mit sich herum zu tragen." Und da konnte ich nur zustimmen. Wir gingen wieder zur Anmeldung zurück. Kaum waren wir angekommen, traf auch die Ärztin ein. Der Chefarzt kam auch dazu und stellte sich und seine Kollegin kurz vor. Die Ärztin, Frau Schmitt, war Psychotherapeutin, spezialisiert auf die Therapie von Schmerzpatienten. Im Laufe der Woche würden wir noch weitere Therapeuten kennen lernen. Zunächst stand eine Führung durch die Klinik auf dem Programm. Frau Schmitt fragte mich, ob ich denn in der Zwischenzeit mit in ihr Büro zu einem Einzelgespräch käme, denn die Klinik würde ich ja ohnehin schon kennen und so biete sich dieser Zeitraum geradezu an. Und da sie mit jedem ein Einzelgespräch zu Beginn der Therapie führen würde, könne ich gerne den Anfang machen. Ich hatte dagegen nichts einzuwenden, denn warum sollte ich mir das Haus anschauen? Ich war die letzten drei Jahre, wenn auch nicht ständig in diesem Gebäudeteil, dort umhergelaufen. Ich nickte kurz und Frau Schmitt bat mich ihr zu folgen. Ihr Büro sah anders aus als ein übliches Büro. Sie hatte zwar auch einen Schreibtisch und einen Aktenschrank, doch die standen weiter hinten im Raum, während vorne im Raum zwei gemütlich wirkende Sessel standen. Es hatte etwas Wohnliches an sich. Und eben auf jenen Sesseln nahmen wir Platz. Ich war nervös, was würde da jetzt wohl auf mich zukommen. Welche Fragen hätte sie wohl? Sie legte sich einen Notizblock auf ihrem Schoß zurecht

und lächelte mich freundlich an: „Nun, dann erzählen Sie mir doch bitte mal, wie es Ihnen heute geht."
Noch bevor ich nachdenken konnte, was ich sagen sollte, öffnete sich mein Mund und sagte: „Aufgeregt." „Aufgeregt? Warum sind Sie denn aufgeregt?" „Nun, ich weiß nicht was auf mich zukommt und ich bin einfach etwas nervös, weiter nichts." „Wollen Sie mir vielleicht etwas über ihre Schmerzen erzählen. Ich habe ihren Fragebogen gelesen und demnach haben Sie ziemlich häufig Schmerzen. Seit wann haben Sie denn schon Schmerzen?" Ich musste kurz nachdenken: „Seitdem ich elf war. Ungefähr." Sie wirkte erstaunt. „Nun, Sie sind jetzt zweiundzwanzig. Solange haben Sie schon Schmerzen? Wie fing das denn an?" Ich erzählte ihr von den Knieschmerzen, die ich damals als Kind hatte, von den später hinzu gekommenen Arm- und Schulterschmerzen und dass die Schmerzen im Laufe der Zeit immer stärker geworden waren. Auch dass ich nach langem hin und her zwischen unzähligen Ärzten von dem Rheumatologen die Diagnose Fibromyalgie bekam. Sie notierte sich ab und zu etwas und fragte mich dann nach meiner Erwartung an die Schmerztherapie. „Ich wäre schon froh, wenn die Schmerzen weniger stark wären, aber sie ganz los zu werden wäre natürlich noch besser." erklärte ich. „Drücken Sie das doch bitte mal in den Zahlen 1-10 aus, so wie in dem Fragebogen. Mit welcher Zahl können Sie sich vorstellen zu leben?" Ich musste kurz nachdenken. Ich dachte an die Woche zurück, in der ich die Infusionen bekommen

hatte. Die Schmerzen an jenen Tagen waren im Bereich einer 8-9. So konnte und wollte ich nicht leben. Im jetzigen Augenblick waren sie etwa bei 6, aber auch das war anstrengend und entsprach nicht meinen Vorstellungen. Eine drei. Eine drei wäre akzeptabel. „Eine drei wäre akzeptabel." sprach ich schließlich meinen Gedanken aus. „Nun, das klingt doch nach einem Ziel, finden Sie nicht auch? Während der gesamten sechs Wochen werden Sie, so wie alle anderen auch, den gleichen Fragebogen noch ein paar Mal ausfüllen. So sehen wir im Team die Fortschritte und Sie selbst haben dann auch einen Anhaltspunkt. Einverstanden?" fragte sie. Ich nickte. Und noch immer schwirrte in meinem Kopf ein Gedankengang umher: Sollte ich Frau Schmitt fragen, ob Sie den Eindruck hatte, dass ich psychisch krank sei? Sollte ich? Ja. Nein! Oder doch? Doch! Ich sollte fragen. Ich wollte es doch endlich wissen. Mein Puls stieg: „Kann…kann ich Sie etwas fragen?" stotterte ich los. „Selbstverständlich. Fragen Sie ruhig." erwiderte sie. „Glauben Sie, nachdem Sie meine Geschichte gehört haben, dass ich psychisch krank bin. Ich meine, dass die Schmerzen vielleicht nur ein Produkt meines Geistes sind? Dass sie nicht körperlichen Ursprungs sind?" fügte ich hinzu. Sie schaute mich ernst an und sagte: „Wie kommen Sie denn darauf? Ich habe ganz und gar nicht den Eindruck, dass ihre Schmerzen eine psychische Ursache haben." Mein Puls sank wieder auf ein normales Niveau und als würde ein Felsbrocken von meinen Schultern herunterfallen, fühlte ich mich auf einmal leichter. So sehr, dass man mir es scheinbar ansah, denn Frau Schmitt sagte: „Geht es Ihnen jetzt besser? Jetzt, wo Sie keine Angst mehr haben müssen, psychisch krank zu sein?" Ich nickte nur kurz, denn ich hatte mit den Tränen zu kämpfen, damit sie vor Freude und Erleichterung nicht hervor kullerten. Sie bedankte sich für meine Offenheit und das ihr entgegengebrachte Vertrauen. „So, Sie können dann auch jetzt gehen, das war es fürs erste. Wenn Sie noch Fragen haben oder über etwas sprechen möchten, dann melden Sie sich bei mir. Die Gruppe wird wohl auch gleich wieder eintreffen. Gehen Sie doch schon einmal schräg gegenüber in die Teeküche, die ist für alle Patienten der Schmerzklinik da." Dort saß ich dann auf einem Stuhl und ließ meine Gedanken einfach vorbeiziehen. Das Gespräch hatte mich Kraft gekostet. Warum, war mir nicht klar, doch ich spürte eine leichte Erschöpfung. Die Schmerzen selbst waren in jenem Moment so unglaublich nebensächlich. Ich war einfach nur überwältigt, eine meiner größten Ängste los zu sein. Ich war „nur" körperlich krank. Bald trafen die anderen der Gruppe in der Teeküche ein und holten mich aus meinen Gedanken. Charlotte setzte sich neben mich und meinte: „Na? Warum warst Du denn bei der Führung nicht dabei?" Ich erklärte ihr den Grund. Inzwischen saßen wir zu neunt um den kleinen Tisch versammelt. Drei Frauen, inklusive Charlotte, etwa im Alter von fünfzig bis sechzig. Vier Frauen zwischen dreißig und vierzig, ein Mann um die fünfzig und ich, mit meinen zweiundzwanzig. Für einen Moment war es recht still und dann kam es, wie es kommen musste. Die meiner Meinung nach älteste fragte: „Und Sie? Sie sind doch noch ziemlich jung. Weshalb sind Sie denn hier? Bandscheibenvorfall?" Hatte Charlotte es geschafft, dass ich mich nicht ganz so unwohl fühlte, so schaffte es diese Dame (die mir bis heute unsympathisch in Erinnerung geblieben ist) wieder das Gegenteil zu bewirken. „Nein, kein Bandscheibenvorfall. Fibromyalgie." antwortete ich kurz und knapp und zu meiner Zufriedenheit kam keine weitere Nachfrage. Zudem kam Frau Schmitt auch in jenem Moment in den Raum und bat alle, mit ihr zu kommen. Sie führte uns in einen recht großen Raum, den Therapieraum. Hier war es still, der Raum war mit Teppich ausgelegt und im Kreis standen Stühle. „Nehmen Sie doch bitte alle Platz." sagte Frau Schmitt und schloss die Tür hinter sich. Wir bekamen einen Therapieplan für die erste Woche ausgehändigt. Was da alles drauf stand: Tagesbesinnung, Gymnastik, Entspannung, Krafttraining, Ausdauertraining und vieles mehr. Frau Schmitt setzte sich ebenfalls in die Runde und erklärte die geltenden Regeln in der Gruppe. Besonders die Schweigepflicht war wichtig. Aber es galt auch, den anderen ausreden zu lassen und die Erzählungen eines anderen nicht zu werten. Wichtig fand ich, dass man nur das von sich preisgeben musste, was man auch wollte. Anschließend stellte sich jeder den anderen kurz vor. Ich war die einzige, die keine

Schmerzen hatte, die nicht mit der Wirbelsäule zu tun hatten. Aber das störte mich nicht weiter, denn durch die Vorstellungsrunde fühlte ich mich schon ein wenig wohler. Das lag wohl daran, dass wir alle eines gemeinsam hatten: Wir hatten alle seit Jahren Schmerzen und wir alle hatten deshalb unzählige Ärzte konsultiert, bis wir hier zusammen getroffen waren.

Im weiteren Tagesverlauf standen weitere Aufnahmegespräche mit Frau Schmitt und den behandelnden Ärzten auf dem Plan. Die Ärztin, die mich untersuchte, ließ sich zunächst meine Beschwerden erklären und runzelte ein wenig die Stirn, als ich die Diagnose meines Rheumatologen erwähnte. Sie untersuchte mich gründlich, drückte die Tender-points der Reihe nach und nachdem ich mich wieder anziehen durfte, sagte sie: „Also ich sehe keine Anhaltspunkte dafür, dass Sie Fibromyalgie haben. Ich kann die Diagnose nicht bestätigen, zudem ihr Rheumatologe diese Diagnose auch nicht auf der Überweisung erwähnt hat." In meinem Kopf ging es ganz plötzlich drunter und drüber. Keine Fibromyalgie? Was denn dann? Mit einem Mal kam die alte Angst wieder auf, dass ich etwas Schlimmes haben könnte. „Aber was habe ich denn dann?" fragte ich immer noch vollkommen überrumpelt. „Nun, ich kann Ihnen das auch nicht sagen. Ich vermute, dass sich einst akute Beschwerden in chronische umgewandelt haben und dass keine spezielle Diagnose dahinter steht." antwortete sie. In diesem Moment hätte ich eigentlich glücklich darüber sein müssen, nicht an Fibromyalgie erkrankt zu sein, doch dem war nicht so. Im Gegenteil. Nun stand ich wieder ohne Diagnose da, wieder wusste ich nicht, was ich denn nun hatte und trotz der Aussage von Frau Schmitt am Morgen, zweifelte ich wieder an meinem gesunden Verstand. Nicht ahnend, was die Ärztin mit dieser Erklärung in mir ausgelöst hatte, verabschiedete sie mich. Da stand ich nun im Flur der Klinik und war schlichtweg ratlos. Auf diesen Schreck hin, ging ich erst einmal eine Zigarette rauchen. Gedankenversunken kam ich zur Gruppe zurück. Frau Schmitt machte mir uns allen gemeinsam eine Entspannungsübung, die uns helfen sollte, die Schmerzen zu reduzieren. Ich versuchte mich zu entspannen, doch das ging einfach nicht. Zu sehr waren meine Gedanken damit beschäftigt, dass ich keine Fibromyalgie haben sollte. Als die Übung nach einer ganzen Weile vorüber war, entließ uns Frau Schmitt für diesen Tag. Es war ohnehin schon 15:45 Uhr und in einer viertel Stunde konnte man nicht mehr allzu viel machen. Manchmal half es mir, wenn ich Auto fuhr, meinen Kopf frei zu bekommen, nicht so an diesem Nachmittag. Der Gedanke an eine wieder einmal nicht vorhandene Diagnose kreiste unaufhörlich in meinem Kopf. Ich beschloss, am nächsten Tag mit Frau Schmitt zu sprechen. Vielleicht wusste sie einen Rat. Am Abend sah ich fern, versuchte mich abzulenken. Die Schmerzen hatten sich wieder etwas in die Höhe geschraubt, besonders der linke Arm machte unangenehm auf sich aufmerksam. Das Fernsehprogramm bot nichts Interessantes und so ging ich nach einer ausgedehnten heißen Dusche zu Bett.

Der zweite Tag in der Klinik begann mit einer sogenannten Morgenbesinnung. Diese Übung diente dazu, nachzufühlen, an welchen Stellen der Körper schmerzte, um danach mit einer Entspannungsübung eben jene Stellen zu entkrampfen und den Schmerz zu verringern. Während der Besinnung entdeckte ich schmerzende Stellen, die ich so vorher nicht wahrgenommen hatte. Ich bemerkte einen ziehenden Schmerz im Oberschenkel und auch in der rechten Schulter saß ein beißender Schmerz. Es war erstaunlich, dass der Schmerz in meiner linken Schulter und dem linken Arm, der seit dem Abend nicht besser geworden war, die anderen Schmerzen überdeckte. Das war mir so nicht bewusst gewesen und in jenem Moment glaubte ich zu verstehen, warum diese Besinnung wichtig war: Versuchte man bei der Entspannungsübung nur jenen Schmerz zu verringern, der alles überdeckte, so vergaß man einfach die anderen schmerzenden Regionen, die dann weiter wehtaten. Und so konnte sich schließlich auch kein Erfolgserlebnis einstellen. Zwischen den einzelnen Behandlungseinheiten hatten wir immer eine viertel Stunde Pause. Gleich in der ersten Pause sprach ich Frau Schmitt an, ob sie einen Moment Zeit habe, ich müsse mit ihr sprechen. Sie ging mit mir in ihr Büro und ich nahm auf dem Sessel ihr gegenüber Platz. „Die Ärztin, die mich gestern untersucht hat, ist der Meinung, dass ich keine Fibromyalgie habe. Das hat mich sehr verunsichert und ich habe jetzt Angst, dass ich doch etwas Schlimmes haben könnte. Und ehrlich gesagt, bin ich es so leid, dass niemand mir eine Diagnose nennen kann. Ich frage mich, ob ich nicht vielleicht doch ein psychisches Problem habe." sprudelte es aus mir heraus. „Nun, die Ärztin hat mit mir und den Kollegen gesprochen und wir sind uns da alle einig, dass Sie nicht an Fibromyalgie erkrankt sind." erklärte sie. „Aber was habe ich denn dann. Jahrelang bin ich von einem Arzt zum nächsten gelaufen, jeder hatte eine Diagnose parat, die der nächste wieder verwarf und ich will doch nur eine Diagnose haben. Können Sie das nicht verstehen? Ich will dem Schmerz einen Namen geben können. Und was soll ich denn den anderen in der Gruppe sagen? Gestern hatte ich noch Fibromyalgie und heute nicht mehr?" erläuterte ich meine Gedanken. „Sehen Sie, niemand hier ist der Auffassung, dass sie psychisch krank sind. Und es besteht auch kein Anlass zur Sorge, dass sie schwer krank sein könnten, sie wurden doch durchgecheckt. Sie sind nicht schwer krank. Und wenn Ihnen eine Diagnose so wichtig ist, dann nennen Sie es doch weiterhin Fibromyalgie. Ich werde niemandem in der Gruppe sagen, dass dem nicht so ist. Wäre Ihnen damit geholfen?" erwiderte sie. Ich musste kurz nachdenken. Ich hatte also definitiv nichts Schlimmeres. Und mit diesem Kompromiss konnte ich durchaus leben. Wenigstens konnte ich so jemandem, der mich danach fragte, erklären, was ich hatte und musste nicht, wie früher einmal sagen, dass niemand das so genau weiß. Und den Blick auf diese Erklärung hin kannte ich ja ausreichend. Dieser Blick, der einem vermittelte: Aha, die ist nicht ganz dicht. Was soll es auch anderes sein, wenn niemand etwas findet. Wenn ich bei der Diagnose bliebe, dann musste ich diesen Blick nicht mehr über mich ergehen lassen. „Ja, damit ginge es mir besser." antwortete ich. Meine Sorgen waren damit weniger geworden. „Einverstanden. Dann gehen Sie jetzt mal zu der Gruppe zurück, ich glaube Herr Pfeifer wartet schon." Pfeifer? Irgendwie kam mir der Name bekannt vor, doch mir wollte nicht einfallen warum. Als ich dann die Teeküche betrat, war mir sofort wieder klar, warum mir der Name bekannt vorkam. Es war der Physiotherapeut, den wir in der Ausbildung im Unterricht hatten. Ich entschuldigte mich für mein Zuspätkommen und er grinste mich an: „Ach. Sie kenne ich aber doch! Dorothea, stimmt's?" „Ja, richtig. Der Kurs von Frau Keller und Frau Mühl." sagte ich. „Ja, richtig. Schön dass Du jetzt auch da bist. Dann können wir ja los. Meine Damen, der Herr. Bitte folgen Sie mir." sagte Herr Pfeifer und verließ den Raum. Ich erinnerte mich, er war ein humorvoller Mensch. Er führte uns in den Gymnastikraum, denn jetzt stand die Bewegungstherapie auf dem Programm. Die Übungen fielen mir schwerer, als ich erwartet hatte. Immer wieder meldeten sich die

Schmerzen, dass ihnen dies oder jenes überhaupt nicht in den Kram passte. Nun hatte Herr Pfeifer schon zu Beginn gesagt, dass wir die Übungen nur bis zur Schmerzgrenze mitmachen sollten. Leider bedeutete das für mich, dass ich einige Übungen gar nicht machen konnte. Das stimmte mich wütend. Ich ärgerte mich darüber, dass einige der älteren die Übungen machen konnten, während ich zu einer Pause gezwungen war. Wie erbärmlich das doch war. Meine Stimmung war in der anschließenden Mittagspause deutlich getrübt. Ich war sauer auf mich selbst, diese eher einfachen Übungen nicht mitmachen zu können, meinen Körper nicht im Griff zu haben und ich war auch erbost darüber, dass die Schmerzen durch die Übungen wieder stärker geworden waren. Immerhin waren sie nach der am Morgen getätigten Entspannungsübung in ihrer Stärke gesunken gewesen. Charlotte bemerkte, dass ich nicht gut gelaunt war und bei der Zigarette nach dem Mittagessen, wir waren einen Augenblick alleine, versuchte sie mich aufzumuntern: „Nun mach' Dir doch nichts daraus, dass es bei der Gymnastik nicht so lief, wie Du Dir das vorgestellt hast. Das ist bei uns Schmerzkandidaten doch immer mal wieder der Fall. Wenigstens hast Du gemerkt, wann es Zeit war eine Pause einzulegen. Ich wollte unbedingt mithalten und nun merke ich schon, dass ich Morgen Muskelkater bekomme, weil ich zu viel gemacht habe." „Naja, so kann man es auch sehen. Aber es ärgert mich einfach so sehr, dass ich nicht mein eigener Herr bin und mich nach den

Schmerzen richten muss. Und ich hätte doch gerne mitgemacht. Aber wahrscheinlich hast Du Recht. Es bringt nichts, mich zu ärgern, denn ändern kann ich es ja nun auch nicht mehr." erklärte ich. Zu Charlotte hatte ich einfach Vertrauen. Mit ihr konnte ich mich prima unterhalten, obwohl der Altersunterschied doch recht groß war. Es half, mich mit ihr auszutauschen und wie ich wenige Minuten feststellte, half es auch, mit den anderen der Gruppe zu sprechen. Die drei anderen Raucher, zwei Frauen und der Mann, gesellten sich zu uns und sprachen ganz offen über ihre Eindrücke und Probleme bei der Gymnastik. Das war etwas vollkommen Neues für mich. Sie plauderten einfach drauf los, was ihnen nicht gepasst hatte, wo es gezwickt hatte und was ihnen gerade wehtat. Ich hatte nur selten mit jemandem über die Schmerzen gesprochen, immer nur das Nötigste, das meiste hatte ich ja mit mir selbst „beredet". Vielleicht brachte das die gewisse Reife mit sich, dass man mit anderen über Dinge sprach, die einem womöglich peinlich waren. In der übrigen Zeit der Mittagspause standen wir Raucher draußen und erzählten von Problemen, den Schmerzen, Gedankengängen. Wie ich feststellte, hatten die anderen eine ähnliche Arzt-Odyssee hinter sich, hatten Schwierigkeiten im Berufsalltag und machten sich Sorgen um ihre Zukunft. So unterschiedliche Menschen wir doch alle waren, so ähnlich waren wir uns doch auch. Und es hatte für mich etwas beruhigendes, mit „Leidensgenossen" zu sprechen. Niemand schaute einen schief an oder bombardierte einen mit Fragen. Als wir pünktlich wieder im Therapieraum eintrafen, war meine Stimmung wieder besser. Frau Schmitt wollte nun von uns allen einmal wissen, was wir taten, wenn wir Schmerzen hatten. Ich erzählte, dass ich manchmal heiß duschen ging oder dass ich versuchte mich abzulenken. Auch die anderen berichteten von ihrem Vorgehen. Als ich erzählte, dass ich mir manchmal auch einfach vorstellte, dass ein schmerzendes Körperteil nicht zu mir gehöre, hörte ich aus dem Mund von Frau Schmitt Entsetzen: „Um Gottes Willen. Das haben Sie gemacht? Hat es denn geholfen?" „Naja, immer nur kurz und danach wurden die Schmerzen meist schlimmer." antwortete ich. Sie richtete sich an die Gruppe: „Das sollten Sie nicht machen. Hat einer von Ihnen eine Idee warum man das nicht tun sollte?" Ich verstand nicht, was daran so schlimm sein sollte. Eine der anderen meinte: „Vielleicht weil man damit genau das Gegenteil bewirkt. Weil man dadurch nur bewirkt, dass sich das Gehirn auf diesen Teil des Körpers dann besonders konzentriert?" Mir ging mit einem Mal ein Licht auf: Statt den Schmerz anzunehmen, versuchte ich ihn auszugrenzen. Und was tut man, wenn man ausgegrenzt wird? Man gibt sich alle Mühe wieder dazu zu gehören. Oh Mann. Wie war ich nur auf diese dumme Idee gekommen? Ich teilte meine Gedanken mit und Frau Schmitt nickte: „Das sollten Sie wirklich nicht wieder tun, es bewirkt nur das Gegenteil." „Also wäre es besser, wenn ich, wie ich es ab und zu tue, mit dem Schmerz rede? Ich weiß, das klingt jetzt komisch, aber manchmal tue ich das." sagte ich. Ich war ein wenig verwundert, dass niemand in der Gruppe dies für komisch befand. Charlotte sagte sogar: „Das mache ich auch ab und zu. Und manchmal hilft es sogar." „Es klingt nicht komisch Frau Maldener. Das ist doch normal. Wenn etwas Sie in ihrem Leben so sehr begleitet, warum dann nicht damit reden!?" fügte Frau Schmitt an. In mir begann sich so etwas wie Erkenntnis zu regen. Ich machte also doch auch einige Dinge richtig.

Im Anschluss stand die Einweisung ins Krafttraining auf dem Programm. Herr Seiffert, der Sporttherapeut, erklärte uns den Trainingsplan, wies uns in die Geräte ein und erklärte alles sehr ausführlich und genau. So machten wir noch eine dreiviertel Stunde leichte Dehn- und Sportübungen, bevor der Kliniktag endete.

Auch der nächste Tag begann mit einer Morgenbesinnung und der anschließenden Entspannungsübung. Im Laufe des Tages standen Krafttraining, walken und danach eine „Therapiestunde" auf dem Programm. Entgegen meiner Erwartung hatte ich Spaß an den sportlichen Übungen und die Schmerzen behinderten mich nur wenig dabei. Das mochte auch an dem langsamen Einstieg mit leichten Gewichten liegen, aber ich fühlte mich auch auf seltsame Weise wohl dabei. Und das, obwohl ich noch nie ein sportlicher Mensch gewesen war. Ich hatte doch eher zu der „Sport-ist-Mord"-Fraktion gehört. Ich fühlte mich, als könne ich Bäume ausreißen und so ignorierte ich den Trainingsplan und erhöhte die Gewichte an dem einen oder anderen Gerät. Nach dem Krafttraining fühlte ich mich nicht einmal erschöpft. Im Gegenteil, ich war voller Energie, voller Tatendrang. So war ich auch zu Beginn der Walking-Einheit voller Elan dabei. Das änderte sich, als wir etwa fünfzehn Minuten unterwegs waren. War ich zu Beginn noch vorne weg gegangen, so fiel ich in der Gruppe immer weiter zurück. Die Schmerzen, bisher eher gedämpft, kamen plötzlich und stark zurück. Die Quittung für mein überschwängliches Training? Ich hatte keine Ahnung, doch wenigstens brauchte ich mich nicht der Schmerzen wegen zu schämen. Herr Pfeifer hatte bemerkt, dass sich mein Verhalten geändert hatte: „Schmerzen?" „Ja, mir brennen auf einmal die Fußgelenke wie Feuer und meine Schultern fühlen sich nicht gerade gut an." antwortete ich. „Einfach langsam weitergehen. Es ist noch ein Stück, aber teile Dir die Kraft ein, so wie Du es für richtig hältst. Aber langsam weitergehen." erklärte er. Mir war eher nach hinsetzen, doch es erschien mir auch logisch, dies nicht zu tun. Es brachte nichts, dem Schmerz einfach nachzugeben und zu warten, bis er weniger wurde, war auch keine Option. Und dann breitete sich wieder der Unmut über meine eigene Schwäche in mir aus. Innerlich schimpfte ich wieder. Als wir endlich wieder unseren Startpunkt erreichten, war ich zwar ein klein wenig stolz auf mich, nicht stehen geblieben zu sein. Doch das hatte mich Kraft gekostet, ich war erschöpft und über die Stärke der Schmerzen betrübt. In mich gekehrt und nachdenklich verbrachte ich die Pause bei einer Zigarette. Als wir wieder im Therapieraum eintrafen, wartete Frau Schmitt schon. Inzwischen hatte ich den Eindruck, dass die Schmerzen mich überfluteten. Ich fühlte Schmerzen, überall. Kein Winkel meines Körpers schien nicht weh zu tun. Und ich war es auch noch selbst schuld, hatte ich mich doch selbst zu sehr angetrieben und mich nicht an den Trainingsplan gehalten. Nur halbherzig nahm ich an der Therapiestunde teil. Ich schaffte es nicht einmal, zu schauspielern. Ich hing meinen Gedanken hinterher, bis Frau Schmitt mich ansprach und mich aus dem Gedankenwirrwarr herausriss: „Frau Maldener, möchten Sie etwas zu diesem Punkt beitragen?" Ich versuchte mich zu erinnern, was ich neben meinen Gedankengängen aufgeschnappt hatte. Worüber hatte sie noch gleich mit den anderen gesprochen? Doch es wollte mir nicht einfallen. „Entschuldigen Sie, ich habe nicht richtig zugehört." sagte ich ein wenig beschämt. „Nun, wo waren ihre Gedanken denn, Sie wirken abwesend? Möchten Sie darüber sprechen? Vielleicht kann die Gruppe Ihnen helfen, wenn Sie sich mitteilen." fragte Frau Schmitt. Ich musste mir eingestehen, dass sie Recht hatte. Deshalb war ich doch hier in der Klinik, ich wollte, dass mir geholfen wird und dass ich mich besser fühlte. „Ich habe es heute Morgen mit dem Training übertrieben, weil ich mich so gut fühlte und dann kamen beim Walken die Schmerzen auf einmal stark auf. Es mag jetzt vielleicht komisch klingen, doch ich bin auf mich selbst so unglaublich wütend und ich könnte mich selbst ohrfeigen." erklärte ich. „Warum mag es komisch klingen?" fragte Frau Schmitt nach. „Naja, sollte ich nicht wütend auf die Schmerzen sein, statt auf mich. Aber ich habe einfach immer wieder das Gefühl, dass ich über meinen Körper keine Kontrolle habe und den Schmerzen ausgeliefert bin und das macht mich wütend." sagte ich. „Ich finde das nicht komisch. Ich kenne das. Man fühlt sich irgendwie hilflos und dann kommt diese Wut auf." sagte Charlotte in die Runde. „Und ich werde dann über diese Wut gleich immer so aggressiv. Plötzlich bringen mich Kleinigkeiten auf die Palme und oft kommt es zu Streit mit Menschen, die nichts dafür können, dass es mir schlecht geht. Und dann werde ich noch wütender auf mich selbst. Und ich habe den Eindruck, je wütender ich werde, desto stärker werden die Schmerzen." Als ich meinen Satz beendete, wurde mir auf einmal bewusst, dass es überhaupt keinen Sinn machte, auf mich selbst wütend zu sein, denn erstens brachte es nur mehr Probleme als eine Lösung mit sich und zweitens verstärkte es die Schmerzen. „Fühlen Sie sich jetzt nicht etwas besser, da Sie ausgesprochen haben, was Sie beschäftigt?" fragte Frau Schmitt und schaute mich an. Ich horchte kurz in mich und nickte nur noch. Sie hatte Recht, ich fühlte mich wirklich besser, leichter, wenn man es so nennen kann. Frau Schmitt führte uns wieder zu den eben besprochenen Themen zurück und ich war über mich selbst erstaunt: Die düsteren Gedanken waren verschwunden und ich konnte mich wieder konzentrieren. Charlotte stupste mich nach der Therapiestunde leicht an: „Siehst Du, es bringt nichts, zu grübeln. Und wenn Dich was bedrückt, dann kannst Du gerne auch mit mir darüber sprechen." „Danke. Es ist nicht so, dass ich mich nicht traue, etwas in der Gruppe zu sagen, es ist nur so, dass ich nur langsam verstehe, dass ich nicht mehr alleine mit mir selbst zurechtkommen muss, dass ich ja hier bin, damit man mir hilft. Ich glaube, wenn man jahrelang immer dasselbe gemacht hat, dann ist es schwierig, diese Gewohnheit wieder abzulegen. Weißt Du wie ich das meine?" sagte ich. „Klar. Mir geht das doch auch immer wieder so." sagte sie und bot mir eine Zigarette an. Eines war mir außerdem noch klar geworden: Ich sollte mich an den Trainingsplan halten. Der war ja schließlich nicht umsonst so aufgebaut.

Die Woche ging mit Sport, Entspannungsübungen und Therapiestunden schnell vorüber. Ehe ich mich versah, war Wochenende. Ich verbrachte Zeit mit Freunden und schlief lange. Sonntagnachmittag wurden die Schmerzen wieder stärker. Zunächst griff ich nach den Schmerztabletten, um sie dann beiseite zu legen. Warum nicht eine der Entspannungsübungen machen? Ich verschloss mein Zimmer, stellte Telefon und Handy stumm und machte es mir auf dem Bett bequem. Ich begann mit der gleichen Übung, die wir in der Gruppe morgens machten. Ich fühlte jedes Stück meines Körpers nach, um schmerzende Stellen zu enttarnen. Als ich das getan hatte, begann ich mit der Entspannungsübung. Es war schwieriger, als es in der Klinik immer war. Wahrscheinlich lag es daran, dass uns dort Frau Schmitt durch die Übung begleitete, uns sagte, was als nächstes zu tun war. Jetzt musste ich das selbst tun und doch gleichzeitig versuchen, meinen Körper zu entspannen. Es funktionierte nicht so gut wie in der Klinik, doch ich fühlte mich anschließend etwas besser. Die Schmerzen waren, wenn auch nur wenig, zurückgegangen.

Die folgende Woche war der ersten ähnlich. Sport, Gymnastik, Gesprächstherapie, starke und weniger starke Schmerzen. Hatte ich Probleme, verworrene Gedankengänge oder ähnliches, so sprach ich es in der Gruppe an. Ich lernte, wie wichtig es war, über die Schmerzen zu sprechen. Dass dies auch außerhalb der Klinik notwendig war, war mir bewusst, jedoch schwieriger durchzuführen, als gedacht. Denn im Privatleben hatte ich es mit Menschen zu tun, die (woher sollten sie es auch haben) kein Selbstverständnis für Schmerzen hatten. Und so fehlte es mir häufig an Mut, darüber zu sprechen, was mich bedrückte, warum ich gerade in dem einen oder anderen Moment schlecht gestimmt war. Und dann stand mir auch noch ständig mein Stolz im Weg. Es war so schwierig für mich, gegenüber jemandem, der kein Schmerzpatient war, zuzugeben, dass es mir wegen der Schmerzen nicht gut ging. Ich schaffte es nicht einmal, mit meinem Vater oder meiner Schwester darüber zu reden. Mir war bewusst, dass ich an mir selbst arbeiten musste, wenn ich verstanden werden wollte, doch das war leichter gesagt, als getan. Aber ich machte meiner Meinung nach auch einige kleine Fortschritte durch die Schmerztherapie. So nahm ich beispielsweise kaum noch Schmerzmittel ein.

In der dritten Woche, freitags in der letzten Therapieeinheit des Tages, geschah etwas, womit ich nicht gerechnet hatte: Wieder einmal saßen wir im Therapieraum und machten eine Entspannungsübung. Eine, die wir erst einmal gemacht hatten. Als sie vorüber war, war mir eine Veränderung nicht sofort bewusst, erst einige Minuten später spürte ich etwas Seltsames. Ich spürte keinen Schmerz. Es erschien mir derart seltsam, dass ich gedanklich erst meinen Körper abtastete, bevor ich es glauben konnte. Da war kein Schmerz! Nicht in den Schultern, nicht in den Händen, nicht in den Beinen. Nirgends. Er war weg. Wie jemand, der glaubt, dass er gerade einen Geist gesehen hat, schaute ich mich in der Gruppe um, ob außer mir noch jemand etwas bemerkt hatte. Ich war mir nicht sicher, warum ich mich umschaute. Vielleicht hatte ich den Eindruck, dass man mir es ansehen müsse, dass da auf einmal kein Schmerz mehr war. Dass etwas an mir anders war. Überwältigt von diesem wirklich seltsamen Zustand meiner selbst, war ich vollkommen geistesabwesend. Als die Therapiestunde vorbei war, sprach ich wie in Trance Frau Schmitt an, ob sie kurz Zeit habe, ich wolle etwas mit ihr besprechen. „Ist es dringend? Ich habe gleich noch einen wichtigen Termin mit einem Patienten. Oder kann es bis nach dem Wochenende warten?" fragte sie. Vollkommen benommen sagte ich: „Nein, das hat auch Zeit bis Montag." Warum ich das sagte, ist mir bis heute ein Rätsel. Ich weiß es einfach nicht. Ich verließ das Gebäude und rauchte erst einmal eine Zigarette. Ich war innerlich aufgewühlt und unruhig. Immer wieder tastete ich gedanklich meinen Körper ab. Doch er war weg. Der Schmerz war weg. Zirka zwanzig Minuten nach Ende der Entspannungsübung, spürte ich in meiner linken Schulter einen leisen, gedämpften Schmerz. Und obgleich ich doch in der Klinik war, um den Schmerz los zu werden, so empfand ich es irgendwie beruhigend, dass er wieder da war. Als ich Zuhause angekommen war, dachte ich darüber nach, was da am Nachmittag mit mir geschehen war. Warum hatte mich der fehlende Schmerz so beunruhigt und der wieder auftretende Schmerz mich beruhigt? Das war doch paradox. Stundenlang grübelte ich über diese Sache. Und dann kristallisierte sich ein Gedankengang heraus, den ich ebenfalls so nicht erwartet hatte: Was war wenn der Schmerz für immer weg sein würde? Würde ich dann unsensibel? Würde ich werden, wie ich es nie wollte? In mir reifte die Einsicht, dass ich doch so, wie ich war, hauptsächlich durch die Schmerzen geworden war. Dass ich während der Ausbildung doch nur deshalb so viel Verständnis für die Schmerzen der Patienten gehabt hatte, weil ich wusste, wie es war, Schmerzen zu haben. Und dass ich durch die Schmerzen ein anderer (vielleicht sogar besserer) Mensch geworden war, als ich es ohne sie hätte sein können. Und doch konnte ich mit den Schmerzen, so wie sie bisher gewesen waren nicht leben. Sie behinderten mich bei der Arbeit, im Alltag. Bei allem Möglichen. Oder lag meine Unruhe, die ich am Nachmittag gehabt hatte daran, dass in mir das Gefühl entstand, dass etwas nicht mit mir stimmte? Dass es so ungewöhnlich war, etwas nicht zu fühlen, dass mich nunmehr seit etwa einem Jahrzehnt begleitet hatte. Ich war ratlos und auch angsterfüllt. Ein Gefühlschaos ohne gleichen. Und wieder stellte sich mir eine Frage: War ich in Anbetracht dieser Gedankengänge vielleicht doch psychisch krank? Die Schmerzen schraubten sich unangenehm in die Höhe, als wollten sie mir vermitteln, dass sie sich das nicht gefallen lassen würden, einfach abgeschaltet zu werden. Die zwei Tage zogen sich in die Länge, wenn ich nur daran dachte, mein Dilemma mit Frau Schmitt zu besprechen, denn sie würde sicherlich einen Rat haben. In den Nächten schlief ich unruhig und als ich am Montagmorgen in der Klinik stand, fühlte ich mich ausgelaugt, erschöpft und müde. Während der Morgenbesinnung hielt ich es kaum mit mir selbst aus. Als müsse ich innerlich vor Nervosität zerspringen, fand ich keine ruhige Minute. Auch nicht in der anschließenden Entspannungsübung. Meine Gedanken sprangen unruhig auf und ab. Ich konnte nicht einmal ruhig auf dem Stuhl sitzen, rutschte hin und her. Als die Therapieeinheit vorüber war, sprach ich, mit den Nerven völlig am Ende, Frau Schmitt mit dem gleichen Satz an, wie ich es freitags getan hatte. Sie hatte Zeit und bat mich in ihr Büro. „Ich sage nur schnell Herrn Seifert Bescheid, dass Sie bei mir sind." erklärte sie und griff zum Telefonhörer. Ich saß in dieser halben Minute unruhig im Sessel und suchte nach Worten, um zu erklären, was in mir vorging. Als Frau Schmitt sich zu mir setzte und fragte, wie sie mir helfen könne, brachte ich keinen Ton heraus. Tränen stiegen mir in die Augen und ich weinte. „Lassen Sie sich Zeit." sagte Frau Schmitt und reichte mir ein Papiertaschentuch. „Entschuldigung, ich habe zwei nervenaufreibende Tage hinter mir und habe kaum geschlafen. Ich… ich hatte am Freitag nach der Entspannungsübung plötzlich keine Schmerzen mehr. Nicht sehr lange, etwa zwanzig Minuten, aber sie waren weg." erklärte ich stotternd. „Und darüber wollten Sie am Freitag mit mir sprechen? Warum haben Sie nicht gesagt, dass es wichtig ist? Ich hätte den Termin auch verschoben." sagte sie. „Ich weiß nicht, warum ich das nicht getan habe. Ich stand irgendwie neben mir. Ich weiß es wirklich nicht." antwortete ich. „Es freut mich für Sie, ehrlich. Aber Ihnen geht es nicht gut, erklären Sie mir warum?" sagte sie. Ich begann ihr von meinen Gedanken zu erzählen, die mich das ganze Wochenende eingenommen hatten. „Sehen Sie, es ist normal, dass Sie Angst haben und dass Sie sich Gedanken machen. Zum ersten Mal seit so vielen Jahren war da plötzlich kein Schmerz. Das ist natürlich nicht so einfach zu verkraften, wie es klingt. Und ich verstehe ihre Unsicherheit und ihre Ängste. Sie schreiben doch gerne, haben Sie erzählt. Ich gebe Ihnen mal eine Aufgabe an die Hand, die Ihnen helfen sollte: Schreiben Sie eine Unterhaltung zwischen ihrem Schmerz und der Schmerzfreiheit. Schreiben Sie auf, was Sie denken, worüber die beiden sprechen würden, wenn Sie könnten. Und schreiben Sie ruhig auch ihre Gedanken dazu. Würden Sie das machen? Und wenn Sie möchten, dann lese ich es gerne. Aber das überlasse ich Ihnen." erklärte sie. Mit dem Gespräch und den vergossenen Tränen fühlte ich mich etwas besser, wenn auch immer noch verwirrt und unsicher. „Eine Geschichte? Ja, ich schreibe sie. Ich habe da sogar schon eine Idee. Eine Frage habe ich noch: Dürfte ich noch eine Zigarette rauchen und mich etwas beruhigen, bevor ich zu den anderen gehe? Ich will nur ungern, so wie ich gerade aussehe, zu der Gruppe zurück." erwiderte ich. „Machen Sie das. Und das nächste Mal, wenn Sie etwas so wichtiges besprechen wollen, dann sagen Sie mir das gleich und warten nicht noch ein komplettes Wochenende lang, versprochen?" Ein wenig beschämt nickte ich, bedankte mich und verließ das Büro. Trotzdem ich mich mit kaltem Wasser und einer Zigarettenpause darum bemüht hatte, nicht so auszusehen und zu wirken, als habe ich geweint, fiel es Charlotte sofort auf, als ich in den Trainingsraum kam. Scherzhaft versuchte sie mich aufzumuntern: „Hat sie Dich fertig gemacht?" Und ein wenig Erfolg hatte sie, denn ich musste grinsen: „Nein, ich hatte nur dringend etwas mit ihr zu besprechen." „Du willst mich aber hier nicht alleine strampeln lassen, oder? Du willst nicht die Therapie abbrechen? Oder?" fragte sie. Und da musste ich dann wirklich kurz lachen: „Nein. Bist Du verrückt? Warum sollte ich das denn machen? Ich erkläre es Dir gleich, wenn wir Pause haben. Bei einer Zigarette unter vier Augen, ja?" Charlotte nickte nur und ich begann mit dem Aufwärmtraining. Zwar konnte ich in der verbleibenden Zeit nicht mehr alle Übungen durcharbeiten, doch wenigstens ein paar sollte ich noch hinbekommen. In der Pause stand ich mit Charlotte vor der Eingangstür und erklärte ihr, dass ich am Freitag für einige Zeit vollkommen schmerzfrei gewesen war. Sie umarmte mich spontan und sagte: „Wie schön. Das freut mich so sehr. Meinen Glückwunsch. Aber warum hast Du deswegen geweint? Und warum warst Du bei Frau Schmitt?" „Naja, das ist schwierig zu erklären. Es ist schon ein sehr seltsames Gefühl, wenn die Schmerzen auf einmal weg sind. Ich weiß gar nicht, wie ich es Dir genau schildern soll, aber ich habe auf einmal Angst bekommen. Es war so ungewohnt, verstehst Du, was ich meine?" erklärte ich. „Ja, ich kann mir schon vorstellen, dass es irgendwie komisch ist. Geht es Dir denn jetzt besser, wo Du mit ihr geredet hast?" sagte Charlotte. „Ja, schon ein wenig. Aber ich denke ich muss das erst einmal für mich verarbeiten." antwortete ich. „Das wird schon. Du bist doch stark. Auch wenn Du das vielleicht nicht so siehst." Dann lächelte sie mich an und fügte hinzu: „Und jetzt lass uns mal was Essen gehen, bevor die anderen uns nichts mehr übrig lassen." Sie war schon eine ungewöhnliche Person. So schlecht es ihr auch ging, ihren Humor verlor sie nicht. Ich beneidete sie ein wenig darum. Das war eine wirklich bewundernswerte Eigenschaft an Charlotte. Nach dem Mittagessen suchte ich mir ein ruhiges Plätzchen, um mit der Aufgabe zu beginnen, die Frau Schmitt mir gegeben hatte. Die restliche Zeit der Mittagspause hatte nicht gereicht, um meine Aufgabe zu beenden und so schrieb ich am Abend Zuhause weiter. Ich brachte folgendes zu Papier:

Der Streit um die Vorherrschaft

Ich sperrte Fibb, den Schmerz, und Fubb, die Schmerzfreiheit, zusammen in eine Kiste und erklärte ihnen, dass sie erst wieder dort raus durften, wenn sie sich geeinigt hatten. Ich wünschte ihnen viel Vergnügen und verschloss den Deckel. Kaum war das passiert, begann auch schon eine Diskussion:

„Toll, ausgerechnet mit Dir muss sie mich hier einsperren!" brummte Fibb. *„Was ist Dein Problem?*

Meinst Du etwa mir gefällt das?!" fauchte Fubb. *"Macht sie sowas denn öfter?"* fragte er weiter. "Und ob. Sie hat immer so komische Ideen und dabei ist sie meistens ziemlich hartnäckig." antwortete Fibb. *"Heißt das, dass sie ihre Drohung wahr macht? Wir müssen uns also einigen?"* "Das ist so sicher wie das Amen in der Kirche. Und wenn es Wochen dauert, das ist ihr egal." *"Ist doch ganz einfach. Du und ich, wir tun einfach so, als hätten wir uns vertragen und dann ist gut."* "Du bist vielleicht naiv. Sie lässt sich nicht einfach so betrügen. Es ist fast so, als könne sie eine Lüge riechen!" *"Hmm, ok! Dann schlage ich vor, dass Du das Feld räumst und sie mir überlässt!"* "Bist Du noch zu retten? Sie gehört mir. Räum Du doch das Feld! Sie ist mein Zuhause und ich habe 11 Jahre investiert, damit sie zu dem wurde, was sie heute ist! Sie ist mein!" *"Dass ich nicht lache, ich gehe doch nicht schon wieder. Ich bin doch erst vor einigen Tagen angekommen. Und warum? Ich sag' s Dir: Weil sie Dich nicht mehr ertragen kann!"* "Du bist Dir Deiner Sache wohl sehr sicher. Hast wohl vergessen, warum wir hier im Dunkeln feststecken?! Sie vermisst bei Deiner Anwesenheit mich. Mich, jawohl. Geh' Du doch, ich kann mit ihr und sie mit mir umgehen." *"Und deshalb hat sie mich gerufen? Weil Du so toll bist? Weil sie Dich vermisst? Belüg' Dich doch nicht selbst. Du tust ihr doch nichts Gutes. Du machst sie kaputt. So sieht es doch aus!"* "Ich tue ihr nichts Gutes? Durch mich hat sie gelernt Geduld zu üben, ist feinfühlig geworden und sie liebt ihre Arbeit. Was hast Du für sie getan? Nichts! Du tauchst auf und bringst sie zum Weinen! Das ist doch alles, was Du bisher geleistet hast!" entgegnete Fibb. *"Jetzt werd' nicht unfair. Sie hat nicht geweint, weil ich da bin und Du nicht. Sie hat geweint, weil Sie Angst hatte, weil Sie schon nicht mehr wusste, wie es ohne Dich sein kann. Und bei mir kann sie sich auch weiter entwickeln, ein guter Mensch werden!"* „Ach ja? Ich kann mich nicht erinnern, dass sie auch nur ein einziges Gedicht über Dich geschrieben hat. Und so viele handeln von Dingen, die ich mit ihr verbunden habe." *"Toll! Angst, Hass und Traurigkeit! Und Du stellst es so dar, als ob die Gedichte über Dich immer lobend wären. Meistens verflucht sie Dich doch. Sehnt sich nach mir. Nicht nach Dir!"* fauchte Fubb. „Du hast die Texte über Freude und Träume vergessen! Außerdem ist sie an mir gewachsen. Ich habe ihr gezeigt, was Freude bedeutet und habe ihr gezeigt, dass das Leben nicht bloß Spaß bedeutet. Denn wo Licht ist, da ist auch Schatten." *"Schön für Dich. Ohne Dich wäre sie aber auch gereift und erwachsen geworden. Und ohne Dich hätte sie mehr Spaß am Leben gehabt."* „Ich habe ihr Selbstbewusstsein geschenkt und habe dafür gesorgt, dass sie stolz auf sich ist. Dass sie trotz aller Probleme etwas erreicht hat. Dass sie weiß, dass sie etwas wert ist." *"Und wie oft hast Du sie daran gehindert, sich wertvoll zu fühlen? Du hast sie doch erst an den Abgrund getrieben. Und so selbstbewusst ist sie nun auch wieder nicht. Gäbe es Dich nicht, würde sie jetzt arbeiten gehen, in ihrem Traumjob!"* „Jetzt hast Du mich aber an einer wunden Stelle getroffen. Aber was ist die Arbeit gegen ihren Charakter? Ihr Wesen? Verdammt, sie ist meine Schöpfung! Und ich gebe sie nicht her. Scheinbar hängt sie ja auch an mir." „*Sie hängt nicht an Dir, sie weiß, dass Du ein Teil von ihr bist. Außerdem sage ich ja nicht, dass Du für immer und ewig verschwinden sollst. Wir beide wissen doch, dass Du das nicht kannst. Aber sollte nicht sie die Entscheidung mittragen, wer gerade in ihrem Körper eine Party feiern darf? Es ist doch schließlich ihr Körper. Wir sind doch nur die Mieter. Und sie räumt ja auch immer für uns auf.*" „Da ist etwas Wahres dran. Einverstanden, hören wir auf zu streiten. - Freunde?" sagte Fibb und streckte Fubb die Hand hin. „*Freunde! Und vielleicht feiern wir auch mal zusammen? Abgemacht?*" „Abgemacht!" sagte Fibb und beide schüttelten sich die Hand.

Ich hörte ein Klopfen am Kistendeckel und gleich darauf eine gemeinsames „Lass uns raus. Wir sind uns einig!" aus der Kiste schallen.

Nachdem ich es mir selbst noch einmal durchlas, erschien mir einiges auf einmal so logisch. Ich erkannte den Grund für meine Angst am Wochenende, meine Angst, durch die Schmerzfreiheit ein schlechter Mensch zu werden. Doch das war unbegründet, denn ich war wie ich war und daran würde auch die Schmerzfreiheit nichts ändern. Ich erkannte plötzlich, dass ich nicht gegen den Schmerz kämpfen musste. Es war nicht nötig einen Krieg zu führen um den Schmerz zu besiegen. Es war nötig, dass ich einsah, dass der Schmerz nicht gehen konnte, dass ich ihn als einen Teil von mir akzeptieren musste. Und dass ich die Stärke der Schmerzen nur verringern konnte, wenn ich diese Tatsache hinnahm. In diesem Moment reifte in mir der Vergleich mit der Sekretärin, den ich im Vorwort vorgebracht habe. Ich schrieb die Geschichte noch ins Reine und übergab sie am nächsten Tag Frau Schmitt. Sie hatte dies zwar nicht gefordert, doch ich wollte ihre Meinung dazu erfahren. Ich bat sie, wenn sie die Geschichte gelesen hätte, mit mir darüber zu sprechen. Am nächsten Tag fand dieses Gespräch statt. Ich teilte Frau Schmitt meine Erkenntnisse mit, die ich während und nach dem Schreiben der Geschichte gewonnen hatte. „Sehen Sie. Sie haben verstanden, dass sowohl die Schmerzfreiheit, als auch der Schmerz eine Daseinsberechtigung haben. Sie können den Schmerz nicht verändern, wenn Sie nicht verstehen, dass er ein Teil von Ihnen ist. Sie wissen selbst, dass man den physiologischen Prozess nicht rückgängig machen kann. Aber sie können erlernen, die Stärke der Schmerzen zu verringern. Sie sind auf einem guten Weg, bleiben Sie am Ball. Und Sie werden sehen, dass es sich lohnt." Ein klein wenig stolz auf mich selbst verließ ich das Büro. Ich tat, was Frau Schmitt mir gesagt hatte und blieb am Ball. Soll heißen, ich nahm voller Elan an den verschiedenen Therapiestunden teil, ohne mich selbst zu überfordern. Immer wieder hatte ich im Laufe der Woche kurze Zeiträume, in denen der Schmerz nicht zu spüren war. Und die Schmerzstärke war seit einigen Tagen nicht mehr höher als eine 4 geklettert. Und das bereitete mir kein Kopfzerbrechen mehr. In der darauffolgenden Woche war es ähnlich, nur konnte ich durch die täglichen Entspannungsübungen die durchschnittliche Schmerzstärke noch um einen Punkt senken. Eine 3. Die hatte ich mir noch am ersten Tag der Therapie als Ziel gesetzt. Und ich fragte mich, ob ich meine Zielgerade nicht doch noch etwas verschieben sollte. Bis zum Ende der Therapie waren es immerhin noch etwa eineinhalb Wochen. Ich hatte inzwischen ein Gefühl dafür entwickelt, wann und wodurch die Schmerzen sich verschlechterten. So konnte ich effektiv eingreifen. Es funktionierte nicht immer, doch die Schmerzen waren, im Vergleich zu den vergangenen Jahren, weniger stark und irgendwie anders geworden. In den letzten Tagen der Therapie ging es mir ausgesprochen gut. Ich hatte es geschafft, die durchschnittliche Schmerzstärke noch zu senken. Zwar hatte ich in dieser Woche auch einen Tag, an dem sich noch einmal eine 5 bemerkbar gemacht hatte, aber ich hatte sie aus eigener Kraft mit einer der Entspannungsübungen senken können und meine Stimmung hatte sich durch die Schmerzen nicht verschlechtert.

Am letzten Tag bekamen wir die Entlassungspapiere und einen Brief an den Hausarzt mit. Ich begann ihn zu lesen und Frau Schmitt sah mich an und fragte: „Und? Finden Sie es schlimm, dass die Diagnose eine andere ist, als beim Tag der Aufnahme?" Ich musste lächeln: „Nein. Im Gegenteil, ich bin froh, dass dort etwas anderes steht." Wie dumm war ich doch gewesen, zu glauben, dass ein falscher Name für die Schmerzen mir hatte helfen können. Ich hatte „einfach" eine chronische Schmerzstörung. Punkt.

Ich war befreit von den düsteren Gedanken, von den unzähligen Ängsten, konnte wieder gut schlafen (wenn auch nicht ohne die Tabletten), brauchte keinerlei Schmerzmittel mehr und was besonders wichtig war: Die Schmerzen bestimmten nur noch kleine Anteile meines Lebens, nicht mehr mein gesamtes.

13 – Und das Leben geht weiter

Das klingt alles sehr märchenhaft. Es klingt nach einem Happy End. Und das war es auch. Und so wie im Märchen, denkt man erst einmal nicht über das Happy End hinaus. Oder haben Sie sich schon einmal gefragt, was wohl aus Hänsel und Gretel einige Jahre später geworden ist? Oder wie lange Schneewittchen wohl mit ihrem Prinzen glücklich war? Also ich kann das nicht von mir behaupten. Nach dem Happy End war ja auch immer Ende. Nur schreibe ich hier kein Märchen. Nein, ich erzähle eine Geschichte, meine Geschichte.

Nach meinem Happy End ging es mir eine ganze Zeit lang gut. Ich hatte einen Job gefunden, der mich nicht zu sehr belastete. Und als das eine Zeit lang auch wieder gut gegangen war, arbeitete ich noch ein wenig mehr. Und dann noch ein wenig mehr. Es vergingen beinahe sieben Jahre, bis mich das Happy End-Gefühl verließ. Dann suchte ich erst einmal einen neuen Arbeitsplatz. Und dann begann das Spiel von vorne. Ich arbeitete erst mal wenig, damit hielten sich die Schmerzen in Grenzen und mir ging es wieder besser. Und dann hatte ich den Eindruck, dass da doch noch Luft nach oben war. Also erhöhte ich meinen Stellenanteil, mein Arbeitspensum und meine Verantwortung. Privat hatte sich bei mir neues Glück eingestellt. Und alles schien fast perfekt. Das Happy

End schien wieder greifbar. Und dann? Sie ahnen es schon. Ich fiel nach einigen Jahren auf den Boden der Tatsachen zurück. Mir ging es von Tag zu Tag schlechter und so verfiel ich auch wieder in alte Verhaltensmuster. Ich sprach wieder nicht über meine Schmerzen. Ich versuchte verbissen meine Leistung zu erbringen und ignorierte alles, was ich vor so vielen Jahren in der Schmerztagesklinik gelernt hatte. Eines Tages erreichte ich dann den Punkt, an dem ich nicht mehr weiter konnte. So führte mich mein Weg wieder zurück in die Schmerztagesklinik. Mir ging es schlechter, als beim ersten Besuch fast neun Jahre zuvor. Und ohne Schmerzmedikamente geht es leider auch nicht mehr.

Ich will damit niemanden deprimieren. Ich will damit nur eines verdeutlichen: Das Leben mit Schmerzen geht in der Regel nicht stur und mal eben so geradeaus weiter. Es ist wechselhaft. Ein auf und ab. Mal schwierig, mal einfacher. Aber sicher nicht leicht. Ich habe für mich eine Art und Weise gefunden, wie ich damit leben kann. Mit den Schmerzen, nicht gegen sie. War ich doch in früheren Zeiten der Meinung, ich müsste den Schmerz bekämpfen, sehe ich das heute doch anders. Das klingt jetzt sehr einfach und simpel. War es aber nicht! Ich musste erst für mich akzeptieren lernen, dass ich nicht mehr ohne Schmerz leben würde. Auf der rein sachlich/medizinischen Ebene war mir das sicherlich schon lange klar, aber eben nur da. Ich musste es auch für mich, für mein Herz, meine Seele, meinen Verstand klar bekommen. Das war auch nicht einfach! Ich sehe den Schmerz nun auch nicht mehr als eine faule Sekretärin. Nein, für mich ist er eher so eine Art Berater geworden. Ein Begleiter, der mich mein Leben lang beraten wird. Ich stelle ihn mir gern in der Gestalt von Gandalf dem Zauberer aus den Filmen „Der Herr der Ringe" vor. Er, der neben dem König sitzt und ihm Ratschläge gibt. Und in diesem einfachen Bild, bin ich die Königin. Ich höre seinen Rat. Das heißt aber noch lange nicht, dass ich diesen auch immer befolgen muss. So versuche ich immer dann weg zu hören, wenn der Berater mir sagt, ich solle doch lieber zuhause bleiben, statt mich mit Freunden zu treffen. Oder wenn er mir empfiehlt doch lieber auf dem Sofa liegen zu bleiben, statt noch eine Runde durch den Wald zu spazieren. Also meistens schlage ich genau dann seinen Rat aus, wenn der Schmerz gemeinsame Sache mit meinem inneren Schweinehund macht. Das klappt auch nicht immer. Niemand ist perfekt. Anders aber höre ich auf ihn, wenn er mir rät, jetzt doch mal lieber eine Entspannungsübung zu machen, statt mich auf die Hausarbeit zu stürzen. Oder wenn er mir empfiehlt, doch mal eben eine Pause von der Gartenarbeit zu nehmen. Anfangs war es nicht einfach festzustellen, welchen Rat ich nun annehmen sollte und welchen wohl eher nicht. Das war Übungssache. Training und eine große Portion Erfahrung mit dem Schmerz. Mittlerweile immerhin 25 Jahre Erfahrung.

Inzwischen kann ich für mich sagen, dass ich, auch mit den Schmerzen, ein gutes und meist auch fröhliches Leben führe. Ich rede über die Schmerzen, ich mache kein Geheimnis mehr daraus, wenn es mir einmal nicht so gut geht und ich schauspielere auch nicht mehr. Mein Partner kann mich so auch viel besser verstehen. Und wenn man jemanden an seiner Seite weiß, der einen nicht nur versteht, sondern auch mit den Schmerzen liebt, vereinfacht das die Sache doch erheblich. Ich habe mich außerdem einer Selbsthilfegruppe für Menschen mit chronischen Schmerzen angeschlossen. Dort kann ich mich mit Menschen austauschen, denen es ähnlich wie mir geht. Mit diesen Menschen kann ich dann auch mal über Dinge reden, die nur jemand verstehen kann, der auch chronische Schmerzen hat. Ich habe mein Leben mit den Schmerzen so umgestaltet, dass es mir gut gehen kann. Und das würde ich auch jederzeit wieder tun.

Nachwort

Mir ist bewusst, dass ich meinen Weg zurück ins Leben ohne die Hilfe meiner Familie, Freunde, Lehrerinnen, Therapeuten und den Menschen aus der Selbsthilfegruppe nicht gefunden hätte, daher auch an dieser Stelle ein großes, ehrlich gemeintes Dankeschön an Euch alle. Das werde ich Euch nie vergessen.

Wenn Sie selbst ein Schmerzpatient sind, dann hoffe ich, konnte ich Ihnen mit meiner Erzählung zeigen, dass Sie nicht alleine sind und dass es Hilfe geben kann, wenn man sich traut, diese auch anzunehmen. Haben Sie Mut und geben Sie nicht auf! Und lernen Sie, mit ihren Liebsten darüber zu sprechen, das kann Berge versetzen.

Wenn Sie jemand sind, der selbst einen Schmerzpatienten kennt, dann hoffe ich, dass Ihnen meine Geschichte helfen konnte ihren Bekannten oder Angehörigen besser zu verstehen. Haben Sie Verständnis für ihn oder sie, so wie es meine Familie und Freunde auch haben. Vielleicht können Sie die eine oder andere Streitigkeit leichter Verzeihen, auch wenn eine Krankheit nicht als generelle Entschuldigung für alles dienen darf.

Wenn Sie Arzt sind, dann kann ich nur hoffen, dass Sie sich fragen, ob Sie in punkto Schmerzbehandlung ausreichend fortgebildet sind. Denn abgesehen von meinen Erfahrungen erlebe ich in meinem Arbeitsalltag immer wieder, dass die meisten Ärzte das nicht mit einem „Ja." beantworten dürfen. Vielleicht haben Sie in meiner Erzählung auch erkennen können, wie sich ein Arzt nicht gegenüber seinen Patienten verhalten sollte und wie wichtig das Gespräch mit ihren Patienten sein kann.

Und an alle, die mich kennen: Nehmt es mir nicht übel, dass ich die Namen geändert und auch einige Erlebnisse verkürzt beschrieben habe, aber um niemandem zu nahe zu treten und auch um es meinen Erinnerungen leichter zu machen, war es einfach nötig das zu tun.

Verbündet

Einst hatte ich Dich als Feind empfunden,
focht mit Dir in jeder Schlacht,
bekämpfte Dich mit all meiner Macht
und blieb doch zurück mit tiefen Wunden.

Beinahe hätte ich mich geschlagen gegeben,
versank in der Kälte tiefer Dunkelheit;
ich schloss mich ein, bis dann die Klarheit
mich besuchte und in mir regte sich wieder Leben.

Ich erkannte, dass Du doch mit mir verbunden
und nicht mein bitterer Gegner bist,
dass Du mich doch nur warnen willst,
ich solle auf mich achten, mein Innerstes erkunden.

Nun kämpfst Du als verbündeter Teil
an meiner Seite für mein Wohl,
erinnerst mich, wie ich nicht leben soll,
ermahnst mich, achtsam mit mir zu sein.

Du wirst zwar niemals als ein Freund gelten,
auch wenn Du mich noch so gut kennst,
ich lausche Deinem Rat, wenn Du ihn nennst
und uns trennen nun nicht mehr viele Welten.

Es herrscht wieder Frieden in meinen Gefilden,
den tosenden Schlachten sind wir entkommen,
die Wunden heilen, wir haben gewonnen
und ich musste nicht sterben, um Ruhe zu finden.